WOLFGANG OTT

Die gemeindliche Straßenreinigung als Natural- und Geldlast

Schriften zum Öffentlichen Recht

Band 337

Die gemeindliche Straßenreinigung als Natural- und Geldlast

Von

Dr. Wolfgang Ott

DUNCKER & HUMBLOT / BERLIN

Gedruckt 1978 bei Buchdruckerei A. Sayffaerth - E. L. Krohn, Berlin 61
Printed in Germany

ISBN 3 428 04059 7

Inhaltsverzeichnis

Dritter Teil

Vierter Teil

Abkürzungsverzeichnis

abgedr.	=	abgedruckt
BadWürttKAG	=	Baden-Württembergisches Kommunalabgabengesetz v. 18. 2. 1964, GBl. S. 71, zuletzt geändert durch G v. 26. 11. 1974, GBl. S. 508
BadWürttStrG	=	Straßengesetz für Baden-Württemberg v. 20. 3. 1964, GBl. S. 127, zuletzt geändert durch G v. 21. 10. 1975, GBl. S. 654
BayKAG	=	Bayerisches Kommunalabgabengesetz v. 26. 3. 1974, GVBl. S. 109
BayStrWG	=	Bayerisches Straßen- und Wegegesetz v. 2. 7. 1974, GVBl. S. 333, zuletzt geändert durch G v. 11. 11. 1974, GVBl. S. 10
BerlStRG	=	Berliner Straßenreinigungsgesetz v. 24. 6. 1969, GVBl. S. 768, zuletzt geändert durch G v. 17. 12. 1975, GVBl. S. 3006
BerlStrG	=	Berliner Straßengesetz v. 9. 6. 1964, GVBl. S. 693, zuletzt geändert durch G v. 17. 7. 1969, GVBl. S. 1030
BLG	=	Bundesleistungsgesetz i. d. F. v. 27. 9. 1961, BGBl. I S. 1769
BremStrO	=	Straßenordnung für die Stadt Bremen v. 10. 5. 1966, GBl. S. 51
Erl.	=	Erläuterung
FAZ	=	Frankfurter Allgemeine, Zeitung für Deutschland
FN	=	Fußnote
FS — ...	=	Festschrift, Festgabe für
G	=	Gesetz
GO NW	=	Gemeindeordnung für das Land Nordrhein-Westfalen i. d. F.v. 19. 12. 1974, GV 1975 S. 91, zuletzt geändert durch G v. 8. 4. 1975, GV S. 304
HambWG	=	Hamburgisches Wegegesetz v. 22. 1. 1974, GVBl. S. 41, zuletzt geändert durch G v. 31. 1. 1975, GVBl. S. 17
HdB	=	Handbuch
HdF	=	Handbuch der Finanzwissenschaft
HessKAG	=	Hessisches Gesetz über kommunale Abgaben v. 17. 3. 1970, GVBl. I S. 225, zuletzt gändert durch G v. 4. 9. 1974, GVBl. I S. 361, 372
HessStrG	=	Hessisches Straßengesetz v. 9. 10. 1962, GVBl. S. 437, zuletzt geändert durch G v. 5. 10. 1970, GVBl. I S. 598
HwStR	=	Handwörterbuch des Steuerrechts

HwSW	= Handwörterbuch der Sozialwissenschaften
KAG NW	= Kommunalabgabengesetz für das Land Nordrhein-Westfalen v. 21. 10. 1969, GV S. 712, zuletzt geändert durch G v. 8. 1. 1975, GV S. 12
N	= Fußnote der eigenen Arbeit
NdsKAG	= Niedersächsisches Kommunalabgabengesetz v. 8. 2. 1973, GVBl. S. 41
NdsStrG	= Niedersächsisches Straßengesetz v. 14. 12. 1962, GVBl. S. 251, zuletzt geändert durch G v. 30. 12. 1965, GVBl. S. 280
NWLStrG	= Straßengesetz des Landes Nordrhein-Westfalen v. 28. 11. 1961, GV S. 305, zuletzt geändert durch G v. 18. 12. 1975, GV S. 706
o. B.	= ohne Begründung
PrKAG	= Preußisches Kommunalabgabengesetz v. 14. 7. 1893, GS. S. 152
PrWRG	= Preußisches Wegereinigungsgesetz v. 1. 7. 1912, GS. S. 187, zuletzt geändert durch Verordnung v. 17. 3. 1933, GS. S. 43
RhPfKAG	= Rheinland-Pfälzisches Landesgesetz über die Erhebung kommunaler Abgaben v. 8. 11. 1954, GVBl. S. 139, zuletzt geändert durch G v. 5. 11. 1974, GVBl. S. 469
RhPfLStrG	= Landesstraßengesetz für Rheinland-Pfalz v. 15. 2. 1963, i. d. F. v. 22. 4. 1970, GVBl. S. 142, zuletzt geändert durch G v. 12. 11. 1974, GVBl. S. 521
Rdn.	= Randnummer(n)
SaStrG	= Saarländisches Straßengesetz v. 17. 12. 1964, ABl. 1965, S. 117, zuletzt geändert durch G v. 5. 12. 1973, ABl. 1974, S. 33
SHKAG	= Kommunalabgabengesetz des Landes Schleswig-Holstein v. 10. 3. 1970, GVOBl. S. 43, zuletzt geändert durch G v. 9. 12. 1974, GVOBl. S. 453
SHStrWG	= Straßen- und Wegegesetz des Landes Schleswig-Holstein v. 22. 6. 1962, GVOBl. S. 237, zuletzt geändert durch G. v. 28. 9. 1973, GVOBl. S. 327
StrReinG NW	= Gesetz über die Reinigung öffentlicher Straßen v. 18. 12. 1975, GV S. 706
VerwR	= Verwaltungsrecht
zit.	= zitiert

Im übrigen wird verwiesen auf *Kirchner, Hildebert,* Abkürzungsverzeichnis der Rechtssprache, 2. Aufl. 1968.

Einleitung

Die Straßenreinigung in den Gemeinden ist eine Notwendigkeit, die im Alltagserleben der Bürger weitgehend verdrängt ist. Erst Störungen durch Verschmutzungen oder witterungsbedingte Hindernisse lassen die praktische Bedeutung der Wegereinigung zutage treten: Plötzlich auftretende Schnee- oder Eisglätte bringen den Straßenverkehr ohne Streudienst zum Erliegen; Scherben, Blechteile oder gar Ladungen von Fahrzeugen, die verunglückt sind, können den Straßenverkehr ebenso erheblich behindern oder gefährden wie starker Baustellenverkehr, welcher die Straße mit einem tückischen Schmierfilm versehen kann.

Daß es sich bei der Straßenreinigung bloß um eine Trivialität des Alltags handelt, spiegelt sich auch im juristischen Bereich wider: Abgesehen von dem Pflichtengagement der Gerichte schenkt die Jurisprudenz den Problemen der Straßenreinigung wenig Beachtung. Schon der Gesetzgeber tut sich seit jeher mit der Kodifizierung des Straßenreinigungsrechts schwer. So zogen sich beispielsweise die Vorarbeiten und Beratungen des preußischen Gesetzgebers über 47 Jahre hin, bis endlich am 1. 7. 1912 das Preußische Wegereinigungsgesetz verabschiedet werden konnte[1]. Seine Regelungen bilden auch heute noch die Substanz für die reinigungsrechtlichen Bestimmungen der Länder. In Nordrhein-Westfalen, das über die jüngste einheitliche Kodifizierung des Straßenreinigungsrechts verfügt, bedurfte es seit 1969 insgesamt vierer Gesetzesvorlagen, bis das Straßenreinigungsgesetz am 31. 12. 1975 in Kraft treten konnte[2]. Auch die juristische Fachliteratur nimmt zu den Problemen der gemeindlichen Straßenreinigung nur punktuell Stellung. Bis auf wenige Ausnahmen[3] fehlt es an einer umfassenden Darstellung.

Daß es sich bei der gemeindlichen Straßenreinigung letztlich um eine Banalität handelt, würde es rechtfertigen, sich wie bislang nur „von Fall zu Fall“ mit ihr zu beschäftigen, förderte nicht die juristische Analyse bei näherer Betrachtung bemerkenswerte Konstellationen zutage.

---

[1] Vgl. *Begründung* des Entwurfs eines Wegereinigungsgesetzes (D. AH. 1912 Nr. 51) — abgedr. bei *Hecht/Hellich*, Komm., S. 5 f.

[2] Zur Entstehungsgeschichte: *Doose* Der Städtetag 1976, 275; *Walprecht/Sander*, Komm., S. V; — bereits zum 3. Entwurf (StrReinG NW — Ltg.-Drucks. 7/2957): *Loberg* KStZ 74, 41.

[3] Z. B. die Kommentare von *Hecht/Hellich* (1930!), *Walprecht/Sander* und *Ketterer/Giehl/Leonhardt*.

Die Probleme setzen dort an, wo Verantwortlichkeit und Durchführung der Straßenreinigung festzulegen sind. Es entspricht altem Brauch, daß die Gemeinden die ihnen gesetzlich obliegenden Straßenreinigungspflichten weitgehend auf einen bestimmten Personenkreis, meist die Anlieger, übertragen. Die Straßenreinigung entpuppt sich heutzutage in gewisser Weise als letzter Überrest einer traditionsreichen Dienstleistungsordnung. In ihrer Ausgestaltung als Naturallast kommt der Straßenreinigungspflicht im System der Dienstleistungen inzwischen fast singuläre Bedeutung zu. Die Eigentümlichkeit der Straßenreinigungspflicht wird aber noch dadurch verstärkt, daß bestimmte Personengruppen allgemeine Gemeindeaufgaben übernehmen müssen. Die Gemeinden bedienen sich der Anlieger, um unentgeltlich gemeinwohlbezogene Aufgaben zu erfüllen.

Soweit die Straßenreinigung jedoch von den Gemeinden in eigener Regie wahrgenommen wird, muß oftmals derselbe Personenkreis, nämlich die Anlieger, das gemeindliche Reinigungsunternehmen fast vollständig mit seinen Straßenreinigungsgebühren finanzieren. Dabei werden die Reinigungsgelder meist in der Vorstellung entrichtet, hiermit die Freistellung von eigenen Reinigungspflichten erkauft zu haben. Immerhin läßt sich die Finanzierung allgemeiner Straßenreinigungsaufgaben aus der Tasche bestimmter Bürger mit dem geschichtlich belegbaren Argument erklären, „das war schon immer so". Daß der gemeindlichen Straßenreinigung im Zeitalter allgemeiner Motorisierung und überfüllter Straßen ein anderer Stellenwert zukommt als bei ihrer ersten umfassenden gesetzlichen Kodifikation im Jahre 1912, wird meist nicht einmal in eine Frage gekleidet. Den Hauptanteil an den Lasten der Straßenreinigung, sei es als Naturallast, sei es als Geldlast, hat nach wie vor ein bestimmter Adressatenkreis zu tragen. Überspitzt formuliert: Die Allgemeinheit wird zum Kostgänger der Anlieger.

Aufgabe der Arbeit ist es, auf dem Hintergrund einer umfassenden Analyse der Funktion gemeindlicher Straßenreinigung die Praxis der Lastenverteilung rechtlich zu würdigen. Dabei wird die Straßenreinigungspflicht als erratischer Block einer überlieferten Dienstleistungsordnung ein ebenso starkes Interesse beanspruchen können, wie die tatsächliche und finanzielle Lastenaufteilung zwischen bestimmten Personengruppen und der Allgemeinheit.

Erster Teil

Die Straßenreinigung im System öffentlicher Lasten

Erstes Kapitel

Pflichtenkombinationen im Bereich der Straßenreinigung: Natural- und Geldlast — Vorzugs- und Gemeinlast

Die Pflichten, die dem Bürger aus der gemeindlichen Straßenreinigung erwachsen, enthalten gleichzeitig — mit unterschiedlicher Akzentuierung — Elemente der wichtigsten Erscheinungsformen öffentlicher Lasten schlechthin: Die Reinigungspflichten sind sowohl Natural- und Geldlast als auch Vorzugs- und Gemeinlast. Die erstgenannte Gruppierung bildet den Raster nach dem Inhalt der Pflichten, die zweite nach dem Kreis der pflichtigen Personen[1].

Als Natural- oder Geldlast fordert die Straßenreinigung von dem Bürger, entweder einen ihm von der Gemeinde zugewiesenen Straßenbereich aus eigener Kraft mit eigenen Arbeitsgeräten zu säubern oder einen individuell festgelegten Geldbetrag zu zahlen. Auch die Kombination von Reinigungs- und Geldleistungspflichten in einer Person tritt häufig auf. Derartige Fälle liegen vor, wenn die Gemeinde die Übertragung der Säuberungspflicht auf bestimmte Straßenzonen, meist Fußgängerbereiche, beschränkt und die Reinigung der verbleibenden Flächen, in der Regel die Fahrbahnen, selbst ausführt. Die Reinigungskosten werden zum größten Teil den bereits selbst reinigungspflichtigen Personen in Rechnung gestellt. Das „Kehre oder Zahle" wird häufig

[1] Die Systematisierung öffentlicher Lasten ist ebenso unterschiedlich wie die jeweilige Begrifflichkeit beliebig festgelegt wird [hierzu: *Wilke*, S. 7 ff. (11)]. — Der hier getroffenen Einteilung kommen am nächsten die Unterscheidungen bei *Wilke*, S. 7 ff. (15); *Wolff/Bachof*, VerwR I, § 42 II a; andere Ordnungsmodelle finden sich bei *Weber*, Die Dienst- und Leistungspflichten der Deutschen, 1943; *Ipsen*, FS-E. Kaufmann, S. 141 ff. (144): Dienst- und Sachleistungspflichten; — *Bauernfeind/Zimmermann*, Komm., § 1 Rdn. 5; *Maunz* in: M-D-H, Art. 12 Rdn. 128; *Strickrodt*, HwStR II, „Last, öffentliche": Dienst-, Sach- und Geldleistungspflichten; — vgl. ferner: *Fleiner*, Institutionen, S. 414 - 438; *Otto Mayer*, VerwR II, S. 217 - 242; *Tipke/Kruse*, AO, § 1 A 6 (S. 5).

zum „Kehre und Zahle". Die Straßenreinigung vereint somit heterogene Pflichten: Natural- und Geldlasten.

Die weitere Unterteilung der Straßenreinigungslasten in Vorzugs- und Gemeinlasten läßt sich hingegen nur unvollständig nachvollziehen. Wenn die Gemeinden beispielsweise bis zu 75 % der gesamten Reinigungsunkosten als Benutzungsgebühren auf Anlieger und Hinterlieger umlegen können[2], so beweist diese Aufteilung die Kombination von Vorzugs- und Gemeinlasten im Bereich der Geldleistungspflichten. Die Finanzierung aus Gebühren, die den Hauptkostenanteil ausmacht[3], stellt die Vorzugslast dar; die verbleibende Lücke wird aus allgemeinen Mitteln, d. i. Steuern, gedeckt (Gemeinlast). — Zur tatsächlichen Straßenreinigung wird dagegen nur ein bestimmter Personenkreis, die Anlieger[4], herangezogen. Als Naturalleistung ist die Straßenreinigung damit ausschließlich Vorzugslast[5].

Die systematisch schwierigeren Probleme der Straßenreinigung liegen im Bereich von Natural- und Geldlast. Es gilt, ihren Stellenwert auf dieser Ebene zu fixieren.

Zweites Kapitel

Straßenreinigungspflicht als Naturallast

Wenn die gemeindliche Straßenreinigungspflicht als Überbleibsel herkömmlicher Naturallasten angesehen wird[1], so kann hierüber geurteilt werden, wenn ihre Stellung im System der Naturalleistungen genauer bestimmt ist. Auch heute noch lassen sich nämlich verschiedenartige öffentliche Naturalpflichten von unterschiedlicher Bedeutung nachweisen. Ihrem spezifischen Stellenwert wird die Auflistung in Sach-, Dienst- und Werkleistungspflichten gerecht.

---

[2] Z. B.: § 3 StrReinG NW.

[3] Nach Auskunft des Reinigungsamtes der Stadt Bonn beliefen sich die Gesamtkosten der städtischen Reinigung 1975 (Angaben für 1974 in Klammern) auf 7 615 451 DM (6 800 848 DM). Davon wurden 3 550 956 DM (3 313 760 DM) durch Gebühren aufgebracht, 2 353 480 DM (2 045 081 DM) entfallen auf verwaltungsinterne Verrechnungen, die durch Maßnahmen im Wege der Amtshilfe bedingt sind, während der Restbetrag von 1 711 015 DM (1 442 007 DM) aus Steuermitteln bestritten wurde.

[4] Der Begriff „Anlieger" ist in diesem Zusammenhang untechnisch zu verstehen. Zur näheren Unterscheidung vgl. 4. Teil, 1. Kapitel.

[5] *Otto Mayer*, VerwR II, S. 232; *Wolff/Bachof*, VerwR I, § 42 II a 1 (S. 306).

[1] *Klüber* (Gemeinderecht, S. 95) betrachtet die Straßenreinigungpflicht als „letzten Überrest" der Hand- und Spanndienste.

I. Sachleistungspflichten

Sachleistungspflichten zielen auf eine gegenständliche Bedarfsdeckung ab. Geschuldet werden dingliche Güter und Sachwerte[2]. Im Mittelpunkt der Pflicht steht der geforderte Gegenstand, nicht die Leistung der Person[3]. Dieser Pflichtengruppe sind heute vorrangig die Leistungen nach dem Bundesleistungsgesetz zuzuordnen[4].

Das wesentliche Merkmal der Straßenreinigungspflicht liegt nicht darin, Reinigungsgeräte bereitzustellen. Diese Annahme kennzeichnete sie als Sachleistungspflicht. Der eigentliche Inhalt der Leistungspflicht liegt in dem persönlichen, körperlichen Einsatz. Die eigenen Reinigungsgeräte sind nur notwendige Hilfsmittel zur Erfüllung der Wegereinigungspflicht[5].

II. Dienstleistungspflichten

Die Straßenreinigungspflicht könnte eher den Dienstleistungspflichten zuzurechnen sein. Fordert sie doch von dem Reinigungspflichtigen körperlichen Einsatz. In Anlehnung an die Begrifflichkeit des Zivilrechts steht bei den Dienstleistungspflichten die Person des Pflichtigen im Vordergrund; der persönlichen Ausführung der geforderten Leistung kommt entscheidende Bedeutung zu. Der Leistungserfolg tritt in den Hintergrund[6]. Innerhalb der Dienstleistungspflichten kristallisieren sich wiederum bestimmte Leistungsarten heraus.

1. Staatsschutzpflichten

Eine bedeutsame Gruppe innerhalb der Dienstleistungspflichten bilden die Staatsschutzpflichten. An erster Stelle ist die allgemeine Wehrpflicht zu nennen, die seit Erlaß des Wehrpflichtgesetzes vom 21. 7. 1956[7] (wieder) Bestandteil der Dienstleistungsordnung ist. Auch die Pflicht zum Dienst im Bundesgrenzschutz, der bereits 1951 eingerichtet wurde[8], und in Zivilschutzverbänden hat hier ihren Standort. 1968 wurden

---

[2] *Weber* (Dienstpflichten, S. 79 ff.) rechnet auch die öffentlichen Abgaben zu den Sachleistungspflichten.

[3] *Weber*, Dienstpflichten, S. 79.

[4] Vgl. insbes. § 2 I Nr. 1 - 8 Bundesleistungsgesetz i. d. F. v. 27. September 1961, BGBl. I S. 1769, zuletzt geänd. durch Art. 157 EGStGB v. 2. 3. 1974, BGBl. I, S. 469.

[5] *Weber* (Dienstpflichten, S. 11) spricht von „akzessorischen Sachleistungspflichten"; vgl. auch *Lullies* KStZ 53, 1 (4).

[6] *Weber*, Dienstpflichten, S. 11, 12.

[7] BGBl. I S. 651.

[8] Gesetz v. 16. 3. 1951, BGBl. I S. 201.

diese Dienstleistungspflichten im Rahmen der Notstandsgesetzgebung in Art. 12 a GG verfassungsrechtlich verankert[9]. Systematisch ist hier auch der Ersatzdienst[10] als Surrogat der Wehrpflicht im Falle der Kriegsdienstverweigerung einzureihen. Der Vollständigkeit halber sei erwähnt, daß die Notstandsgesetze im Verteidigungsfall — ausnahmsweise auch bereits im Spannungsfall — weitere zivile Dienstleistungspflichten zum Zwecke der Verteidigung und Schutze der Zivilbevölkerung vorsehen[11].

Die bislang elementare[12] Bedeutung der Staatsschutzpflichten für einen souveränen Staat räumt ihnen eine besondere Stellung innerhalb der Leistungspflichten ein. Es geht letztlich um die Abwehr eines befürchteten, existenzbedrohenden Staatsnotstands. Der besonderen Stellung dieser Dienstleistungspflichten wird nunmehr auch formal mit der redaktionellen Zusammenfassung in Art. 12 a GG Rechnung getragen[13]. Die Sonderstellung der Staatsschutzpflichten wird schließlich dadurch unterstrichen, daß etwa die Wehrpflicht nie als „herkömmliche, allgemeine, für alle gleiche Dienstleistungspflicht" im Sinne des Art. 12 II GG angesehen und somit aus den zivilen Dienstleistungspflichten von vornherein ausgeklammert wird[14].

Daß die Straßenreinigungspflicht in dieser Sparte ein Fremdkörper ist, versteht sich von selbst.

2. Notdienstpflichten

Es gehört zu den Selbstverständlichkeiten jeder Gemeinschaftsordnung, bei Unglücksfällen oder gemeiner Not oder Gefahr nach besten Kräften zu helfen. Die Notdienstpflichten fordern in derartigen Lagen den persönlichen Einsatz des zur Hilfe Fähigen[15]. Je nachdem, ob es

---

[9] Gesetz v. 24. 6. 1968, BGBl. I S. 709.

[10] Zivildienstgesetz i. d. F. v. 9. August 1973, BGBl. I S. 1015, zuletzt geändert durch Gesetz v. 15. 8. 1975, BGBl. I S. 2169.

[11] Vgl. Art. 12 a III - V GG; hierzu: *Maunz* in: M-D-H, Art. 12 a Rdn. 14 ff., 27 ff.

[12] Die Bedeutung der Wehrpflichten belegt neben der allgemeinen Geschichte besonders eindrucksvoll die stetige Erwähnung in den Verfassungsurkunden, sei es als Grundpflicht der Bürger, sei es als bloße Kompetenzvorschrift: Art. 32 Verfassungsurkunde für den Preußischen Staat v. 5. 12. 1848, GS S. 375; Art. 34 Verfassungsurkunde für den Preußischen Staat v. 31. 1. 1850, GS S. 17; Art. 61 Verfassung des Deutschen Reichs v. 16. 4. 1871, BGB (= Bundesgesetzblatt) Nr. 16 S. 63; Art. 133 II Weimarer Reichsverfassung v. 11. 8. 1919, RGBl. S. 1383 ff.; Art. 73 Nr. 11 GG und seit dem 24. 6. 1968 (BGBl. I S. 709) auch Art. 12 a GG.

[13] Der Regierungsentwurf sah dagegen noch die Regelung der Verteidigungpflichten im Zusammenhang mit dem Grundrecht der Berufsfreiheit in Art. 12 GG vor (BT-Drucks. V/1879).

[14] *Maunz* in: M-D-H, Art 12 a Rdn. 1.

[15] *Weber*, Dienstpflichten, S. 44 ff.; *Held* DVBl. 54,345; *v. Rosen-v. Hoewel*, Gebühren, S. 454 (470).

sich um allgemeine Notlagen oder Situationen persönlicher Hilfsbedürftigkeit handelt, lassen sich Notstandspflichten und individuelle Hilfspflichten unterscheiden. Der thematisch umfassendste normative Hebel, jemanden zur Hilfe in allgemeinen Notfällen anzuhalten, wie sie etwa Naturkatastrophen hervorrufen, enthält die Regelung des polizeilichen Notstands[16]. Er ist typisches Beispiel einer persönlichen Verpflichtung, in Situationen gemeiner Not und Gefahr im Rahmen des Möglichen und Zumutbaren zu helfen. Hier sind auch die institutionalisierten Notdienstpflichten[17] einzureihen, wie etwa der Pflichtfeuerwehrdienst, soweit er noch nicht von berufsmäßig betriebenen Einrichtungen abgelöst ist[18]. Daneben eröffnet der polizeiliche Notstand aber auch die Möglichkeit, jemanden zu verpflichten, einem anderen in individuellen Notlagen zu helfen, sofern der Unglücksfall nicht anders zu beseitigen ist[19].

Der Erfüllung von Notstandspflichten und individuellen Hilfspflichten wird durch die strafrechtliche Sanktion des § 330 c StGB verschärft Nachdruck verliehen[20]. Während Tatenlosigkeit in allgemeinen Notstandsfällen von den Tatbestandsmerkmalen der „gemeinen Not und Gefahr" ergriffen wird, erfassen die „Unglücksfälle" Situationen individueller Hilfsbedürftigkeit[21]. Die strafrechtliche Regelung belegt die skizzierte Unterscheidung innerhalb der Notdienstpflichten.

Es liegt nahe, den Strafzweck des „Liebesparagraphen" darin zu sehen, „anständige Mitbürger" heranzuziehen. Der Mißbrauch, der während der nationalsozialistischen Zeit mit dem „gesunden Volksempfinden"[22] getrieben wurde, hat jedoch mit der Neufassung durch das Dritte Strafrechtsänderungsgesetz vom 4. 8. 1953[23] zu einer Entsittlichung des Schutzzwecks der „Unterlassenen Hilfeleistung" geführt. Die Strafandrohung wird nunmehr damit gerechtfertigt, daß der Täter die Gelegenheit zu einer erfolgreichen Schadensabwendung versäumt habe[24]. Ob diese nüchterne Umschreibung dem

---

[16] *Weber*, Dienstpflichten, S. 47 f.; *Drews/Wacke*, Polizeirecht, S. 247 ff.

[17] *Weber*, Dienstpflichten, S. 49.

[18] Während § 12 I des BadWürtt. Feuerwehrgesetzes v. 6. 2. 1956, GBl. S. 19, die Gemeinden noch *verpflichtete*, die Sollstärke der freiwilligen Feuerwehr durch Pflichtfeuerwehrleute zu ergänzen, stellt § 12 II der Neufassung v. 9. 2. 1960, GBl. S. 12 (erforderlich durch Beschluß des BVerfGE 9, 291), diesen Schritt bereits in das *Ermessen* der Gemeinden. — Da die freiwillige Feuerwehr ihrerseits wieder nur die fehlende Berufswehr ersetzt (§ 8 II des jew. FWG), wird die Abschichtung i. S. einer subsidiären Feuerwehrdienstpflicht deutlich.

[19] *Weber*, Dienstpflichten, S. 47; *Götz*, Polizeirecht, S. 34 f., 114.

[20] Zum Verhältnis von polizeilichem Notstand und strafrechtlicher Nothilfepflicht: *Drews/Wacke*, Polizeirecht, S. 248 f.

[21] *Dreher*, StGB, § 330 c Rdn. 3 - 5; *Cramer* in: Schönke/Schröder, StGB, § 330 c Rdn. 5 - 9.

[22] Das RG stützt einen Strafausspruch aus § 330 c StGB auf das „gesunde Volksempfinden" — RGSt. 74, 199 (200) — U. v. 20. 5. 1940.

[23] BGBl. I S. 735; die Änderung des § 330 c StGB geht auf Arbeiten von *Gallas* (JZ 52, 396) zurück.

[24] BGHSt. 14, 213 (215 f.)

wahren Anliegen gerecht wird, ist zu bezweifeln. Der Verzicht auf eine sittliche Rechtfertigung der Strafe ist geschichtliche Überreaktion der juristischen Vergangenheitsbewältigung. Rechtfertigung für die Bestrafung aus § 330 c StGB ist das sittenwidrige, gemeinschaftsschädliche Unterlassen. Hiermit sind gemeinschaftsethische Bezüge angesprochen. Darin liegt kein Bekenntnis zum Gesinnungsstrafrecht, sondern die Sanktion für eklatant unsoziales Verhalten[25].

Notdienstpflichten in ihrer Ausgestaltung als Notstandspflichten und Straßenreinigungspflichten dienen gemeinsam der Gefahrenabwehr. Unterschiede zeigen sich jedoch bereits in dem Grad der jeweiligen Gefährdung. Notdienstpflichten entstehen in Situationen akuter Not und Gefahr. Mit der Straßenreinigungspflicht sollen hingegen Umstände, die sich mit hinreichender Wahrscheinlichkeit zu einer Gefährdung verdichten können, schon im Keim erstickt werden. Vereinfachend können beide Arten mit dem polizeirechtlichen Gefahrenbegriff umschrieben werden: Der Straßenreinigungspflicht liegt die Vorstellung einer abstrakten Gefahr zugrunde, während Notdienstpflichten einer konkreten Gefahr begegnen wollen[26].

Aufgrund dieser verschiedenen Ziele stellen beide Pflichtenarten auch spezifische Anforderungen.

Während die Notdienstpflichten häufig bestimmte persönliche Fähigkeiten voraussetzen, es auf das aktive Eingreifen der in der konkreten Notlage gerade anwesenden Person ankommt, die rechtzeitige und richtige Dienstleistung also das entscheidende Kriterium ist, spielt bei der Straßenreinigung primär der sachliche Erfolg eine Rolle. Weder Zeitpunkt der Reinigung noch Person des Reinigenden haben zentrale Bedeutung. Im Mittelpunkt des Interesses steht der Leistungserfolg: Die saubere Straße.

Ein weiterer Unterschied zwischen Notdienstpflichten und der Aufgabe, öffentliche Verkehrsflächen zu reinigen, liegt in dem persönlichen Opfer, das der Betroffene erbringen muß. Wer zu Notdiensten herangezogen wird, kann in der Regel mit einer angemessenen Entschädigung seiner Aufwendungen rechnen[27]. Die Straßenreinigungspflicht ist hin-

---

[25] *Dreher* (StGB, § 330 c Rdn. 1) sieht den Strafgrund in der „Verletzung der Hilfspflicht".

[26] Zum polizeirechtlichen Gefahrenbegriff: *Drews/Wacke*, Polizeirecht, S. 51 ff.; *Friauf*, Polizeirecht, S. 153 (177 ff.); *Götz*, Polizeirecht, S. 30 ff.; *Vogel*, Gefahrenabwehr, S. 177 ff., 272 ff.

[27] Z. B.: § 70 PrVG — hierzu: *Drews/Wacke*, Polizeirecht, S. 248, 464 ff.; *Götz*, Polizeirecht, S. 114 ff.; — Grundsätzlich ebenso die Regelung der Bad-Württ. Feuerwehrgesetze (N 18) für den Fall der persönlichen Hilfsleistungspflichten (§§ 33 - 34) und des *freiwilligen* Feuerwehrdienstes als ehrenamtlicher Tätigkeit (§ 16). — Anders verhält es sich bei den institutionalisierten Notdienstpflichten. Diese sind ohne Entschädigung zu leisten, § 16 BadWürtt. FWGe. Einen gewissen Ausgleich sah das Feuerwehrgesetz v. 6. 2. 1956 dadurch vor, daß die Umwandlung des Pflichtdienstes in einen freiwilligen

gegen kompensationslos: Der Reinigungspflichtige muß Arbeitsgeräte, persönlichen Einsatz und Zeit ohne Entschädigung zur Verfügung stellen.

Die Straßenreinigungspflicht fügt sich somit nicht in die Gruppe der Notdienstpflichten ein, wie sie überhaupt ein Fremdkörper im Bereich der Dienstpflichten schlechthin ist. Hervorstechendes Merkmal der Straßenreinigungspflicht ist der Sacherfolg, nicht der persönliche Einsatz.

III. Werkleistungspflichten

Eine dritte Gruppe innerhalb der Naturallasten bilden die Werkleistungspflichten[28]. Pflichtinhalt ist mit den Worten des § 631 II BGB ein „durch Arbeit oder Dienstleistung herbeizuführender Erfolg". Die Eigenständigkeit der Werkleistungspflichten gegenüber den Dienstleistungspflichten rechtfertigt sich aus der besonderen Bedeutung des Leistungserfolges[29]. Systematisch sind die Werkleistungspflichten zwischen den Sachleistungspflichten und den Dienstleistungspflichten anzusiedeln. Mit letzteren verbindet sie der persönliche Einsatz, zu ersteren besteht eine Parallele in der Sachbezogenheit der Pflichterfüllung[30].

1. Hand- und Spanndienste

Den Prototyp der Werkleistungspflichten bilden die Hand- und Spanndienste, wie sie § 68 PrKAG[31] vorsieht. Hierunter sind unentgeltliche Leistungen zu verstehen, „die eine Gemeinde zur Erfüllung ihrer öffentlich-rechtlichen Aufgaben von den Pflichtigen fordern kann"[32]. Handdienste verlangen den Einsatz eigener Körperkraft, Spanndienste den von Zugtieren und Fuhrwerken. Die Rechtsprechung[33] bemüht sich heute, den Inhalt der Spanndienste zeitgemäß zu fassen und auf die Bereitstellung von Kraftfahrzeugen zu erstrecken. Dennoch handelt es sich bei den Hand- und Spanndiensten um Pflichten, deren Bedeutung

---

Dienst (mit Entschädigung und gewissem Versicherungsschutz) jederzeit möglich war, § 12 III.

[28] *Weber*, Dienstpflichten, S. 12, 73 ff.

[29] *Weber*, Dienstpflichten, S. 73.

[30] *Weber*, Dienstpflichten, S. 12. — Der Begriff der Werkleistungen wurde in § 2 I Nr. 9 BLG übernommen. Die Einbeziehung in den Katalog der Sachleistungspflichten macht die Zwitterstellung zwischen (primär personenbezogenen) Dienstleistungspflichten und (primär sachbezogenen) Sachleistungspflichten deutlich.

[31] Preußisches Kommunalabgabengesetz v. 14. 7. 1893, GS S. 152.

[32] *v. Rosen-v. Hoewel*, Gebühren, S. 454 (469); *Lullies* KStZ 53,1 (4); *Pagenkopf* in HwStR II „Naturaldienst"; *Surén*, Gemeindeabgabenrecht, § 68 Erl. 5.

[33] BayVerwGHE 7,77 (83); OVG Koblenz AS 1,325 (331); BGHZ 28,310 (312); a. A.: *v. Rosen-v. Hoewel*, Gebühren, S. 454 (470).

weitgehend der Vergangenheit angehört[34]. Im Mittelpunkt des Einsatzes steht die Aufgabenerfüllung an sich; die Person des Pflichtigen tritt in den Hintergrund. Hand- und Spanndienste sind als ausschließlich erfolgsbezogene Leistungspflichten typische Ausgestaltungen der Werkleistungspflichten. Ein — geschichtlich gewordenes — Beispiel für Hand- und Spanndienste, das im Zusammenhang mit der Straßenreinigung erwähnenswert ist, waren die Pflichten der Bürger, beim gemeindlichen Wegebau und den nachfolgenden Unterhaltungs- und Ausbesserungsarbeiten zu helfen[35].

Nach der inhaltlichen Umschreibung der Hand- und Spanndienste scheint auch die Wegereinigungspflicht hier ihren Platz zu haben[36]. Dient doch auch sie der Erfüllung öffentlicher Aufgaben durch Privatpersonen und stellt maßgeblich auf den Reinigungserfolg ab[37]. Doch läßt die herkömmliche Handhabung der gemeindlichen Straßenreinigungspflicht wesentliche Unterschiede erkennen.

Ein Unterschied besteht in der Motivation, den Bürgern die jeweilige Werkleistungspflicht abzuverlangen. Hand- und Spanndienste sind in finanzschwachen Gemeinden ein herkömmliches Mittel, öffentliche Aufgaben ohne Rückgriff auf die Gemeindehaushalte zu erfüllen und gleichzeitig die Finanzkraft der Bürger zu schonen[38]. Vor allem in ländlichen Gemeinden haben die Einwohner hierdurch die Möglichkeit, in verdienstarmen Zeiten durch gemeinwohlbezogenen Arbeitseinsatz öffentliche Geldlasten gering zu halten[39]. Hand- und Spanndienste sind Kommunallasten in Gestalt von Naturalleistungen. Sie vermeiden im Interesse des Pflichtigen öffentliche Geldlasten[40]. Daß § 68 IV PrKAG eine geldliche Ablösung der Hand- und Spanndienste vorsieht, unterstreicht diesen Zusammenhang.

Bei der gemeindlichen Straßenreinigungspflicht geht es hingegen nicht in erster Linie darum, dem Bürger zusätzliche Geldlasten zu ersparen. Dieser Aspekt schimmert allenfalls bei gemeindefiskalischen Überlegungen in dem Gedanken durch, die Gemeindehaushalte nicht

[34] *Weber*, Dienstpflichten, S. 74; in den neueren Kommunalabgabengesetzen werden die Hand- und Spanndienste nicht mehr erwähnt: z. B.: Bayern, Nordrhein-Westfalen; vgl. auch: *Klüber*, Gemeinderecht, S. 95 f.; *Gönnenwein*, Gemeinderecht, S. 72 FN 20.

[35] *v. Rosen-v. Hoewel*, Gebühren, S. 454 (469).

[36] So *Klüber*, Gemeinderecht, S. 95; *Lullies* KStZ 53, 1 (4); *Surén*, Gemeindeabgabenrecht, § 68 Erl. 5.

[37] BVerwG DVBl. 65,911 (912).

[38] *Lullies* KStZ 53,1; *Pagenkopf*, HwStR II, „Naturaldienst".

[39] *Gönnenwein*, Gemeinderecht, S. 72; *Held* DVBl. 54, 345; *Klüber*, Gemeinderecht, S. 95; OVG Münster E 5,176 (178).

[40] *Held*, DVBl. 54,345; *Lullies* KStZ 53,1; *Otto Mayer*, VerwR II, S. 220; *v. Rosen-v. Hoewel*, Gebühren, S. 454 (470); *Pagenkopf*, HwStR II, „Naturaldienst".

weiter zu belasten[41]. Ein entscheidender Grund für die Wegereinigungspflicht liegt in Praktikabilitätserwägungen[42]: Die Gemeinde kann sich durch Abwälzung der Reinigungsaufgaben auf einfache Weise von den Problemen lösen, die Organisation und Aufrechterhaltung eines funktionierenden Reinigungsdienstes mit sich bringen[43]. Der Kalkül, die Straßenreinigung zu delegieren, wird vorrangig von gemeindlichen Interessen, nicht solchen der Bürger bestimmt. Diese kommen erst bei einer persönlichen Überlastung mit Reinigungspflichten zum Tragen[44].

Ein weiteres Spezifikum der Hand- und Spanndienste ist zu nennen. Hand- und Spanndienste können nur steuerpflichtigen Personen auferlegt werden[45]; sie gehören damit grundsätzlich zu den Gemeinlasten[46]. Demgegenüber entpuppt sich die Wegereinigungspflicht nach der gesetzlichen Konzeption als Sonderlast. Sie kann lediglich auf einen bestimmten Personenkreis übertragen werden, meist auf die Anlieger. Die Straßenreinigungspflicht ist „Vorzugslast in Naturalleistung“[47]. Damit wird die gemeinsame Basis von Hand- und Spanndiensten und gemeindlicher Wegereinigungslast in Gestalt der Werkleistungspflichten in einem weiteren Punkt verlassen. Der Unterschied besteht zumindest solange, wie sich die Pflichten aus der Straßenreinigung als Vorzugslasten behaupten[48].

2. Straßenreinigungspflichten

Trotz offensichtlicher Parallelen der Straßenreinigungspflicht zu den gemeindlichen Hand- und Spanndiensten haben sich deutliche Unterschiede in der Zweckverfolgung und dem Adressatenkreis der jeweiligen Werkleistungspflicht gezeigt. Die Trennung beider Pflichtenkreise ist daher gerechtfertigt. Die Wegereinigungspflicht stellt eine „beson-

---

[41] Amtliche Begründung zu § 5 PrWRG, abgedr. bei *Hecht/Hellich*, Komm., § 5 Anm. a): „§ 5 regelt die vielfach sowohl aus polizeilichen als auch aus gemeindewirtschaftlichen Rücksichten erwünschte gänzliche oder teilweise Übertragung der Pflicht zur polizeimäßigen Reinigung auf die Anlieger ...“; dazu: *Michaelis* DVBl. 65,897; ferner: *Deus* KStZ 70,208 (210); *Eichhorn* KStZ 69,234 (235).

[42] Vgl. 4. Teil, 3. Kapitel, 2. Abschnitt, I.3 f.

[43] Zu den maschinentechnischen und ökonomischen Problemen, die die Straßenreinigung für die Gemeinden aufwirft, vgl. *Hoppe*, BayBürgermeister 1969, 97 - 100.

[44] Vgl. 4. Teil, 3. Kapitel, 1. Abschnitt, III.3.

[45] § 68 I PrKAG; hierzu: *Lullies* KStZ 53,1 (3); *Surén*, Gemeindeabgabenrecht, § 68 Erl. 4.

[46] *Held* DVBl. 54,345 (346).

[47] *Otto Mayer*, VerwR II, S. 232; ebenso: *Wolff/Bachof*, VerwR I, § 42 II a 1 (S. 306).

[48] Vgl. 4. Teil, 3. Kapitel, 2. Abschnitt.

ders ausgeführte Spezialisierung der Handdienste"[49] dar. Sie ist eine Werkleistungspflicht eigener Art.

Drittes Kapitel

Straßenreinigungspflicht als Geldlast

Der systematische Stellenwert, den die Landesgesetze der Straßenreinigungsabgabe zuweisen, ist verhältnismäßig einfach festzulegen. In den meisten Ländern ist die Straßenreinigungsabgabe von vornherein gesetzlich als Benutzungsgebühr bestimmt[1]; nur wenige Länder begnügen sich mit einer Globalverweisung auf die Kommunalabgabengesetze schlechthin[2]. Der Spielraum der Gemeinden innerhalb der Abgabentrias Steuer, Beitrag, Gebühr ist somit gering. Die Landesgesetzgeber favorisieren für die Wegereinigungsabgabe eindeutig die Gebührenform. Die Straßenreinigungsabgabe ist primär als Vorzugslast ausgestaltet[3]. — Seit dem preußischen Wegereinigungsgesetz ist vorgegeben, daß daneben wenigstens 25 % der Straßenreinigungskosten aus allgemeinen Haushaltsmitteln zu finanzieren sind[4]. Über den Steueranteil enthalten die Pflichten aus der Straßenreinigung auch Elemente der Gemeinlast.

---

[49] *Weber*, Dienstpflichten, S. 75.

[1] So bereits § 4 a PrWRG; — § 43 III BadWürttStrG; § 52 III NdsStrG; § 45 SHStrWG; § 3 StrReinG NW.

[2] § 10 V 2 Hess StrG; § 17 III 2 RhPfLStrG.

[3] Zu dieser Problematik vgl. unten 5. Teil.

[4] Z. B.: § 4 a PrWRG; § 3 StrReinG NW.

Zweiter Teil

Entwicklung der Straßenreinigungs- und Wegebaulasten

Die Sonderstellung der Straßenreinigungspflichten im System öffentlicher Lasten, die in den kombinierten Ausformungen von Natural- und Geldlast einerseits, Vorzugs- und Gemeinlast andererseits zum Ausdruck kommt, ist das Ergebnis eines geschichtlichen Werdeganges. Die Entwicklung der Straßenreinigungslasten wird durch einen Vergleich mit den Wegebaupflichten verdeutlicht, die sich in gesetzlich verbindlicher Form als bedeutend älter nachweisen lassen. Zwei bemerkenswerte Strömungen von unterschiedlicher Stärke treten hierbei zutage: Die Entwicklung von der Natural- zur Geldlast und von der Vorzugs- zur Gemeinlast.

Erstes Kapitel

Von der Naturallast zur Geldlast

Eigeninitiative der Bürger entspricht deutscher Rechtstradition. Dies gilt besonders für den Bereich von Wegebau und Wegeunterhaltung. Nicht nur in den Anfängen wurden diese Aufgaben durch meist freiwillig geleistete Arbeit der Anlieger oder sonstiger Personen erfüllt[1]. Das System der Wegebaunaturallast zieht sich in unterschiedlicher Ausgestaltung bis in die Anfänge dieses Jahrhunderts. Dabei treten die Naturaldienste in zwei grundsätzlichen Ausformungen auf: Einmal als Aufgabe der Eigentümer angrenzender Grundstücke (Anliegerprinzip); zum anderen bilden sich auch Wegebaukolonnen, die das Wegenetz durch Gruppenarbeiten vergrößern (Gesamthandsprinzip)[2]. Lange Zeit waren beide Prinzipien nebeneinander vertreten. Eine chronologische Abstufung läßt sich nicht feststellen[3].

---

[1] *Friehe*, S. 86; *Kodal*, S. 279.

[2] *Friehe*, S. 87 f.

[3] *Friehe*, S. 88.

Die schleppenden Anfänge des Wegebaus im Mittelalter münden seit Beginn der Neuzeit in eine immer schneller werdende Entwicklung. Neue Verkehrswege werden benötigt. Ursache ist eine zunehmende überörtliche Kommunikation mit stetig wachsender Verkehrsverdichtung. Auch neue Wegebautechniken werden erforderlich.

Die technischen Fortschritte auf dem Gebiet des Wegebaus übersteigen die persönlichen Leistungsmöglichkeiten der Bürger[4]. Wurde anfangs noch versucht, bloß die Überbürdung der Anlieger durch Nachbarhilfe[5], subsidiäres Eingreifen genossenschaftlicher Straßenverbände und letztlich der Gemeinden selbst zu vermeiden[6], — worin die ersten systematischen Übergänge zum Gesamthandsprinzip zu sehen sind —, so kam man mit Beginn des Baues von Pflasterstraßen nicht umhin, diese Aufgaben fachkundigen Personen zu übertragen. Zeigte sich doch bald, daß die Pflasterleistungen der Anlieger an Qualität sehr zu wünschen übrig ließen[7]. Auch gemeindliche Kontrollen vermochten dies nicht zu ändern. Sachgerechter Ausbau und Instandhaltung der Wege konnten nur noch gewährleistet werden, wenn die verantwortlichen Stellen selbst die Initiative übernahmen. Dies geschah teils durch Einstellung von Fachkräften, teils durch gemeindeeigenes Personal[8]. Im kommunalen Bereich wurde die Wegebaupflicht zu einer gemeindlichen Aufgabe[9], die Selbsthilfe der Bürger zur Fremdhilfe durch öffentliche Stellen.

Deutliche Hinweise gibt hierfür die Gesetzeslage in den preußischen Provinzen. Dort wurde die Wegebaulast an Gemeindewegen grundsätzlich den Gemeinden als öffentliche Last aufgegeben. Klar wird dies in § 19 I der Wegeordnung für die Provinz Sachsen vom 11. Juli 1891[10] formuliert: „Die Wegebaulast ist eine Gemeindelast". Ausnahmen wurden nur noch in beschränktem Umfang, meist aufgrund besonderer herkömmlicher Titel zugelassen[11].

Der Entwicklung von der bürgerlichen Eigeninitiative zur öffentlichen Gemeindelast folgten entscheidende Veränderungen in der Art und Verteilung der Wegebaulasten. Mit der Übertragung der Wegebauaufgaben auf geschulte, fachkundige Arbeitskräfte wurden die naturalen

---

[4] *Friehe*, S. 92, 95; *Kersten/Froelich*, Wegepolizeirecht, S. 551 ff. (58); *Kodal*, S. 278, 280.

[5] *Friehe*, S. 90; *Kodal*, S. 280, 281.

[6] *Friehe*, S. 89 f.

[7] *Friehe*, S. 92.

[8] *Friehe*, S. 92.

[9] *Kodal*, S. 281.

[10] GS S. 316; ähnl.: § 15 II Wegeordnung für die Provinz Ostpreußen v. 10. Juli 1911, GS S. 99.

[11] §§ 15, 26, 40, 41 Wegeordnung für Ostpreußen (N 10). — Ein Beispiel für die Übernahme der Straßenbaulast für „chaussirte Straßen" durch den Staat, gibt § 9 der „Verordnung v. 16. 6. 1838, die Kommunikations-Abgaben betreffend", GS S. 353, wo es u. a. heißt: „. . ., wogegen die Unterhaltung dieser Straßenstrecken in angemessener Breite auf den Staat übergeht".

Anliegerpflichten in Form von Gemeinfronen auf Hilfspflichten, wie etwa die Materialbeschaffung[12], beschränkt. Gleichzeitig forderte die Entlohnung der Facharbeiter durch die Gemeinden erhöhte Abgaben der Einwohner. Aber selbst die Hilfspflichten wurden zunehmend durch Geldleistungen[13] abgelöst. Diese waren nicht zuletzt für die Bezahlung der Fachleute notwendig geworden.

Eine Ausnahme galt zunächst noch für die Bürgersteige. Zwar bezog sich die Wegebaulast, soweit sie nunmehr gemeindliche Verpflichtung war, auch darauf, Gehwege anzulegen, zu verbessern und zu unterhalten.Doch sahen die preußischen Wegeordnungen für die Gemeinden die Möglichkeit vor, diese Aufgaben ganz oder teilweise auf die Eigentümer der angrenzenden Grundstücke zu übertragen[14]. Erst die neueren Straßengesetze verzichten weitgehend auf die Naturaldienste im Bereich der Wegebaulast. Sämtliche zum Straßenkörper gehörenden Anlagen, d. h. auch die Gehwege[15], werden grundsätzlich von dem Träger der Straßenbaulast erstellt und unterhalten[16]. Dabei obliegt den Gemeinden nicht nur die Straßenbaulast für die Gemeindestraßen, sondern in bestimmten Fällen auch für die Ortsdurchfahrten von Bundes- und Landesstraßen[17]. Der Beitrag der Bürger zum Straßenbau und zur Straßenunterhaltung erschöpft sich nunmehr in der Regel in Geldleistungen[18].

---

[12] *A. Wagner*, Finanzwissenschaft II, S. 79 f.

[13] Ein Beispiel für die Vielfalt der „Kommunikations-Abgaben" gibt § 1 der Verordnung vom 16. Juni 1838 (N 11), der die Anpassung der Geldlasten nach den Grundsätzen der Kostendeckung und Äquivalenz vorschreibt: „Die außer dem Chausseegelde für die Benutzung von Kommunikations-Anstalten bestehenden Abgaben, als Wege-, Pflaster-, Brücken-, Damm-, Fährgeld usw. sollen auf denjenigen chaussirten und nicht chaussirten Straßen, welche der Minister der Finanzen und des Handels nach dem Bedürfnisse des Verkehrs uns dazu vorschlagen wird, einer Revision unterworfen, und soweit sie die Unterhaltungs- und Wiederherstellungs-Kosten übersteigen, da, wo es noch nicht geschehen ist, auf einen diesen Kosten angemessenen Betrag ermäßigt werden. Das Verzeichnis dieser Straßen ist durch die Amtsblätter bekannt zu machen und von Zeit zu Zeit zu ergänzen."

[14] § 16 II Wegeordnung für Ostpreußen (N 10); § 17 Wegeordnung für die Provinz Posen v. 15. Juli 1907, GS S. 243; § 18 Wegeordnung für die Provinz Westpreußen v. 27. September 1905, GS S. 357; § 38 II Wegeordnung für Sachsen v. 11. 7. 1891, GS S. 316.

[15] Z. B.: § 2 II Nr. 1 NWLStrG.

[16] Vgl. z. B.: § 9 HessStrG; § 9 I NWLStrG; § 9 SaStrG; — als Relikt ist die Regelung des § 49 BadWürttStrG anzusehen, wonach die Eigentümer bestimmter angrenzender Grundstücke zur Unterhaltung der Gehwege an Ortsstraßen herangezogen werden können, sofern die Gehwege nicht zum Parken benutzt werden.

[17] Vgl. §§ 45 I, 47 NWLStrG: Für Ortsdurchfahrten in Gemeinden mit über 50 000 Einwohner.

[18] Aufschlußreich für die Ausschließlichkeit der Geldlasten ist die Begründung eines KAG für das Land Nordrhein-Westfalen v. 9. 7. 1968, Ltg.-Drucks. Nr. VI/810, Anm. A. 3 zur Frage, warum Hand- und Spanndienste nicht mehr

Eine dem Wegebaubereich vergleichbare Entwicklung von der Natural- zur Geldlast ist auch auf dem Gebiet der Straßenreinigung zu verzeichnen. Eine erste[19] umfassende Regelung enthält das preußische Wegereinigungsgesetz vom 1. Juli 1912. Bis dahin war es sehr zweifelhaft, wer zur Ausführung der (polizeimäßigen) Wegereinigung verpflichtet war[20]. Zur Klärung dieser Frage bedurfte es in Preußen nicht weniger als fünf Gesetzesentwürfe, die sich über einen Zeitraum von 47 Jahren erstreckten[21]. Das preußische Wegereinigungsgesetz regelte dann die Verantwortlichkeit eindeutig: Die Reinigungslast obliegt grundsätzlich den Gemeinden, § 1 PrWRG, kann aber für den ganzen Straßenraum oder für Teilbereiche den Eigentümern der angrenzenden Grundstücke und den dinglich gleichgestellten Personen durch Ortsstatut übertragen werden, § 5 PrWRG. Eine geldliche Regelung sah das Gesetz in seiner ursprünglichen Fassung nicht vor. Ein Gesetzesentwurf[22], der die Deckung der erwachsenden Unkosten durch Kommunalabgaben plante, scheiterte an dem Streit der Abgeordneten über die Höhe der gemeindlichen Eigenleistung[23]. Eine dem Entwurf inhaltlich entsprechende Regelung wurde mit § 4 a erst 1933 in das Wegereinigungsge-

---

in das Gesetz aufgenommen werden sollen: „Da die Dienstleistungspflicht eine allgemeine, für alle gleiche sein muß, müßten alle dem Alter und der körperlichen Tauglichkeit nach fähigen Einwohner entweder diese Dienste ableisten oder, wie dies schon in § 68 KAG vorgesehen ist, einen Stellvertreter stellen oder an die Gemeinde einen entsprechenden Geldbetrag zahlen. Die Möglichkeit, einen Stellvertreter zu stellen oder die Dienste durch einen Geldbetrag abzulösen, würde jedoch heute als unsozial empfunden, weil sie diejenigen, die sich dies erlauben können, begünstigt und diejenigen, die hierzu wegen ihrer Einkommens- und Vermögensverhältnisse außerstande sind, benachteiligt. Hinzu kommt, daß Einwohner, die in einem abhängigen Arbeitsverhältnis stehen, zu der Zeit, in der die Dienste üblicherweise zu leisten sind, im Regelfall nicht zur Verfügung stehen. Selbstverständlich schließt die Nichtaufnahme von Hand- und Spanndiensten in das Gesetz nicht aus, daß sich Einwohner der Gemeinde für solche Dienste freiwillig zur Verfügung stellen. Die Ausübung von Zwang würde jedoch Folgerungen auslösen, die bei der heutigen differenzierten beruflichen Gliederung der Bevölkerung unerwünscht sind."

[19] Eine Kodifizierung für Württemberg folgte: Gesetz über das Reinigen, Begießen und Bestreuen der Straßen v. 6. 2. 1923, RegBl. f. Württemberg S. 79.

[20] *Begründung* des Entwurfs eines Gesetzes über die Reinigung öffentlicher Wege (D. AH 1912 Nr. 51) — abgedr. bei *Hecht/Hellich*, Komm., S. 5 f.

[21] Vgl. *Begründung* (N 20) ebd.

[22] § 5 des Gesetzentwurfs 1911 lautete: „Die Gemeinden können die ihnen aus der polizeimäßigen Reinigung öffentlicher Wege erwachsenden Kosten durch Gebühren, Beiträge oder Mehrbelastungen (§§ 4, 9, 20 des Kommunalabgabengesetzes v. 14. Juli 1893, GS S. 152) decken.

Sofern den Gemeinden die Verpflichtung zur polizeimäßigen Reinigung obliegt, gelten hinsichtlich der innerhalb der geschlossenen Ortslage belegenen Wege die Eigentümer der angrenzenden Grundstücke als Benutzer der Gemeindeveranstaltung i. S. des § 4 des Kommunalabgabengesetzes ..." — zitiert nach *Hecht/Hellich*, Komm., S. 16.

[23] *Hecht/Hellich*, Komm., S. 19.

setz eingefügt[24]. Danach können die Gemeinden ihre Reinigungskosten durch „Gebühren, Beiträge oder Mehrbelastungen“ decken.

Auch für die Straßenreinigung ist in der weiteren Entwicklung eine zunehmende Ablösung der Naturallast durch die Geldlast festzustellen. Konnte aufgrund der Ermächtigung des preußischen Wegereinigungsgesetzes noch die Reinigung des gesamten Straßenraumes auf die Anlieger übertragen werden, so ist die Säuberungspflicht der Angrenzer heute in der Regel bereits gesetzlich auf die Bürgersteige beschränkt[25]. Lediglich im Saarland gilt das preußische Wegereinigungsgesetz noch heute. Allerdings hat die ursprüngliche Gesetzeslage durch die Rechtsprechung starke Veränderungen erfahren. Diese sind insbesondere dort festzustellen, wo es darum geht, die Reinigungspflicht auf die Anlieger abzuwälzen[26].

Die neueste Entwicklung spiegelt die Rechtslage in Nordrhein-Westfalen wider, wo das preußische Wegereinigungsgesetz am 31. 12. 1975 durch das „Gesetz über die Reinigung öffentlicher Straßen“ vom 18. 12. 1975[27] abgelöst wurde. § 4 StrReinG NW bestimmt, daß sich die Reinigungspflicht der Anlieger grundsätzlich nur auf die Gehwege erstreckt. Ausgenommen sind lediglich Anliegerstraßen, sofern eine gemeindliche Reinigung unverhältnismäßig hohe Aufwendungen erfordert. Ansonsten besteht lediglich die Pflicht zur Zahlung von „Benutzungsgebühren“, § 3 StrReinG NW.

Insbesondere das jüngste Straßenreinigungsgesetz zeigt somit einen deutlichen Abbau der Naturaldienste: Die Reinigungspflicht erstreckt sich grundsätzlich nur noch auf die Bürgersteige. An ihre Stelle tritt die Reinigungsgebühr. Die Werkleistungspflicht wandelt sich in eine Geldleistungspflicht[28].

Zweites Kapitel

Von der Vorzugslast zur Gemeinlast

Nicht in gleicher Weise deutlich wie die stetig wachsende Ablösung der Naturallast durch die Geldlast, aber doch erkennbar ist die Entwicklung von der Vorzugslast zur Gemeinlast. Stehen im Bereich des

---

[24] Verordnung v. 17. 3. 1933, GS S. 43.

[25] Vgl. 4. Teil, 3. Kapitel, 1. Abschnitt, III. 3.

[26] Vgl. 4. Teil, 3. Kapitel, 1. Abschnitt, III.3.

[27] GVBl. S. 706.

[28] *Loberg* KStZ 74,41: Zum Gesetzentwurf eines Straßenreinigungsgesetzes vom 28. 8. 1973, Ltg.-Drucks. 7/2957; — allgemein: *Neumark*, FS-Stucken, S. 7 (8).

Wegebaus am Anfang noch Anlieger- und Gesamthandsprinzip ohne Priorität gegenüber, so vollzieht sich nach und nach der Übergang zur Gemeinlast. Dabei sind die Etappen der Nachbarschaftshilfe und der wegegenossenschaftlichen Verbände[1] als Zwischenstufen auf dem Weg wachsender Gemeinverantwortlichkeit anzusehen. Die Gemeinfronen[2] sind erste Zeugnisse dieser Entwicklung. Die Handdienste, die „von sämtlichen Steuerpflichtigen gleichheitlich zu leisten"[3] waren, sind beredtes Beispiel gemeiner Naturallasten[4]. Mit dem Abbau der Wegebaupflichten der Anlieger für Gehsteige verschwinden die letzten Ausgestaltungen der Naturalvorzugslasten im Bereich des Straßenbaus. Straßenbau ist nunmehr vorrangig Aufgabe der Allgemeinheit. Er wird weitgehend aus Steuermitteln bestritten[5]. Eine wichtige Ausnahme stellen noch die Beiträge der Anlieger für Erschließungsanlagen dar[6].

Die gemeindliche Straßenreinigung verzeichnet leichte Verschiebungen der Vorzugslast zur Gemeinlast dadurch, daß die Reinigungspflichten der Anlieger stetig abnehmen. Dieselben Gründe, die zu einem Übergewicht der Geldlast geführt haben[7], sind auch für ein eigenes Engagement der Gemeinde bestimmend: wachsende Verkehrsdichte und verbesserte technische Ausstattung mit Reinigungsgeräten. Die Übernahme der Straßenreinigung als öffentliche Aufgabe verdrängt den eigenen Einsatz der Anlieger. Allerdings wird eine Wende zur Gemeinlast dadurch aufgefangen, daß die gemeindliche Straßenreinigung bis zu 75 % aus Gebühren der Anlieger und Hinterlieger beglichen wird[8]. Die Straßenreinigungspflichten entwickeln sich zwar deutlich von der Natural- zur Geldlast. Ansätze für einen Trend zur Gemeinlast beschränken sich jedoch bislang auf den gesetzlichen Mindeststeueranteil von 25 % an den Reinigungskosten. Die Frage bleibt, ob die geschichtliche Entwicklung der Wegebaulasten auf die Straßenreinigungskosten übergreift. Der Mindeststeueranteil an den Reinigungskosten könnte erste Anzeichen einer Wende zur Gemeinlast sichtbar werden lassen.

---

[1] Vgl. 2. Teil, 1. Kapitel.

[2] *Friehe*, S. 88.

[3] § 68 II PrKAG.

[4] *Friehe*, S. 88; *Kodal*, S. 281.

[5] Hierzu: *Walprecht* SKV 72, 229 - 232.

[6] Daneben ist noch die Straßenkostenbeitragspflicht nach § 8 II KAG NW zu nennen; — hierzu: *Driehaus* KStZ 74,81 - 84.

[7] Vgl. 2. Teil, 1. Kapitel.

[8] So bereits § 4 a III PrWRG; § 3 StrReinG NW.

Dritter Teil

Typologie der Straßenreinigung

Die Straßenreinigungspflicht nimmt als Werkleistungspflicht nicht nur im System der Naturallasten eine exponierte Stellung ein. Ihre Besonderheit liegt auch darin, daß sie in der allgemeinen Entwicklung von Natural- zu Geldlasten letzter Überrest einst weit verbreiteter und allgemein anerkannter Naturaldienste ist. Hierin liegen auch die Ursachen für die Spannungen, welche die Straßenreinigungspflicht als Naturallast in dem heutigen Rechtssystem auslöst. Die Problematik kann aber nur anhand der verschiedenen Reinigungsarten aufgezeigt werden, die in diesem Rechtsbereich zu verzeichnen sind.

Wenn § 1 StReinG NW lapidar bestimmt, daß „die öffentlichen Straßen innerhalb der geschlossenen Ortslagen ... von den Gemeinden zu reinigen (sind)", so wird damit die Vielfalt herkömmlicher Reinigungsarten verschleiert. Bereits das preußische Wegereinigungsgesetz unterschied in § 1 zwischen „polizeimäßiger Reinigung" und der „Pflicht des Wegebaupflichtigen zur Reinhaltung der Wege aus Verkehrsrücksichten". Dabei konnte schon der preußische Gesetzgeber auf ältere Vorlagen zurückgreifen. Ein früherer Hinweis auf die „polizeimäßige Reinigung", der wiederum auf eine noch längere Tradition schließen läßt, findet sich in § 11 der „Verordnung vom 16. 6. 1838, die Kommunikationsabgaben betreffend"[1]:

> „Durch die Übernahme der Unterhaltung städtischer Straßenstrecken von seiten des Staats wird in der bisherigen Verpflichtung zur Unterhaltung der Bürgersteige und Seitenpflaster sowie zur polizeimäßigen Reinigung der Straßen nichts verändert."

Belege für die Reinigungspflicht des Straßenbaulastträgers, herkömmlich als „verkehrsmäßige Reinigung" umschrieben, enthalten die Wegeordnungen verschiedener deutscher Landesteile[2]. — Daneben ist

---

[1] GS S. 353; hierzu: *Hecht/Hellich*, Komm., S. 5 FN 1; weitere Hinweise auf die „polizeimäßige" Reinigung enthalten: § 12 Nr. 3 Wegeordnung für Ostpreußen v. 10. 7. 1911, GS S. 99; § 12 Nr. 3 Wegeordnung für Westpreußen v. 27. 9. 1905, GS S. 357; § 8 Wegeordnung für Sachsen v. 11. 7. 1891, GS S. 316; — § 11 Nr. 3 Wegeordnung für Posen v. 15. 7. 1907, GS S. 243 spricht nur von „Reinigung der Straßen und Plätze", meint aber aus seinem geschichtlichen Verständnis ebenfalls die „polizeimäßige Reinigung".

heute noch derjenige zur Säuberung der Straße verpflichtet, der die Verschmutzung verursacht hat[3].

Die Dreiteilung der Reinigungspflichten birgt Zuständigkeitskonflikte in sich. Eine erste Klärung verheißen die neueren Straßengesetze dadurch, daß sie zumindest terminologisch nicht mehr zwischen „verkehrsmäßiger" und „polizeimäßiger" Reinigung unterscheiden[4]. Gleichwohl versuchen Rechtsprechung und Literatur, an den herkömmlichen Kategorien festzuhalten. So soll es sich bei fast gleichem Gesetzeswortlaut in Hessen um Gemeindepflichten aus der verkehrsmäßigen Reinigung, in Rheinland-Pfalz um solche aus der polizeimäßigen Reinigung handeln[5]. Die teils willkürlichen und widersprüchlichen Ergebnisse überraschen nicht. Muß doch die Frage aufgeworfen werden, ob es angesichts der jüngsten Gesetzeslage noch sinnvoll ist, sich an die überlieferten Reinigungsarten zu klammern.

---

[2] § 9 Nr. 3 Wegeordnung für Ostpreußen (N 1); § 3 Nr. 3 Wegeordnung für Posen (N 1); § 10 Nr. 3 Wegeordnung für Westpreußen (N 1); § 4 Nr. 3 Wegeordnung für Sachsen (N 1).

[3] Z. B.: § 32 StVO; § 7 III BFernStrG; § 17 NWLStrG; § 16 SaStrG.

[4] § 10 I 1 HessStrG: „Die Gemeinden haben alle öffentlichen Straßen innerhalb der geschlossenen Ortslage zu reinigen"; § 1 I StrReinG NW: „Die öffentlichen Straßen innerhalb der geschlossenen Ortslage sind von den Gemeinden zu reinigen"; § 17 I RhPfLStrG: „Die innerhalb der geschlossenen Ortslage gelegenen öffentlichen Straßen einschließlich der Ortsdurchfahrten sind zu reinigen"; — anders: § 43 I BadWürttStrG: „Den Gemeinden obliegt es ..., Straßen ... zu reinigen, ... soweit dies aus polizeilichen Gründen geboten ist ..."; Art. 51 I BayStrWG: „Zur Aufrechterhaltung der öffentlichen Sicherheit und Ordnung haben die Gemeinden ... die öffentlichen Straßen ... zu reinigen ..."; § 52 I NdsStrG: „Die Straßen innerhalb der im Zusammenhang bebauten Ortsteile ... sind zu reinigen. Art und Umfang der Reinigung richten sich nach den örtlichen Erfordernissen der öffentlichen Sicherheit und Ordnung ..."; § 45 I SHStrWG: „Alle ... öffentlichen Straßen sind zu reinigen. Art und Umfang der Reinigung richten sich nach den örtlichen Erfordernissen der öffentlichen Sicherheit und Ordnung".

[5] *Rheinland-Pfalz:* BGH NJW 71,43 = MDR 71,117: polizeimäßige Straßenreinigung; *Hessen:* HessVGH DÖV 76,176: Polizeimäßige Straßenreinigung; *Walprecht/Sander*, Komm., § 1 RZ 5: Verkehrsmäßige Reinigung; unentschieden: *Hurst*, DVBl. 63,425 (430: „... gesetzliche Statuierung der Reinigungspflicht dient immer dem Zweck der Abwehr von Gefahren, die der öffentlichen Sicherheit der Straßenbenutzer durch Nicht- bzw. Schlechtreinigung drohen.").

Erstes Kapitel

Herkömmliche Arten der Straßenreinigung

I. Verkehrsmäßige Reinigung

1. Inhalt der Reinigungspflichten

Die verkehrsmäßige Reinigung dient der „Aufrechterhaltung der Sicherheit und Leichtigkeit des Straßenverkehrs“[1]. Sie umfaßt alle Maßnahmen, die zur Beseitigung von Verunreinigungen erforderlich sind, die den Straßenverkehr behindern oder erschweren[2]. Hierzu gehört es etwa, naturbedingte Hindernisse wie Laub, Äste, Stein- und Schlammansammlungen auf den öffentlichen Verkehrswegen zu beseitigen[3]. Aber auch die Aufgabe, durch den Straßenverkehr selbst verursachte Gefahren- und Behinderungsquellen zu entfernen, fällt grundsätzlich[4] in den Bereich der verkehrsmäßigen Reinigung. Beispielhaft sind hier zu nennen: von Land- oder Baufahrzeugen mitgeschlepptes Erdreich[5], Scherben und Blechteile von verunglückten Fahrzeugen[6] sowie gefährliche Ölspuren[7].

Ein wesentliches Merkmal der verkehrsmäßigen Reinigung, das sie vor allem von der polizeimäßigen Reinigung[8] unterscheiden soll, wird in der zeitlichen Dimension der Reinigungspflicht gesehen. Die verkehrsmäßige Reinigung ist keine „Dauerpflicht“, die zu periodischem Reinigen anhält, sondern aktualisiert sich im Falle der verkehrsbeeinträchtigenden Verschmutzung jedesmal neu[9].

Die Anforderungen, die an die verkehrsmäßige Reinigungspflicht gestellt werden, hängen von der Verkehrsbedeutung und Ortslage der

[1] Zitat: *Hurst* DVBl. 63,425 (426); ferner: *ders.* Gemeindeeinrichtungen S. 833 (876); *Hecht/Hellich,* Komm., § 1 Anm. b); *Kodal,* S. 540; *Sieder/Zeitler,* Komm., Art. 51 Rdn. 28; *Kersten/Froelich,* Wegepolizeirecht, S. 551 (574); *Walprecht* SKV 69,338 f.; *ders.,* Diss., S. 85 ff.; PrOVGE 81,264 (265).

[2] *Hurst* DVBl. 63,425 (426).

[3] *Kodal,* S. 541; Walprecht, Diss., S. 88; — anders in Bremen: Nach § 7 BremStrO gehört das Beseitigen von Laub zur polizeimäßigen Reinigung; zum sog. Winterdienst vgl. unter II. 3.

[4] Eine Konkurrenz kann sich mit den Reinigungspflichten desjenigen ergeben, der die Verunreinigung verursacht hat; — vgl. unter III.

[5] BGH NJW 55,298; *Kodal,* S. 541; *Sieder/Zeitler,* Komm., Art. 51 Rdn. 28; w. Nachw. bei *Walprecht,* Diss., S. 88 FN 17.

[6] *Kodal,* S. 541.

[7] BGH VersR 58,330.

[8] Vgl. unter II.

[9] *Begründung* des Entwurfs eines Gesetzes über die Reinigung öffentlicher Wege (D. AH. 1912 Nr. 51), abgedr. bei *Hecht/Hellich,* Komm., S. 6; übernommen von: PrOVGE 73,319 (322); *Bochalli,* Wegerecht, S. 562 (580); *Walprecht,* Diss., S. 88.

Wegstrecken ab[10]. Maßstab für Intensität und Häufigkeit der Straßenreinigung sind ferner Leistungsfähigkeit des Reinigungspflichtigen sowie Zumutbarkeit und Erforderlichkeit der Reinigung[11]. So wird auf der einen Seite die häufigere Kontrolle eines steinschlaggefährdeten Streckenabschnitts erforderlich sein; andererseits aber hängen die Zeitabstände zwischen den einzelnen Kontrollfahrten auch von der Verkehrsbedeutung der Straße und der zumutbaren Eigenverantwortung der Verkehrsteilnehmer ab. Letztere wird dann größer sein, wenn der gefährdete Straßenabschnitt durch Gefahrzeichen markiert ist. Doch kann das Gefahrzeichen den Reinigungspflichtigen nicht von angemessenen Überprüfungen und Reinigungsmaßnahmen entbinden. Das Aufstellen von Verkehrszeichen entspricht lediglich einer subsidiären Mindestpflicht, sofern die Reinigung selbst nicht durchgeführt werden kann[12].

2. Dogmatischer Standort der Reinigungspflichten

Über den dogmatischen Ursprung der verkehrsmäßigen Reinigung herrscht Uneinigkeit. Eine Meinung sieht sie als „Teil der Straßenbaulast"[13] an, eine andere will die verkehrsmäßige Reinigung dagegen den Verkehrssicherungspflichten zuordnen[14]. Dieser Dissens führt zu den grundsätzlichen Zusammenhängen von Straßenbaulast und Verkehrssicherungspflicht schlechthin. Er hat eine unüberschaubare Fülle von Stellungnahmen hervorgerufen[15]. Die Meinungsunterschiede sollen jedoch nur insoweit behandelt werden, wie die Gesetzeslage hierzu Anlaß gibt.

---

[10] *Sieder/Zeitler*, Komm., Art. 51 Rdn. 28; OLG Bamberg NJW 56,554.

[11] *Sieder/Zeitler*, Komm., Art. 51 Rdn. 28; PrOVGE 73, 319 (322).

[12] Maßstäbe liefert die Regelung in den StrGen (z. B.: Art. 9 I 3 BayStrWG, § 9 I 3 SaStrG), wonach erst die Leistungsunfähigkeit des Straßenbaulastträgers die Pflicht zum Aufstellen von Gefahrzeichen nach sich zieht. Ob diese Vorschriften unmittelbar oder lediglich analog heranzuziehen sind, hängt von der dogmatischen Zuordnung der verkehrsmäßigen Reinigung ab; vgl. unter 2.

[13] *Fickert*, Komm., § 49 Anm. 1; *Hurst*, Gemeindeeinrichtungen, S. 833 (876); *Kersten/Froelich*, Wegepolizeirecht, S. 551 ff (565, 574); *Kodal*, S. 540, 615; *Salzwedel*, Wegerecht, S. 539 (564); PrOVGE 81,264 f.

[14] *Arndt*, Straßenverkehrssicherungspflicht, S. 44; *Bender*, Staatshaftungsrecht, Rdn. 464; *Ketterer/Giehl/Leonhardt*, Streupflicht, § 1 Rdn. 2; *Schäfer* in: Staudinger, Komm., § 839 Rdn. 113; *Walprecht*, Diss., S. 85; *Walprecht/Sander*, Komm., § 1 Rdn. 1,3.

[15] Überblick über die vertretenen Zuordnungsmöglichkeiten bei: *Jahn* NJW 64,2041 - 2044; — eine willkürliche Auswahl: *Bartlsperger*, Verkehrssicherungspflicht und öffentliche Sache, 1970; *ders.* DVBl. 73,465-475; *Bender*, Staatshaftungsrecht, Rdn. 464; *Nedden* DVBl. 74,253 ff. (254 - 256); *Möller*, Das Verhältnis von Straßenbaulast und Verkehrssicherungspflicht auf öffentlichen Straßen und Wegen, 1964; *Ossenbühl*, Staatshaftungsrecht, S. 20 ff.; *Sieder/Zeitler*, Komm., Art. 9 Rdn. 5; *Walprecht*, Verletzung der Verkehrssicherungspflicht auf öffentlichen Straßen, 1969.

a) Aufschlußreich für die dogmatische Standortbestimmung der verkehrsmäßigen Reinigung ist die Regelung in den Wegeordnungen der preußischen Provinzen. Hier wird einerseits die polizeimäßige Reinigung von der Wegebaulast ausgenommen[16], andererseits zur Wegebaulast aber neben Bau und Unterhaltung der Straßen ausdrücklich die „Beseitigung von Verkehrshindernissen auf den Wegen" gerechnet[17]. Damit war die Qualifizierung der verkehrsmäßigen Reinigung als Teil der Wegebaulast nach der gesetzlichen Lage eindeutig.

Weniger klar ist jedoch die Regelung in den derzeit geltenden Straßengesetzen: Nach den Vorstellungen der jeweiligen Gesetzgeber umfaßt die Straßenbaulast „alle mit dem Bau und der Unterhaltung der Straße zusammenhängenden Aufgaben"[18]. Ausgenommen wird hiervon meist der sogenannte Winterdienst[19], d. h. die Pflicht, Schnee zu räumen und bei Glätte zu streuen. Allenfalls finden sich gesetzliche Regelungen, wonach die Träger der Straßenbaulast, unbeschadet sonstiger Pflichten Dritter, „nach besten Kräften" den Winterdienst durchführen „sollen"[20]. Offen bleibt jedoch die Frage, ob zur „Unterhaltung" der Wege auch die verkehrsmäßige Reinigung zu rechnen ist.

Eine klare Antwort gibt lediglich der Bayerische Gesetzgeber, der die „Reinigung" ausdrücklich aus dem Aufgabenbereich der Straßenbaulast herausnimmt[21]. In den übrigen Ländern könnte der historische Vergleich mit den preußischen Wegeordnungen letztlich aber zum gleichen Ergebnis führen. Während die Wegeordnungen der preußischen Provinzen nämlich neben der Straßenunterhaltung die Beseitigung der Verkehrshindernisse *ausdrücklich* erwähnten, taucht diese Vorschrift in den neueren Straßengesetzen nicht mehr auf. Die Streichung der verkehrsmäßigen Reinigung wäre ohne inhaltlichen Verlust nur dann aufzufangen, wenn sich „Unterhaltung" derart extensiv interpretieren ließe, daß darunter nicht nur „der bauliche Zustand des Straßenkörpers"[22], sondern auch jede verkehrshindernde oder verkehrsgefährdende Veränderung *auf* dem Straßenkörper zu verstehen wäre. Gegen eine solche Auslegung spricht aber nicht nur die sprachliche

---

[16] § 12 Nr. 3, Wegeordnung für die Provinz Ostpreußen v. 10. 7. 1911, GS S. 99; § 11 Nr. 3 Wegeordnung für die Provinz Posen v. 15. 7. 1907, GS S. 243; § 12 Nr. 3 Wegeordnung für die Provinz Westpreußen v. 27. 9. 1905, GS S. 357; § 8 Wegeordnung für die Provinz Sachsen v. 11. 7. 1891, GS S. 316.

[17] § 9 Nr. 3 Wegeordnung-Ostpreußen (N 16). § 9 Nr. 3 Wegeordnung-Posen (N 16); § 10 Nr. 3 Wegeordnung-Westpreußen (N 16); § 4 Nr. 3 Wegeordnung-Sachsen (N 16).

[18] Z. B.: § 9 I 1 SaStrG; § 9 I 1 HessStrG; § 3 I 1 BFernStrG.

[19] Z. B.: § 9 III SaStrG; Art. 9 III BayStrWG.

[20] Z. B.: § 9 II HessStrG; § 3 III BFernStrG.

[21] Art. 9 III BayStrWG; dazu: *Sieder/Zeidler*, Komm., Art. 9 Rdn. 24.

[22] So aber zu Recht *Nedden* DVBl. 74, 253 (254); ähnlich: *Wiethaup* BB 58, 66.

Gegenüberstellung der genannten Rechtsvorschriften, sondern auch die zeitliche wie sachliche Kontinuität, in der die Regelungen zu sehen sind. Hätten sich die modernen Gesetzgeber von dem tradierten Verständnis der „Wegeunterhaltung" lösen wollen, so hätten sie dies klar zum Ausdruck bringen müssen[23]. Übernimmt ein Gesetzgeber geschichtliche gewachsene und gesetzlich erprobte Begriffe, so kann die Rechtsanwendung solange von den tradierten Begriffsinhalten ausgehen, wie sich keine eindeutigen Hinweise auf einen Bedeutungswandel[24] ergeben. Aufgaben der Straßenbaulast erstrecken sich daher nach überliefertem Verständnis allein auf den Straßenraum an sich. Auf den Straßenkörper bezogen dienen sie lediglich der Substanzerhaltung und Substanzverbesserung.

Daß daneben auch andere Arbeiten mit dem Ziel einer grundsätzlichen Verbesserung des Straßenraums schlechthin zu nennen sind, wie etwa die Befestigung von Böschungen, Montage von Leitplanken u. a. m.[25], stellt die Unterscheidung nicht in Frage. Die Kollision zwischen Straßenbaulast und verkehrsmäßiger Straßenreinigung beschränkt sich auf den Straßenkörper. Nur in diesem Bereich müssen die Grenzen markiert werden. Der verbleibende Straßenraum fällt allein in den Verantwortungsbereich des Straßenbaulastträgers.

Es widerspricht daher dem herkömmlichen Verständnis der Straßenbaulast, die verkehrsmäßige Reinigung hier dogmatisch anzusiedeln.

b) Die verkehrsmäßige Reinigung gewährleistet Sicherheit und Leichtigkeit des Verkehrs. Der Reinigungspflichtige hat Vorkehrungen gegen Gefahren durch Verunreinigungen zu treffen, die mit der Benutzung der Verkehrswege drohen[26]. Grund seiner Verpflichtung ist die Schaffung und Beherrschung einer Gefahrenquelle. Art und Umfang geeigneter Maßnahmen, die Gefahrenquelle zu beseitigen, resultieren aus der Straßenverkehrssicherungspflicht. Die Rechtsprechung[27],

[23] BGH NJW 71,43 für die Auslegung der „Reinigung" nach § 17 I 1 RhPfLStrG als polizeimäßige Reinigung; *Michaelis* DVBl. 65,897 (989); — *Salzwedel* [Wegerecht, S. 539 (564)] sieht in dem sprachlichen Übergang von „Wegebaupflicht" zu „Straßenbaulast" nur eine deutlichere Hinwendung zum Bereich der Hoheitsverwaltung, nicht aber eine inhaltliche Änderung.

[24] Ein berühmt gewordener Streit um einen Bedeutungswandel gleichlautender Verfassungsvorschriften stellt die Kontroverse um den Inhalt der vom Grundgesetz in Art. 140 wörtlich übernommenen Weimarer Kirchenartikel dar; — *Maunz* in: M-D-H, Art. 140 Rdn. 3 m. w. N.

[25] *Sieder/Zeidler*, Komm., Art. 9 Rdn. 14.

[26] *Hurst* DVBl. 63,425 (426); a. A. noch *ders.*, Gemeindeeinrichtungen, S. 833 (876).

[27] BGHZ 9,373 (387 f.); 14,83; 24,124 (130); 27,278; 60,54; BGH NJW 62,34; 63,463; w. Nachw.: *Arndt*, Straßenverkehrssicherungspflicht, S. 5 f.; *Wiethaup* BB 58,66; *Ketterer/Giehl/Leonhardt*, Streupflicht, § 1 Rdn. 1; *Bartlsperger* in: BK, Art. 90 Rdn. 37; *Bender*, Staatshaftungsrecht, Rdn. 461 ff.; *Ossenbühl*, Staatshaftungsrecht, S. 22 f.

die entscheidenden Anteil an der Entwicklung dieses Rechtsinstituts hat, stuft sie in stereotypen Wendungen als Unterfall der aus § 823 I BGB[28] abzuleitenden allgemeinen zivilrechtlichen Sicherungspflicht ein. Auf diese Weise erweitert sie den Schutz, der dem Einzelnen bei Maßnahmen im Bereich der Straßenbaulast versagt bliebe. Diese besteht nämlich ausschließlich im Interesse der Allgemeinheit. Persönliche Ansprüche lassen sich daraus nicht ableiten[29]. Die haftungsrechtliche Lücke füllt die Verkehrssicherungspflicht bei Gefahrenquellen aus, die zu persönlichen Schäden der Verkehrsteilnehmer führen können[30].

Auch die unterschiedlichen Konsequenzen in haftungsrechtlicher Sicht rechtfertigen die dogmatische Zuordnung der verkehrsmäßigen Straßenreinigung zur Verkehrssicherungspflicht. Straßenbau und Straßenunterhaltung liegen im Allgemeininteresse. Ein individueller Schutzbereich wird mit derartigen Maßnahmen nicht unmittelbar berührt. Unbefriedigend ist aber, wenn Maßnahmen, die allein der Sicherheit und Leichtigkeit des Verkehrs dienen und damit auch unmittelbar über persönliche Rechtsgüter disponieren, nicht auch Verpflichtungen gegenüber den jeweiligen Verkehrsteilnehmern darstellen und schadensersatzrechtliche Folgen auslösen können.

Die verkehrsmäßige Reinigung ist daher in den Bereich der Straßenverkehrssicherungspflichten einzuordnen.

Dennoch kann auch die verkehrsmäßige Reinigung den Rückgriff auf die Straßenbaulast nicht vermeiden. Die Verkehrssicherungspflicht bestimmt nämlich lediglich in abstrakter Form Verpflichtungsgrund und Pflichtenadressat. Wer indessen die Gefahrenquelle geschaffen hat und beherrschen kann, ist eine Frage des konkreten Sachzusammenhangs. Für das Wegerecht gibt die Straßenbaulast die Antwort: Die Verantwortlichkeit für Bau und Unterhaltung der Verkehrswege und damit Schaffung und Beherrschung der Gefahrenquelle obliegt grundsätzlich dem Träger der Straßenbaulast.

Allerdings bedarf diese Regel der Abschichtung. Wie insbesondere die Zuständigkeitsverteilung im Bereich der Bundesfernstraßen zeigt, muß der Träger der Straßenbaulast nicht notwendig über den tatsäch-

[28] Daneben besteht für die zuständigen Stellen die Möglichkeit, die Verkehrssicherungspflicht im Einzelfall durch „Organisationsakt" auch öffentlich-rechtlich zu regeln: BGH NJW 58, 1234 (1235); BGH NJW 60,1810 (1811); BGH NJW 67,1325 (1326 m. w. N.); *Nedden* DVBl. 74,253; *Ossenbühl*, Staatshaftungsrecht, S. 23 f.; *Salzwedel*, Wegerecht, S. 539 (567 f.); kritisch zu dieser Rechtsprechung: *Bartlsperger* DVBl. 73,465 ff.

[29] *Arndt*, Straßenverkehrssicherungspflicht, S. 5 f.; *Bender*, Staatshaftungsrecht, Rdn. 464; *Kodal*, S. 612; *Ossenbühl*, Staatshaftungsrecht, S. 21; *Salzwedel*, Wegerecht, S. 539 (564); BGH NJW 67,1325 (1326).

[30] *Salzwedel*, Wegerecht, S. 539 (566); — Zur Bedeutung der allgemeinen Verkehrssicherungspflicht als gesetzeslückenausfüllendes Rechtsinstitut: *Bartlsperger*, Verkehrssicherungspflicht, S. 25 ff.

lichen Zugriff auf die Straße verfügen. Während beispielsweise der Bund Träger der Straßenbaulast für Bundesfernstraßen ist, § 5 I BFernStrG, und ihm auch die finanzielle Verantwortlichkeit zufällt, § 6 BStrVermG[31], obliegt die Verwaltungshoheit in aller Regel den Ländern und den Landesrecht zuständigen Selbstverwaltungskörperschaften, Art. 90 II GG. Finanzielle und administrative Straßenbaulast zerfallen in unterschiedliche Verantwortungsbereiche[32]. Die Verantwortlichkeit für die verkehrsmäßige Reinigung trifft den Träger der administrativen Straßenbaulast. Er verfügt über die rechtlichen und tatsächlichen Mittel, auf den Zustand der Straßen Einfluß zu nehmen.

Auch im kommunalen Bereich sind verschiedene Zuständigkeiten festzustellen: Die verkehrsmäßige Reinigung für Ortsdurchfahrten von Bundesfernstraßen obliegt in Gemeinden unter einer bestimmten Einwohnerzahl grundsätzlich den Ländern. In den übrigen Fällen sind die Gemeinden selbst verantwortlich. Die verkehrsmäßige Säuberung der Gehwege und Parkplätze verbleibt den Gemeinden dagegen unabhängig von der administrativen Straßenbaulast hinsichtlich der jeweiligen Straße[33].

3. Zusammenfassung

Unter verkehrsmäßiger Reinigung sind Maßnahmen zu verstehen, die im Interesse der Sicherheit und Leichtigkeit des Verkehrs erforderlich sind, um verkehrsgefährdende Verunreinigungen zu beseitigen. Die Pflichten resultieren nicht aus der Straßenbaulast, wie die Wegeordnungen für die preußischen Provinzen dies noch ausdrücklich vorsahen, sondern sind Teil der Straßenverkehrssicherungspflicht, die grundsätzlich aus § 823 I BGB abzuleiten ist. Der Straßenbaulast kommt in ihrer Ausgestaltung als Verwaltungskompetenz (administrative Straßenbaulast) lediglich insoweit Bedeutung zu, als ihr Träger für die Schaffung und Beherrschung der „objektiven Gefahrenquelle" verantwortlich ist. Damit fällt ihm auch die Verantwortung für die verkehrsmäßige Reinigung zu.

---

[31] Gesetz über die vermögensrechtlichen Verhältnisse der Bundesautobahnen und sonstigen Bundesstraßen des Fernverkehrs v. 2. 3. 1951, BGBl. I S. 157, zuletzt geändert durch Gesetz v. 30. 8. 1971, BGBl. I S. 1426.

[32] Zu dieser Unterscheidung (in anderer Terminologie): *Bartlsperger* in: BK, Art. 90 Rdn. 71 (m. w. N.); *Maunz* in: M-D-H, Art. 90 Rdn. 42; unklar: *Ossenbühl*, Staatshaftungsrecht, S. 21: „Straßenbaulast eine (bloße) Verwaltungs*kompetenz*"; ferner: BGHZ 14,83 (85 ff.); 16,95 (97 f.); 24,124 (130 f.).

[33] Zu den Einzelheiten vgl. §§ 5 II - III a, 21 BFernStrG und die jeweiligen Landesstraßengesetze; vgl. ferner: BGHZ 14,83 (85 ff.); 24,124 (130 f.).

II. Polizeimäßige Reinigung

1. Inhalt der Reinigungspflichten

Die polizeimäßige Reinigung dient allgemeiner polizeilicher Gefahrenabwehr[34]. Ihr Inhalt wurde insbesondere als Gegenstück zur verkehrsmäßigen Reinigung bereits in der Begründung[35] zum Entwurf des preußischen Wegereinigungsgesetzes festgeschrieben: „... „Unter „polizeimäßiger Reinigung" öffentlicher Wege ist die Reinigung zu verstehen, die nicht bloß aus Verkehrsrücksichten erfolgen, sondern auch weitergehenden polizeilichen Anforderungen, insbesondere der Gesundheitspflege und Reinlichkeit Rechnung tragen muß". Damit war das Wesen polizeimäßiger Reinigung und ihre Abgrenzung zur verkehrsmäßigen Reinigung auch für die Praxis[36] endgültig umrissen. Eine Weiterentwicklung ist nicht zu erkennen. Das gilt vor allem für das zeitliche Kriterium. Bis heute sieht man eine Besonderheit der verkehrsmäßigen Reinigung in der einmaligen Verpflichtung, während die Pflichten aus der polizeimäßigen Reinigung als periodisch wiederkehrende Dauerlasten[37] verstanden werden.

Auf dem weiten Hintergrund allgemeiner polizeilicher Gefahrenabwehr lassen sich die Zielrichtungen der einzelnen Reinigungsaufgaben nur beispielhaft konkretisieren: Die polizeimäßige Reinigung verfolgt insbesondere die „Beseitigung von gesundheitsschädlichen, ekelerregenden, belästigenden oder mit den allgemeinen Vorstellung von Sauberkeit und Ordnung nicht zu vereinbarenden Verunreinigungen"[38]. Nur der Ästhetik dienende Maßnahmen fallen dagegen nicht in den Bereich der polizeimäßigen Reinigung[39].

Die Pflichtenkreise von polizeimäßiger und verkehrsmäßiger Reinigung sind nicht identisch, wiewohl sich inhaltliche Überlagerungen deutlich abzeichnen[40]. Das folgt bereits aus der begrifflichen Umschrei-

---

[34] OVG Münster E 24,42 (47), BVerwG DVBl. 61,248 (249: „polizeiliches Bedürfnis"); *Krumsiek* SKV 66,74; *Sieder/Zeitler*, Komm., Art. 51 Rdn. 3,24.

[35] *Begründung* des Entwurfs eines Gesetzes über die Reinigung öffentlicher Wege (D. AH. 1912 Nr. 51), zitiert nach *Hecht/Hellich*, Komm., S. 5.

[36] *Bochalli*, WegeR, S. 562 (580); *Fickert*, Komm., § 49 Anm. 1; *Hecht/Hellich*, Komm., § 1 Anm. b); *Hurst*, Gemeindeeinrichtungen, S. 833 (876); *Hurst* DVBl. 63,425 (426); *Kersten/Froelich*, Wegepolizeirecht, S. 551 (574); *v. Mutius* VerwArch. 66 (1975), 75 f.; *Schäfer* in: Staudinger, Komm., 839, Rdn. 150 ff.; *Walprecht* SKV 69,338 (339 f.); *ders.*, Diss., S. 87; PrOVGE 81,264 (265).

[37] PrOVGE 73,319 (322); *Bochalli*, WegeR, S. 562 (580); *Kersten/Froelich*, Wegepolizeirecht, S. 551 (574); *Walprecht*, Diss., S. 88,89.

[38] *Kodal*, S. 543.

[39] *Deus* KStZ 70,208 (209); *Walprecht/Sander*, Komm., § 1 RZ 9; OVG Münster E 24,42 (47); KStZ 69,19; 72,115.

[40] BGH NJW 58,1234 f.; *Freund NJW* 61,586 (588).

bung der polizeimäßigen Reinigung: wenn die polizeimäßige Reinigung über die Gewähr der Sicherheit und Leichtigkeit des Verkehrs „auch weitergehenden polizeilichen Anforderungen“[41] Rechnung tragen muß, so postuliert sie die umfassenderen Aufgaben. Das Verhältnis beider Rechtsinstitute ist dem konzentrischer Kreise vergleichbar, wobei der Bereich polizeimäßiger Reinigung der größeren Kreisfläche entspricht. Daß dabei nach den Vorstellungen des Gesetzgebers die weiteren Pflichten den inhaltlich begrenzteren vorgehen, widerspricht auf den ersten Blick den Grundregeln eines Lex-specialis-Verhältnisses. Diese Überlegungen führen jedoch nicht an der ausdrücklichen Gesetzesbestimmung des § 1 IV PrWRG vorbei, die durch die Rechtsprechung[42] inhaltlich allgemein bestätigt wurde. Die verkehrsmäßige Reinigung tritt grundsätzlich dort zurück, wo die polizeimäßige Reinigung Platz greift[43]. Vereinfacht ausgedrückt, erstreckt sich die verkehrsmäßige Reinigung auf den außerörtlichen, die polizeimäßige Reinigung auf den innerörtlichen Bereich[44].

2. Dogmatischer Standort der Reinigungspflichten

Mit dem allgemeinen Ziel der polizeilichen Gefahrenabwehr ist die dogmatische Einordnung der polizeimäßigen Straßenreinigung bereits festgelegt. Sie hat ihren Standort im Polizeirecht. Meist wird sie als selbständige öffentliche Aufgabe sicherheitsrechtlicher Art klassifiziert, die der Gemeinde im örtlichen Bereich zufällt[45].

Daneben findet sich der Versuch, die polizeimäßige Reinigung aus der gemeindlichen Allzuständigkeit für öffentliche Aufgaben[46] herzuleiten. Dieser Ansatz ist zumindest für die polizeimäßige Straßenreinigung bedenklich. Der gemeindlichen Allzuständigkeit widerspricht die ausdrückliche Gesetzeslage: die polizeimäßige Reinigung obliegt den Gemeinden als „von der Ortspolizeibehörde erzwingbare öffentliche Last“[47]. Es handelt sich nach herkömmlichem Verständnis um polizeirechtliche Pflichten, die der Gemeinde kraft Gesetzes zwangsweise

---

[41] *Begründung* (N 35) ebd.; — ebenso *Bochalli*, WegeR S. 562 (580); *Hecht/Hellich*, Komm., § 1 Anm. b); *Hurst*, Gemeindeeinrichtungen, S. 833 (876); *Kersten/Froelich*, Wegepolizeirecht, S. 551 (574); *Kodal*, S. 542 ff.; *Walprecht*, Diss., S. 86.

[42] BGH NJW 58,1234 (1235).

[43] *Kodal*, S. 544; *Walprecht SKV* 69,338 f.; — die (umständliche) Regelung des Art. 51 I BayStrWG macht hiervon nur scheinbar eine Ausnahme, da die übertragene Pflicht der Anlieger (Art. 51 IV, V) der Verkehrssicherungspflicht gegenüber nicht subsidiär ist (*Sieder/Zeitler*, Komm., Art. 51 Rdn. 4).

[44] *Franke-Stehmann*, Diss., S. 60.

[45] *Fickert*, Komm., § 49 Anm. 1; *Kodal*, S. 543; *v. Mutius* VerwArch. 66 (1975), S. 75 f.; *Walprecht* SKV 69,338; *ders.*, Diss., S. 86.

[46] *Kodal*, S. 543.

[47] § 1 I PrWRG; dazu *Hecht/Hellich*, Komm., § 1 Anm. i); *Freund* NJW 61,586 (588); *Kersten/Froelich*, Wegepolizeirecht, S. 551 (577 unter 4.).

überantwortet werden, nicht jedoch ihrem originären Aufgabenbereich entspringen. Damit ist allerdings noch keine Entscheidung darüber gefällt, ob die polizeimäßige Straßenreinigung Auftrags- oder gemeindliche Selbstverwaltungsangelegenheit ist[48].

Rechtsgrund der gemeindlichen Pflicht zur polizeimäßigen Wegereinigung ist allein die gesetzlich übertragene polizeirechtliche Pflicht[49]. Während bei der verkehrsmäßigen Reinigung eine Haftung für schuldhaft verursachte Schäden im Einzelfall nur über die Verkehrssicherungspflicht erreicht werden kann, ist es bei der polizeimäßigen Reinigung möglich, die Individualhaftung nach allgemein anerkannten Kriterien unmittelbar durchzusetzen: bei subjektiv-öffentlichem Recht der Straßenbenutzer auf Abwehr von Gefahren, die von Straßenverschmutzungen herrühren[50].

3. Winterdienst

Der Winterdienst nimmt herkömmlicherweise eine Sonderstellung zwischen verkehrsmäßiger und polizeimäßiger Straßenreinigung ein. Er umfaßt das Schneeräumen und Streuen mit abstumpfenden Stoffen, also Maßnahmen, die der Beseitigung der besonderen Gefahren dienen, die die winterliche Witterung mit sich bringt[51].

Die Sonderstellung des Winterdienstes resultiert aus der Schwierigkeit seiner dogmatischen Einordnung, da er sich aus verschiedenen Rechtsgründen ergeben kann[52]. Nach allgemeiner Ansicht[53] ist er nicht als Teil der Straßenbaulast anzusehen. Die Winterdienstpflichten dienen nämlich nicht dazu, Gefahren, die vom Straßenkörper an sich ausgehen, zu beseitigen. Vielmehr entstehen diese erst durch straßenfremde, witterungsbedingte Einflüsse. Auch bezweckt der Winterdienst Individualgüterschutz und ist nicht nur wie die Straßenbaulast eine der Allgemeinheit gegenüber bestehende Verpflichtung. Daß Schneeräum- und Streupflichten nicht Teil der Straßenbaulast sind, bringen einige Landesgesetze deutlich zum Ausdruck[54].

---

[48] *Michaelis* DVBl. 65,897; OVG Münster E 24,42 (46).

[49] BGH NJW 58,1234 (1235); BVerwG DVBl. 61,248 (249); *Freund* NJW 61,586; *Hurst*, Gemeindeeinrichtungen, S. 833 (876); *Kersten/Froelich*, Wegepolizeirecht, S. 551 (574); *Kodal*, S. 543; *Sieder/Zeitler*, Komm., Art. 51 Rdn. 3; *Walprecht*, SKV 69,338; *v. Mutius* VerwArch. 66 (1975),75.

[50] Grundlegend: BVerwGE 11,95 (97).

[51] Zum Umfang der Streupflicht vgl.: *Arndt*, Straßenverkehrssicherungspflicht, S. 84 ff.; *Ketterer/Giehl/Leonhardt*, Streupflicht, § 3 Rdn. 11 ff.; *Schäfer* in: Staudinger, Komm., § 839 Rdn. 138 ff.; *Wiethaup* BB 58,66; BGH VRS 27,15; BGHZ 40,379; BGH NJW 72,903; OLG Köln DÖV 53,704.

[52] *Arndt*, Straßenverkehrssicherungspflicht, S. 82.

[53] *Ketterer/Giehl/Leonhardt*, Streupflicht, § 1 Rdn. 2; *Sieder/Zeitler*, Komm., Art. 9 Rdn. 24; Art. 51 Rdn. 32; *Wiethaup* BB 58,66; BGH NJW 60,1810.

[54] Z. B.: Art. 9 III BayStrWG; § 9 III SaStrG.

Da Schnee- und Eisglätte Gefahren sind, die für den Verkehrsteilnehmer mit der Benutzung der Straße entstehen, einer geschaffenen und beherrschbaren Gefahrenquelle, wird die Verpflichtung zum Winterdienst aus der allgemeinen Verkehrssicherungspflicht hergeleitet[55]. Somit ergibt sich eine dogmatische Berührung mit der verkehrsmäßigen Reinigung[56].

Während die verkehrsmäßige Reinigung aber die Beseitigung der Gefahren zum Ziel hat, die durch allgemeine Verunreinigungen für einen reibungslosen Verkehrsfluß bestehen, trägt der Winterdienst den besonderen Gefahren dieser Jahreszeit Rechnung. Verkehrsmäßige Reinigung und Winterdienst sind letztlich verschiedene Ausgestaltungen derselben Rechtsquelle; sie bezwecken beide die Gewähr der Sicherheit und Leichtigkeit des Verkehrs[57].

Von daher erscheint es zunächst unverständlich, wenn Schneeräum- und Streupflichten dem Träger der — administrativen — Straßenbaulast als Adressaten der verkehrsmäßigen Reinigungspflichten nur fakultativ aufgetragen[58], in erster Linie hingegen dem zur polizeimäßigen Reinigung Verantwortlichen zugerechnet werden[59]. So spricht bereits § 1 I PrWRG von der polizeimäßigen „Reinigung öffentlicher Wege einschließlich der Schneeräumung, des Bestreuens mit abstumpfenden Stoffen ...“[60]; Art. 51 I BayStrWG faßt die Pflichten der Gemeinden kumulativ dahingehend zusammen, „die öffentlichen Straßen zu beleuchten, zu reinigen, von Schnee zu räumen und ...“. Diese Formulierungen zeigen zwar „einen gewissen Zusammenhang“[61] mit den Pflichten der polizeimäßigen Reinigung, machen sie jedoch nicht notwendig zu ihrem Bestandteil. Sie übertragen lediglich die primäre Verantwortlichkeit vom Träger der verkehrsmäßigen Reinigungspflichten auf die Gemeinden. Eine eindeutige dogmatische Zuordnung des Winterdienstes zur verkehrsmäßigen oder polizeimäßigen Straßenreinigung läßt sich anhand der überkommenen Gesetzeslage nicht treffen.

---

55 *Arndt,* Verkehrssicherungspflicht, S. 82; *Bochalli,* WegeR, S. 562 (579); *Hurst,* Gemeindeeinrichtungen, S. 833 (887); *Ketterer/Giehl/Leonhardt,* Streupflicht, § 1 Rdn. 1; *Kürzel* ZMR 69,353; *Wiethaup* BB 58,66; BGHZ 27,278; 40,379; NJW 69,1958; 72,903; DÖV 71,176; OLG Köln DÖV 73,704.

56 *Walprecht,* Diss., S. 85 ff.

57 A. A. *Lukas* BayVBl. 65,368 (369), wonach Streuen bei Glätte eine Sicherungsmaßnahme, Schneeräumen jedoch eine Reinigungsmaßnahme darstellen soll.

58 Art. 9 III 2 BayStrWG; § 9 II HessStrG; § 53 I 3 SaStrG; § 3 III BFStrG.

59 So bereits § 1 PrWRG; dazu: *Hecht/Hellich,* Komm., § 1 Anm. d); *Kersten/Froelich,* Wegepolizeirecht, S. 576 Anm. 2; — ferner: *Fickert,* Komm., § 49 Anm. 4; *Ketterer/Giehl/Leonhardt,* Streupflicht, § 1 Rdn. 3 ff.; *Sieder/Zeitler,* Komm., Art. 51 Rdn. 37; Art. 9 Rdn. 24; *Walprecht* SKV 69,338; BGH VerkBl. 56,249; BGHZ 31,73.

60 Ähnlich: § 43 BadWürttStrG; § 52 I NdsStrG; § 45 II SHStWG.

61 *Hurst,* Gemeindeeinrichtungen, S. 833 (887).

Anders sind dagegen die Wendungen in den neueren Landesstraßengesetzen zu interpretieren, wonach die gemeindliche Reinigung auch die Winterdienstpflichten „umfaßt"[62]. Hier ist der Winterdienst Bestandteil der allgemeinen Reinigungsaufgaben[63]. Allerdings ist gleichzeitig die Unterscheidung zwischen „verkehrsmäßiger" und „polizeimäßiger" Reinigung aufgegeben[64], so daß dadurch Folgerungen für die herkömmlichen Kategorien unmöglich werden.

Unbeschadet der dogmatischen Zuordnung im einzelnen fällt der Winterdienst nach den ausdrücklichen Regelungen der Landesgesetzgeber im örtlichen Bereich den Gemeinden zu. Damit wird er aus dem primären Verantwortungsbereich des Adressaten verkehrsmäßiger Reinigung genommen.

Die Verkehrssicherungspflicht zum Winterdienst ist gegenüber der polizeimäßigen Reinigungslast subsidiär[65]. Dadurch werden nicht zuletzt die haftungsrechtlichen Doppelzuständigkeiten von Gemeinde und Träger der administrativen Straßenbaulast (z. B.: Ortsdurchfahrten von Bundesstraßen in kleinen Gemeinden) vermieden[66]. Soweit polizeimäßige Pflichten der Gemeinde zur Wegereinigung bestehen, treten alle sonstigen Verantwortlichkeiten in den Hintergrund.

4. Haftungsrechtlicher Exkurs

Die Charakterisierung der polizeimäßigen Straßenreinigung als selbständige öffentlich-rechtliche Pflicht präjudiziert die haftungsrechtliche Zuordnung: werden durch Nachlässigkeiten der gemeindlichen Reinigungsämter Schäden verursacht — meist gibt der Winterdienst Anlaß zu derartigen Schadensersatzklagen —, so richten sich die Anspruchsvoraussetzungen nach Amtshaftungsgrundsätzen[67].

Diese haftungsrechtliche Binsenweisheit[68] erfährt durch die Rechtsprechung eine merkwürdige Variante. Der Bundesgerichtshof[69] macht die Prüfung der § 839 BGB/Art. 34 GG als Anspruchsgrundlage davon

---

[62] § 10 III HessStrG; § 17 II RhPfLStrG; § 1 II StrReinG NW.

[63] *Doose* Der Städtetag 76,275 (276).

[64] Hierzu: *Loberg* DGStZ 76,162 (164); — zu diesem Verschmelzungsprozeß vgl. 3. Teil, 2. Kapitel.

[65] *Ketterer/Giehl/Leonhardt*, Streupflicht, § 1 Rdn. 3; *Wiethaup* BB 58,66.

[66] *Sieder/Zeitler*, Komm., Art. 9 Rdn. 24.

[67] BGH NJW 58,1234 (1235); 60,1810 (1811); 67,1325 (1326); 71,43 (44); BVerwG DVBl. 61,248 (249); *Bender*, Staatshaftungsrecht, Rdn. 463; *Freund* NJW 61,586 ff.; *Hurst*, Gemeindeeinrichtungen, S. 833 (885); *Nedden* NJW 56,1014, 1835; *ders.*: NJW 58,1819.

[68] Zu den Einzelheiten: *Bender*, Staatshaftungsrecht, Rdn. 421 ff. (434 - 436); *Ossenbühl*, Staatshaftungsrecht, S. 7 ff.

[69] BGH NJW 58,1234 (1235); 60,1810 (1811).

abhängig, daß die gesetzlich zur Reinigung verpflichteten Gemeinden überhaupt einen Reinigungsdienst organisiert haben. Andernfalls seien von vornherein keine Amtspflichtverletzungen möglich. Die Verletzung der allgemeinen Pflicht der Gemeindeorgane, „die bestehenden Gesetze zu beachten und im Gemeindebereich durchzuführen", löse „eine Haftung nur nach den allgemeinen Vorschriften und nicht nach den Amtshaftungsbestimmungen" aus[70].

Die von der Rechtsprechung eingefädelte Unterscheidung zwischen Amtshaftung und allgemeiner deliktischer Verantwortlichkeit danach, ob die Gemeinden den Reinigungsdienst mangelhaft organisiert oder überhaupt nicht eingerichtet haben, läßt sachliche Notwendigkeit und Überzeugungskraft vermissen. Gerade der Rückgriff auf die allgemeinen Deliktstatbestände setzt ein Fragezeichen hinter die Unterscheidung zwischen mangelhaft organisiertem und fehlendem Reinigungsdienst. Wenn der Bundesgerichtshof in den organisatorischen Maßnahmen, die zur Durchführung der polizeimäßigen Reinigung erforderlich sind, „keine einem Dritten gegenüber obliegende Pflicht" sieht, sondern lediglich die organisatorisch mangelhafte Ausführung der polizeimäßigen Wegereinigung als „den Wegebenutzern gegenüber bestehende Amtspflicht im Sinne des Art. 34 GG" betrachtet[71], wäre es konsequent, im ersten Fall Schadensersatzansprüche schlechthin zu verneinen. Sind doch nach Ansicht der Rechtsprechung die Tatbestandsvoraussetzungen des § 839 BGB nicht erfüllt, genauer gesagt, es besteht keine „einem Dritten gegenüber obliegende" Amtspflicht. Mit der thematischen Berührung der Amtshaftungsbestimmungen als lex specialis ist aber der Weg zu den allgemeinen deliktischen Vorschriften blockiert[72]. Daß die Rechtsprechung dieser Konsequenz durch einen Rückgriff auf allgemeine haftungsrechtliche Vorschriften, d. i. § 823 II BGB i. V. m. den Wegereinigungsbestimmungen als Schutzgesetzen[73], entgehen möchte, beweist die Brüchigkeit der eigenen Deduktionen. Die Rechtsprechung kleidet öffentlich-rechtliche Pflichten in zivilrechtliche Ansprüche, um einer vermeintlich fehlenden Drittbegünstigung i. S. des § 839 BGB letztlich doch zu genügen. Sie verneint in diesen Fällen die Reinigungspflicht als „Dritten gegenüber obliegende Amtspflicht", um den persönlichen Schutzbereich des § 823 II BGB in demselben Satz bejahen zu können. Auch der Rückgriff auf die allgemeine Beamtenpflicht, Gesetze zu beachten, ist überflüssig, um zu einer haftungsrechtlichen Grundlage zu gelangen[74]. Die in den Reinigungsgesetzen postulierte Reinigungs-

[70] BGH NJW 60,1810 (1811).

[71] BGH NJW 60,1810 (1811).

[72] *Bender*, Staatshaftungsrecht, Rdn. 611; *Schäfer* in: *Staudinger*, Komm., § 839 Rdn. 4 ff. (7).

[73] Diesen Weg geht *Hurst*, Gemeindeeinrichtungen, S. 833 (880).

pflicht ist bereits ex lege eine besondere, Dritten gegenüber obliegende Amtspflicht. Eines Rückgriffs auf allgemeine Obliegenheiten des Beamten bedarf es nicht.

5. Zusammenfassung

Maßnahmen der polizeimäßigen Reinigung dienen der Bekämpfung allgemeiner polizeirechtlicher Gefahren, die von Straßenverunreinigungen ausgehen. Sie enthält gegenüber der verkehrsmäßigen Reinigung umfassendere Aufgaben. Die polizeimäßige Reinigung obliegt als selbständige öffentlich-rechtliche Pflicht den Gemeinden. Zur polizeimäßigen Verantwortlichkeit gehört auch der Winterdienst, unbeschadet seiner unklaren dogmatischen Zuordnung.

III. Situationsbedingte Straßenreinigung

1. Straßenrechtliche Regelung

Neben der verkehrsmäßigen und polizeimäßigen Reinigung kennen die Straßengesetze[75] einen besonderen Tatbestand, der zusätzliche Reinigungspflichten umschreibt. Derjenige, der eine Straße „über das übliche Maß hinaus verunreinigt", hat die Verunreinigung ohne Aufforderung unverzüglich zu beseitigen. Es handelt sich um einmalige, außergewöhnliche Verschmutzungen, für die den Verursacher — unabhängig von seinem Verschulden[76] — eine Beseitigungspflicht trifft. Beispiele einer derartigen, situationsbedingten Reinigungspflicht sind die Verschmutzung der Straße durch Ackerfahrzeuge[77], Viehtrieb[78] und gefährliche Ölspuren[79]. Der Regelungsgehalt läßt sich als klassischer Fall der polizeirechtlichen Verhaltenshaftung umschreiben[80]. Die Besonderheit gegenüber verkehrs- und polizeimäßiger Reinigung besteht in der persönlichen Zurechenbarkeit der Verunreinigung. Der Reinigungspflichtige steht nicht in institutionalisierter Form von vornherein

[74] So *Nedden* NJW 58,1819; aufgegeben: *Nedden/Mecke*, HdB, § 52 Anm. 1 (S. 276); dagegen: *Freund* NJW 60,586 (587).

[75] Z. B.: § 44 BadWürttStrG; Art. 16 BayStrWG; § 17 NWLStrG; § 16 SaStrG; § 46 SHStrWG; § 7 III BFernStrG.

[76] *Kodal*, S. 542; *Sieder/Zeitler*, Komm., Art. 16 Rdn. 6; *Walprecht* SKV 69,338 (339); — das reine Verursacherprinzip wird in § 11 III BerlStrG insoweit durchbrochen, als unvermeidbare unübliche Verschmutzungen nicht von dem Verursacher zu beseitigen sind.

[77] BGH NJW 55,298.

[78] BGH NJW 62,34.

[79] BGH VersR 56,778; 58,330; OVG Münster DÖV 72,174 — Natronlauge.

[80] Nach *Walprecht* SKV 69,338 (339) entspricht die Konstellation „der Rechtslage nach dem Ordnungsbehördengesetz".

fest. Die Pflicht zur Straßenreinigung ist Folge einer individuellen Störung.

Da theoretisch fast jede Verschmutzung einem „Störer" zugerechnet werden kann, witterungsbedingte Gefahren ausgenommen, spielt der Grad der Verunreinigung eine entscheidende Rolle. Nur dadurch lassen sich die Fälle individualisierbarer Verantwortlichkeit von solchen institutionalisierter Zuständigkeit trennen. Maßstäbe setzt hierfür die Gemeinverträglichkeit[81]; im übrigen entscheidet der Einzelfall. Anhaltspunkte geben vor allem Art der Benutzung, Verkehrsbedeutung und Allgemeinverträglichkeit[82]. So können etwa in ländlichen Gemeinden Straßenverunreinigungen durch regelmäßigen Viehtrieb als „normale" Verschmutzungen noch in den Verantwortungsbereich des institutionell Straßenreinigungspflichtigen fallen[83].

Da die Reinigungspflicht des Verursachers der Sicherheit und Leichtigkeit des Straßenverkehrs dient, besteht eine inhaltliche Kongruenz mit der verkehrsmäßigen Reinigung. Der Unterschied liegt allein in dem persönlichen Verantwortungsbereich. Von daher läßt sich die situationsbedingte Reinigungspflicht sinnvoll nur als spezialgesetzliche Regelung verwirklichen. Dieser Vorrang muß auch gegenüber der polizeimäßigen Reinigungspflicht dort bestehen, wo diese die verkehrsmäßige Reinigung verdrängt.

Was den Adressatenkreis in Fällen situationsbedingter Straßenreinigungspflichten anbelangt, so enthält § 7 III BFernStrG einen eindeutigen Hinweis: Reinigungspflichtig ist, wer „aus Anlaß des Gemeingebrauchs" die Straßen außergewöhnlich stark verschmutzt hat. Als potentieller Personenkreis kommen daher nur Verkehrsteilnehmer in Betracht. Obwohl die Landesstraßengesetze dies nicht in der erforderlichen Klarheit umschreiben, gehen Literatur und Rechtsprechung doch von denselben Voraussetzungen aus[84]. Neben entsprechenden Darlegungen in amtlichen Gesetzesbegründungen wird vor allem die systematische Interpretation bemüht: die Regelungsnähe zum Gemeingebrauch[85].

---

[81] *Sieder/Zeitler*, Komm., Art. 16 Rdn. 5.

[82] *Kodal*, S. 542; *Sieder/Zeitler*, Komm., Art. 16, Rdn. 5.

[83] BGH NJW 62,34 (35) — Verkehrssicherungspflichtiger.

[84] Nur so erklärt sich, daß die Rechtsprechung bei Verschmutzungen durch Nichtverkehrsteilnehmer Ansprüche der Straßenbaubehörde gegen den Störer allein aus Geschäftsführung ohne Auftrag nach §§ 667 ff. BGB prüft: BGHZ 63,167.

[85] *Sieder/Zeitler*, Komm., Art. 16 Rdn. 5.

2. Verkehrsrechtliche Regelung

Neben der straßenrechtlichen Regelung findet sich eine verkehrsrechtliche Beseitigungspflicht desjenigen, der verkehrshindernde oder -gefährdende Ursachen gesetzt hat. Wer in verkehrsgefährdender Weise eine Straße beschmutzt, benetzt oder Gegenstände in den Verkehrsraum bringt, hat diese Zustände unverzüglich zu beseitigen, § 32 I StVO. Auch hier handelt es sich um Fälle individualisierter Verantwortlichkeit. Allerdings geht die Vorschrift des § 32 I StVO insoweit weiter, als sie die Reinigungspflicht nicht auf Verkehrsteilnehmer beschränkt. Verantwortlich im Sinne des § 32 I StVO ist letztlich jeder, der die Verkehrshindernisse verursacht hat[86].

Straßenrechtliche und verkehrsrechtliche Vorschriften über die situationsbedingte Reinigung unterscheiden sich lediglich hinsichtlich des potentiellen Adressatenkreises, nicht dagegen im Schutzzweck der Norm[87]. Beide Arten der Regelung zielen auf die Gewährleistung des sicheren Verkehrsablaufs. Daß § 32 i. V. m. § 49 I Nr. 27 StVO die Art der Verkehrsbehinderung konkreter umschreibt und zusätzlich verwaltungsrechtliche Sanktionen in Gestalt von Ordnungswidrigkeiten androht, während die straßenrechtliche Ausgestaltung sich auf zivilrechtliche Folgen in Form der Geschäftsführung ohne Auftrag beschränkt, berührt den Regelungszweck nicht. Beide Vorschriften bestehen nebeneinander. Da Zweckgleichheit vorliegt und der bundesrechtlichen Bestimmung, was den Personenkreis anbelangt, der umfassendere Inhalt zukommt, ergeben sich für das Verhältnis beider Regelungsarten zueinander auch keine Probleme im Hinblick auf Art. 31 GG.

3. Zusammenfassung

Sowohl die Straßengesetze als auch die Vorschrift des § 32 StVO enthalten sondergesetzliche Bestimmungen für die Straßenreinigung. Sie beinhalten aus Gründen eines reibungslosen Verkehrsablaufs Pflichten zur Beseitigung verkehrsgefährdender Verunreinigungen. Diese obliegen dem jeweiligen Verursacher (situationsbedingte Straßenreinigung). Von daher können sie als Fälle polizeimäßiger Verantwortlichkeit angesehen werden.

---

[86] *Booß*, StVO, Komm. zu §§ 32; *Jagusch*, StVO, § 32 Rdn. 10; *Mühlhaus*, StVO, § 32 Anm. 2 a.

[87] A. A.: *Sieder/Zeitler*, Komm., Art. 16 Rdn. 2.

Zweites Kapitel

Verschmelzung der Straßenreinigungsarten in der neueren Entwicklung

I. Kommunale Straßenreinigung

Die herkömmlichen Arten im Bereich der Straßenreinigung, verkehrsmäßige, polizeimäßige und situationsbedingte Reinigung, lassen sich zwar inhaltlich trennen und dogmatisch einordnen, zeugen jedoch gleichzeitig von einer großen Rechtszersplitterung[1]. Gerade im haftungsrechtlichen Bereich resultieren aus der Vielfalt der Rechtsinstitute erhebliche Schwierigkeiten[2].

Wird etwa in einer kleinen ländlichen Gemeinde die Ortsdurchfahrt einer Bundesstraße durch Viehtrieb regelmäßig verunreinigt und kommt es dadurch zu einem Verkehrsunfall, so stellt sich für den Geschädigten das Problem des Anspruchsgegners[3]. Muß er sich im Rahmen der situationsbedingten Reinigung an den Verursacher, d. h. den Viehhalter, wenden; oder ist das Land als Träger der Verkehrssicherungspflicht, die Gemeinde als Inhaber der polizeimäßigen Reinigungspflicht in Anspruch zu nehmen?

Die Vielfalt der Verantwortlichkeiten erledigte sich, wenn Gesetzeskonkurrenz bestünde. So hat bereits der preußische Gesetzgeber den konkurrenzmäßigen Vorrang der polizeimäßigen Wegereinigung vor der verkehrsmäßigen ausdrücklich geregelt[4]. Hingegen läßt die Rechtsprechung[5] haftungsrechtliche Folgen bei Verletzung der situationsbedingten und institutionalisierten Reinigungspflichten nebeneinander bestehen.

Eine wesentlich einfachere Art, die verschiedenen Zuständigkeiten aufzuheben und damit auch die haftungsrechtlichen Komplikationen zu entflechten, bietet die Verschmelzung der herkömmlichen Reinigungsarten. Entsprechende Ansätze sind in einigen Landesstraßengesetzen zu erkennen. Den Anfang machte Niedersachsen mit § 52 I 1 des Straßengesetzes vom 14. 2. 1964, wo es lediglich heißt: „Die Straßen der im Zusammenhang bebauten Ortsteile . . . sind zu reinigen.“ Allerdings wird die neutrale Formulierung durch den nachfolgenden Satz wieder in Frage gestellt. Danach richten sich Art und Umfang der Reinigung „nach den örtlichen Erfordernissen der öffentlichen Sicherheit und

---

[1] Nds. Landtag, Ltg.-Drucks. IV Nr. 554, Sp. 3044 zu § 52 NdsStrG; dazu *Krumsiek* SKV 66,74; *Nedden/Mecke*, HdB, § 52 Anm. 1; — amtl. Begründung zu Art. 9 BayStrWG, abgedr. bei *Sieder/Zeitler*, Komm., Art. 9 Rdn. 24.

[2] *Sieder/Zeitler*, Komm., Art. 9 Rdn. 24.

[3] Vgl. BGH NJW 62,34 - 36.

[4] § 1 IV PrWRG.

[5] BGH NJW 62,34 (35).

Ordnung"[6]. Diese Wendung führt dazu, daß Rechtsprechung und Teile der Literatur die Reinigungspflicht der niedersächsischen Gemeinden als Ausfluß der polizeimäßigen Reinigung ansehen[7]. Die Entstehungsgeschichte der gesetzlichen Regelung spricht jedoch eher gegen eine polizeimäßige Charakterisierung. Der fragliche Passus fehlte nämlich in der ursprünglichen Fassung des niedersächsischen Straßengesetzes noch völlig[8]. Er wurde auf Empfehlung des Ausschusses nur deshalb eingefügt, um das gemeindliche Haftungsrisiko einzudämmen[9]. Die historische Interpretation des § 52 NdsStrG stützt somit die These, das niedersächsische Straßengesetz kenne die polizeimäßige Reinigung nicht mehr[10]. Daß die überwiegende Meinung doch an den herkömmlichen Kategorien festhält, erklärt sich aus der überlieferten rechtsdogmatischen Aufteilung: tertium non datur.

Die zaghaften Anfänge in Niedersachsen, die herkömmliche Unterscheidung zwischen verkehrsmäßiger und polizeimäßiger Reinigung im Ortsbereich aufzugeben, wurden in Hessen und Rheinland-Pfalz aufgegriffen. Obwohl weder § 10 HessStrG noch § 17 RhPfLStrG Hinweise für eine Klassifizierung als polizeimäßige Reinigung geben, ordnen Literatur und Rechtsprechung die Reinigungspflichten der Gemeinden weiterhin den herkömmlichen Reinigungsarten zu. Dabei macht sich jedoch eine erhebliche Unsicherheit breit. Während bei inhaltlich gleichen Vorschriften § 10 HessStrG nämlich teils als verkehrsmäßige Reinigung angesehen wird[11], hat sich die Rechtsprechung bei der rheinland-pfälzischen Regelung für den polizeimäßigen Charakter entschieden[12]. Die jeweiligen Begründungen belegen die Ambivalenz. Dies gilt gleichermaßen für den Satz, die Reinigungspflicht diene „immer dem Zweck der Abwehr von Gefahren"[13], wie für den Hinweis, ein Gesetz, welches das preußische Wegereinigungsgesetz ablöse, müsse sich ausdrücklich gegen die alte Konzeption aussprechen, wenn es diese nicht übernehmen wolle[14]. Auch hier scheint krampfhaftes Festhalten an der

---

[6] Dasselbe Bild bietet § 45 SHStrWG.

[7] OVG Lüneburg DWW 68,379 (381); 69,35 (36); *Eichhorn* KStZ 69,234; *Hurst* DVBl. 63,425 (428); *Michaelis* DVBl. 65,897 (899); vorsichtiger: *Nedden/Mecke*, HdB, § 52 Anm. 1: „Sicherheitsrechtlicher Charakter".

[8] Ltg.-Drucks. IV Nr. 554, Sp. 3044.

[9] Ltg.-Drucks. IV Nr. 554, Sp. 4079; dazu: *Krumsiek* SKV 66,74 f.

[10] *Krumsiek* SKV 66,74; a. A.: *Michaelis* DVBl. 65,897 (899).

[11] Zu § 10 HessStrG: *Walprecht/Sander*, Komm., § 1 RZ 5: „verkehrsmäßige Reinigung"; a. A.: HessVGH DÖV 76,178.

[12] BGH NJW 71,43.

[13] *Hurst* DVBl. 63,425 (430) zu § 10 HessStrG.

[14] BGH NJW 71,43 zu § 17 RhPfLStrG; *Hurst* DVBl. 63,425 [431: „Daß es sich auch in Rh.-Pf. bei der Reinigungspflicht um die Pflicht der ordnungsgemäßen Reinigung handelt, ergibt sich aus dem Charakter (im Interesse der öffentlichen Ordnung)"].

überlieferten Einteilung die eigentliche Erklärung für die dogmatische Zwangsjacke.

Erst mit dem nordrhein-westfälischen Straßenreinigungsgesetz vom 18. Dezember 1975 scheint sich auch in der Literatur die Wende zu vollziehen, die die Gesetzgebung fast 15 Jahre zuvor in Niedersachsen bereits angedeutet hat. Die schlichte Formulierung in § 1 StrReinG NW, „die öffentlichen Straßen ... sind von den Gemeinden zu reinigen", eröffnet der Rechtsauslegung die Möglichkeit, verkehrsmäßige und polizeimäßige Momente der Straßenreinigung in einer zeitgemäßen[15] Reinigungsart zu vereinigen. Zaghafte Interpretationen leiten eine derartige Entwicklung ein: „Obwohl die ordnungsgemäße Reinigungspflicht nicht nur aus Verkehrsrücksichten und zum Zwecke der Aufrechterhaltung der Sicherheit und Leichtigkeit des Verkehrs erfolgt, sondern auch den weitergehenden allgemeinen polizeilichen Anforderungen, z. B. ordnungs- und gesundheitspolizeilicher Art, Rechnung trägt, ist sie ihrem sachlichen Gehalt und Umfang nach nicht von der Reinigungspflicht aus der Verkehrssicherungspflicht verschieden, insbesondere nicht geringer oder enger, aber auch nicht weiter[16]."

Decken sich polizeimäßige und verkehrsmäßige Reinigung inhaltlich bis auf den überlieferten angeblichen Unterschied[17], die verkehrsmäßige Reinigung aktualisiere sich im Bedarfsfall stets neu, die polizeimäßige Reinigung zeitige hingegen Dauerpflichten, so liegt es nahe, beide Reinigungsarten im kommunalen Bereich zu verschmelzen. Den Ausschlag hierfür gibt ein Wandel im Verständnis der Reinigungszwecke: die Abwehr von allgemeinen Gefahren, der die Straßenreinigung immer dient[18], ist nicht nur (oder nicht mehr) eine den Gemeinden hoheitlich übertragene polizeimäßige Aufgabe, sondern gehört, zumindest soweit sie die Sicherheit und Leichtigkeit des Verkehrs fördern soll, zum Bereich originärer gemeindlicher Selbstverwaltung[19]. Ihr Ursprung liegt somit ebenso im Bereich polizeilicher Gefahrenabwehr wie auf dem Gebiet der Daseinsvorsorge[20]. Die gemeindliche Wegereini-

---

[15] *Hatopp* DGStZ 74,162 (164).

[16] *Walprecht,* Diss., S. 87; ebenso: *ders.* SKV 69,338 (340); ebenso: *Walprecht/Sander,* Komm., § 1 RZ 7.

[17] Dieser Unterschied wurde in der *Begründung* des Entwurfs des preußischen Wegereinigungsgesetzes bereits markiert (D. AH. 1912 Nr. 51, abgedr. bei *Hecht/Hellich,* Komm., S. 6), vom PrOVG übernommen [PrOVGE 73,319 (322)] und dann stereotyp wiederholt: *Bochalli,* WegeR, S. 562 (580); *Hecht/Hellich,* Komm., § 1 Anm. b); *Kersten/Froelich,* Wegepolizeirecht, S. 551 (574); *Walprecht,* Diss., S. 88, 89.

[18] *Hurst* DVBl. 63,425 (430).

[19] *Walprecht/Sander,* Komm., § 1 RZ 4: „Gemeindliche Fürsorgepflicht".

[20] *Doose* Der Städtetag 76,275; *Hurst,* Gemeindeeinrichtungen, S. 833 (884); *Loberg* KStZ 74,41; *ders.* DGStZ 76,162 (163); *Walprecht/Sander,* Komm., § 1 RZ 8; BGH NJW 74,460.

gungspflicht, wie sie das nordrhein-westfälische Straßenreinigungsgesetz umschreibt, versteht sich als Mischform zwischen polizeimäßiger und verkehrsmäßiger Reinigung, als „gemeindliche Pflichtaufgabe mit ordnungsrechtlichem Bezug“[21]. Es handelt sich um einen neuen Typ gemeindlicher Reinigungspflichten, der wertneutral als „kommunale“ Reinigung bezeichnet werden soll.

II. Situationsbedingte Straßenreinigung

Die kommunale Straßenreigung läßt als Synthese aus verkehrs- und polizeimäßiger Reinigung das Rechtsinstitut der situationsbedingten Reinigung unberührt. Wie dargelegt[22], handelt es sich hierbei um Fälle individualisierter Verantwortlichkeit. Die Gefahr verschwommener Zuständigkeiten besteht insoweit nicht, als die Person des Reinigungspflichtigen und damit die Verantwortlichkeit eindeutig feststeht. Kommunale und situationsbedingte Reinigung können somit nebeneinander bestehen, ohne daß dies zu Unklarheiten führt[23].

Allerdings ist innerhalb der situationsbedingten Reinigung aus Gründen der Rechtsvereinfachung die Trennung zwischen straßenrechtlicher und verkehrsrechtlicher Regelung de lege ferenda aufzugeben. Die unterschiedlichen Pflichtadressaten können zugunsten der umfassenderen Regelung (§ 32 StVO) vereinheitlicht werden.

III. Zusammenfassung

Die herkömmliche Aufteilung der Reinigungsarten in verkehrsmäßige und polizeimäßige Straßenreinigung wird in den meisten Bundesländern beibehalten. Die Überschneidung der Reinigungspflichten, die hieraus im gemeindlichen Bereich folgt, wird über den Weg der Gesetzeskonkurrenz geregelt: Die polizeimäßige Reinigung geht der verkehrsmäßigen Reinigung vor.

Das nordrhein-westfälische Straßenreinigungsgesetz vom 18. 12. 1975 weist eine neue Richtung: es vereint Elemente der verkehrsmäßigen und polizeimäßigen Reinigung in einer neuen Reinigungsart, der „kommunalen“ Straßenreinigung. Entgegen der bisherigen Rechtspraxis, die an den tradierten Reinigungsarten festhält, bietet auch in Hessen, Niedersachsen und Rheinland-Pfalz die Gesetzeslage die Möglichkeit, von einer kommunalen Straßenreinigung zu sprechen.

---

[21] *Walprecht/Sander*, Komm., § 1 RZ 4.

[22] Vgl. 3. Teil, 1. Kapitel, III.

[23] Vgl. die Rechtslage in NRW, wo neben den Pflichten aus dem StrReinG auch die Verantwortlichkeit des Verursachers nach § 17 LStrG besteht.

Neben verkehrs- und polizeimäßiger Reinigung bzw. kommunaler Straßenreinigung besteht die situationsbedingte Reinigung. Hierbei handelt es sich um einen Fall polizeimäßiger Verantwortlichkeit. Reinigungspflichtig ist derjenige, der die Verschmutzung der Straße verursacht hat.

Vierter Teil

Straßenreinigungspflicht als Naturallast

Erstes Kapitel

Kreis der Naturaldienstpflichtigen

Der Kreis derjenigen, die von den Gemeinden mit der Straßenreinigung betraut werden können, läßt sich nicht einheitlich bestimmen. Die Landesgesetze sehen unterschiedliche Möglichkeiten vor. Auch die gesetzliche Terminologie gibt kein geschlossenes Bild[1]. Es kristallisieren sich in Grundzügen drei Regelungsvarianten heraus: reinigungspflichtig sind die Eigentümer der *angrenzenden* oder *anliegenden* Grundstücke (Angrenzer)[2], die Eigentümer der durch die zu reinigenden Straßen *erschlossenen* Grundstücke (Hinterlieger)[3] und schließlich die Eigentümer der angrenzenden *und* erschlossenen Grundstücke (Anlieger)[4]. Daß den Eigentümern sonstige Nutzungsberechtigte oftmals gesetzlich gleichgestellt sind[5], ist eine zusätzliche Spielart innerhalb der jeweiligen Gruppierungen, die jedoch die grundsätzliche Dreiteilung unberührt läßt.

Zusätzliche Verwirrung entsteht dadurch, daß das Straßenreinigungsrecht teilweise gleichlautende Begriffe des Erschließungsrechts verwen-

---

[1] § 5 I PrWRG: „angrenzenden Grundstücke"; § 43 II BadWürttStrG: „Straßenanliegern"; Art. 51 IV BayStrWG: „angrenzen"; § 4 I 3 BerlStrG: „Anliegern", § 10 I BremStrO: „angrenzen (Anlieger)"; §§ 3 I 1,29 HambWG: „Anlieger"; § 52 IV 1 NdsStrG: „Anliegende Grundstücke"; § 17 III 2 RhPfStrG: „angrezenden sowie ... erschlossenen Grundstücke"; § 45 III Nr. 2 SHStrWG: „anliegenden Grundstücke".

[2] § 5 I PrWRG; Art. 51 IV BayStrWG; § 52 IV N NdsStrG; § 45 III SHStrWG.

[3] Art. 51 IV BayStrWG: „über sie erschlossen werden"; § 10 V HessStrG: „erschlossenen Grundstücke"; § 17 III 2 RhPfLStrG: „erschlossenen Grundstücke" (In Bayern und Rheinland-Pfalz besteht eine alternative Regelung: „angrenzen" oder „erschlossen werden").

[4] § 4 I StrReinG NW: „angrenzenden und durch sie erschlossenen Grundstücke".

[5] § 5 II PrWRG: „zur Nutzung oder zum Gebrauch dinglich Berechtigte"; § 43 IV BadWürttStrG: „Besitzer"; Art. 51 IV BayStrWG: „zur Nutzung dinglich Berechtigten"; § 10 I 2 BremStrO: „Sonstige dinglich Berechtigte; §§ 3 I 2,29 HambWG: „Erbbauberechtigte oder Nießbraucher"; § 10 V HessStrG: „Besitzern"; § 17 III RhPfLStrG: „Besitzern"; § 45 III SHStrG: „dinglich Verfügungsberechtigten".

det, sie aber mit eigenen Inhalten füllt[6]. So umfaßt die Erschließung i. S. d. §§ 123 ff. BBauG alle erforderlichen Maßnahmen, um das Grundstück baulich und gewerblich nutzbar zu machen[7]. Im Bereich der Straßenreinigung spielt es hingegen allenfalls eine Rolle, ob das Grundstück von der zu reinigenden Straße aus zugänglich ist.

Die Aufgabe besteht darin, die maßgeblichen Begriffsinhalte herauszuschälen.

I. Angrenzer

1. Angrenzende Grundstück haben eine gemeinsame Grenze mit dem zu reinigenden öffentlichen Weg. Hierin liegt das allein maßgebliche Kriterium. Es kommt nicht darauf an, ob von dem Grundstück ein Zugang zur Straße führt[8]. Dies ergibt sich einmal aus der gesetzlichen Formulierung, die bloß von „Angrenzen" oder „Anliegen" spricht[9]. Vor allem aber folgt diese Auslegung aus dem Vergleich mit der Gruppe der Reinigungspflichtigen, deren Grundstück durch den zu reinigenden Weg „erschlossen" wird. Bereits die gesetzliche Alternative[10] zwischen „angrenzenden" und „erschlossenen" Grundstücken schließt sinnvollerweise aus, daß angrenzende Grundstücke — als wesentliche Voraussetzung — auch über einen Zugang zur Straße verfügen müssen[11]. Würde das Merkmal „angrenzen" auch die Erschließung des Grundstücks umfassen, so wäre die alternative Regelung nur insoweit erforderlich, um auch die Hinterlieger in den Adressatenkreis miteinzubeziehen. Sollte aber dies ausschließlich Ziel des Gesetzgebers gewesen sein, so könnte es an sich mit dem „erschlossenen" Grundstück sein Bewenden haben. Eine solche Regelung umfaßte sowohl die erschlossenen Angrenzer- als auch die Hinterliegergrundstücke. Bedeutungslos bliebe aber die gesetzliche Regelung in Nordrhein-Westfalen, die eine Häufung der Tatbestandsmerkmale „angrenzen" und „erschließen" vorsieht. Hier ist Voraussetzung der Pflichtendelegation, daß die Grundstücke „an die öffentlichen Straßen angrenzen und über sie erschlossen werden"[12].

---

[6] *Krichbaum* Der Städtetag 67,53 f.; *Loberg* DGStZ 76,162 (164); *Steenbock* SKV 73,202 (203); OVG Münster KStZ 69,19 (20).

[7] *Förster* in: Brügelmann, BBauG, Einf. VI Bem. II.

[8] *Bochalli,* WegeR, S. 562 (580); *Kersten/Froelich,* Wegepolizeirecht, S. 551 (581 unter 4); *Sieder/Zeitler,* Komm., Art. 51 Rdn. 78; *Walprecht/Sander,* Komm., § 4 RZ 111; OVG Münster KStZ 72,154 (155); — unklar: BVerwG NJW 74,1915, wonach „das Angrenzen in aller Regel ... die Möglichkeit der Schaffung eines Zugangs mit sich bringt ..."

[9] Vgl. N 1.

[10] Art. 51 IV BayStrWG; § 17 III 2 RhPfLStrG.

[11] *Steenbock* SKV 73,202 (203).

[12] § 4 I StrReinG NW.

Angrenzergrundstücke haben somit eine gemeinsame Grenze mit der zu reinigenden Straße. Ob ein Zugang zur Straße besteht, ist grundsätzlich unmaßgeblich. Auch die Eigentümer sogenannter „durchlaufender Grundstücke", d. h. solche, die nicht von der angrenzenden Straße bedient werden, sind reinigungspflichtig[13].

2. Zu erörtern sind sachlicher und persönlicher Umfang des „Angrenzens".

In *sachlicher* Hinsicht bedeutet „Angrenzen" nicht ausschließlich das unmittelbare Aufeinandertreffen von Straße bzw. Bürgersteig und Privatgrundstück. Mag dies auch der Regelfall sein, so sind doch Fahrdämme, Straßengräben, Böschungen und dergleichen grundsätzlich unschädlich, solange es sich um übliche Bestandteile der Verkehrswege handelt und eine Berührung mit dem Grundstück nicht lebensfremd ist[14].

Gewisse Einschränkungen kündigen sich in der Rechtsprechung an: so soll in „extremen Ausnahmefällen" ein „Angrenzen" verneint werden[15]. Ein solcher Ausnahmefall wird von der Rechtsprechung etwa angenommen, wenn die „angrenzende" Straße auf einem hohen Damm verläuft, der einen Zugang zur Straße unmöglich macht[16]. Eine genauere Analyse wird jedoch zeigen, daß es sich bei diesen Fällen nicht um die inhaltliche Bedeutung des Merkmals „angrenzen", sondern letztlich um die verfassungsrechtliche Frage nach der Legitimation der Reinigungspflicht als Natural*vorzugs*last handelt[17].

In *persönlicher* Hinsicht bestehen in den einzelnen Ländern unterschiedliche Erweiterungen des pflichtigen Personenkreises. Die kleinste Gruppe der Naturaldienstpflichtigen besteht dort, wo nur die Eigentümer der angrenzenden Grundstücke mit Reinigungslasten belegt werden können[18]. In manchen Bundesländern erweitert sich der Kreis um die dinglich Berechtigten, wobei Erbbauberechtigte oder Nießbraucher oft beispielhaft genannt werden[19]. Die umfassendste Möglichkeit, Privatpersonen mit der gemeindlichen Reinigungspflicht zu betrauen, be-

---

[13] OVG Münster KStZ 72,154 - 156; dazu *Steenbock* SKV 73,202 (203); näher hierzu unter IV.

[14] *Hecht/Hellich*, Komm., § 5 Anm. e); *Kersten/Froelich*, Wegepolizeirecht, S. 551 (581 unter 4); *Eichhorn* KStZ 69,234 (236 f.); *Steenbock* SKV 73,202 (203). — Eine Toleranz von „nicht mehr als 10 Meter" sieht § 43 IV BadWürttStrG vor.

[15] BGH NJW 74,1915 (1916).

[16] BGH KStZ 70,92.

[17] Vgl. 4. Teil, 3. Kapitel, 2. Abschnitt.

[18] Z. B.: § 52 IV NdsStrG; § 4 I StrReinG NW.

[19] § 5 II PrWRG; Art. 51 IV BayStrWG; § 10 I 2 BremStrO; §§ 3 I 2,29 HambWG; § 45 III SHStrWG.

steht dort, wo die Gesetze nur von Straßenanliegern sprechen[20] oder den Eigentümern die Besitzer gleichstellen[21]. In diesen Fällen sind schuldrechtliche Besitztitel (z. B. Miete) ausreichend. Derartige Erweiterungen des Adressatenkreises sind jedoch nach der jeweiligen Gesetzeslage unproblematisch. Hier geben die einzelnen Landesgesetze klare Auskunft über die potentiell Reinigungspflichtigen.

II. Hinterlieger

1. Eine zweite Gruppe möglicher Pflichtadressaten der gemeindlichen Straßenreinigung bilden die Hinterlieger. Unter Hinterlieger sind die Eigentümer und die ihnen gesetzlich gleichgestellten Personen derjenigen Grundstücke zu verstehen, die zwar von der entsprechenden Straße bedient, d. h. „erschlossen" werden, jedoch keine gemeinsame Grenze mit ihr haben. Vielmehr schiebt sich zwischen Straße und Hinterliegergrundstück das Anliegergrundstück[22]. Konstitutives Merkmal der Hinterliegergrundstücke ist somit, daß sie von der zu reinigenden Straße „erschlossen" werden, d. h. ein tatsächlicher oder möglicher Zugang zur Straße besteht[23]. Eine gemeinsame Grenze ist nicht erforderlich[24]. Wo die Gesetzeslage auf das „erschlossene" Grundstück abstellt, besteht somit die grundsätzliche Möglichkeit, auch die Hinterlieger zu Reinigungsarbeiten heranzuziehen[25]. Hierbei handelt es sich meist um neuere Regelungen[26], die der sich verbreitenden Bauweise gerecht zu werden versuchen, Reihenhäuser nur mit der Giebelseite an die reinigungsbedürftige Straße angrenzen zu lassen. Dadurch sollen ungleiche Reinigungslasten[27] zwischen Anliegern und Hinterliegern vermieden werden.

Daß als „erschlossene" Grundstücke grundsätzlich auch solche angesehen werden können, die eine gemeinsame Grenze mit der Straße haben und über einen Zugang zur Straße verfügen, soll nur klarstellend erwähnt werden. Allerdings werden diese Fälle in der reinigungsgesetzlichen Terminologie dadurch erfaßt, daß neben dem „Erschlossensein" das „Angrenzen" als eigenständiges Merkmal genannt wird[28].

---

[20] § 43 II BadWürttStrG.

[21] § 43 IV BadWürttStrG; § 10 V HessStrG; § 17 III RhPfLStrG.

[22] *Hecht/Hellich*, Komm., § 5 Anm. e), S. 64; *Otto* ZMR 66,100; *Walprecht/Sander*, Komm., § 3 RZ 79; PrOVG PrVBl. 48,380; OVG Lüneburg KStZ 74,142 (133); OVG des Saarlandes U. v. 28. 11. 73 — III R 58/73 (unveröffentlicht) — zur abgabenrechtlichen Konsequenz m. w. N. (S. 8).

[23] *Doose* Der Städtetag 76,275 (278); *Loberg* DGStZ 76,162 (164); *Walprecht/Sander*, Komm., § 3 RZ 74.

[24] *Loberg* DGStZ 76,162 (164).

[25] Art. 51 IV BayStrWG; § 10 V HessStrG; § 17 III 2 RhPfLStrG.

[26] Das PrWRG kennt die Möglichkeit, Hinterlieger in Anspruch zu nehmen, nicht; hierzu: OVG Münster KStZ 69,19.

[27] OVG Lüneburg KStZ 74,132 (133).

2. Allerdings weist die Inanspruchnahme der Hinterlieger bei der praktischen Verwirklichung besondere Probleme auf. So ist etwa in dem Fall, daß ein Reihenhaus von zwei parallellaufenden Straßen gleichzeitig erschlossen wird, in einem Reinigungsplan klarzustellen, *welche* Hinterleger *welches* Grundstück *wann* zu reinigen haben. Auch die Aufteilung der Straßenreinigungspflicht zwischen Angrenzer und Hinterlieger, die sich auf denselben Straßenabschnitt beziehen, muß aus rechtsstaatlichen Gründen eindeutig bestimmt sein[29]. Die verschiedenartigen Formen der Hinterlandbebauung[30] bringen es jedoch mit sich, daß die Gemeinden angesichts der praktischen Schwierigkeiten, einen ausreichend bestimmten Reinigungsplan zu entwerfen, auf eine Inanspruchnahme der Hinterlieger zu verzichten. In Niedersachsen, Nordrhein-Westfalen und Schleswig-Holstein haben diese Probleme dazu geführt, bereits von einer gesetzlichen Ermächtigung der Gemeinden, auch die Hinterlieger zur Straßenreinigung heranzuziehen, abzusehen[31]. Hingegen bleibt es bei der Gebührenpflicht der Hinterlieger. Dabei wird in Kauf genommen, daß die Anlieger durch zusätzliche tatsächliche Reinigungspflichten stärker belastet werden als die Hinterlieger[32].

III. Anlieger

Einen letzten Adressatenkreis bildet die gesetzliche Regelung, welche die Reinigung „den Eigentümern der an die Straße angrenzenden und durch sie erschlossenen Grundstücke“ auferlegt. Die Häufung beider Tatbestandsmerkmale führt zur Verengung der jeweiligen Einzelregelungen. Der Kreis der Angrenzer wird durch das Erfordernis verkleinert, von ihrem Grundstück einen Zugang zur Straße zu haben; die „erschlossenen“ Grundstücke werden dadurch präzisiert, daß sie an die zu reinigende Straße angrenzen müssen. Es entsteht die Gruppe der Anlieger, d. i. derjenigen Eigentümer, die von den angrenzenden Grundstücken einen Zugang zur Straße haben.

---

[28] Vgl. § 4 I StrReinG NW.

[29] Ein Bild über den Streitstand geben: OVG Münster KStZ 69,19; OVG Lüneburg KStZ 74,132 (133); OVG Rheinland-Pfalz VerwRspr. 23 (1972), Nr. 148; *Fecht* KStZ 68,113; *Otto* DWW 68,114; *ders.* ZMR 66,100 — zur analogen gebührenrechtlichen Problematik.

[30] Beispiele bei *Fecht* KStZ 68,113 (114).

[31] § 52 IV 1 NdsStrG; § 4 I StReinG NW; § 45 III Nr. 2 SHStrWG; — zur niedersächsischen Regelung: *Eichhorn* KStZ 69,234 (236); unverständlich: *Nedden/Mecke* HdB, § 52 Anm. 3, die trotz des klaren entgegenstehenden Gesetzeswortlauts von einer Reinigungspflicht der Hinterlieger ausgehen.

[32] Amtl. Begründung des EStrReinG NW: Ltg.-Drucks. 7/2957 S. 8; 8/33 S. 9; wörtlich: *Doose* Der Städtetag 76,275 (277); *Walprecht/Sander*, Komm., § 4 RZ 109 f.

IV. Eigentümer „durchlaufender Grundstücke"

In die gesetzlich vorgezeichnete Dreiteilung der Reinigungspflichtigen in Angrenzer, Hinterlieger und Anlieger muß sich auch der Fall der „durchlaufenden Grundstücke" einfügen. Hierunter sind Grundstücke zu verstehen, die eine gemeinsame Grundstücksgrenze mit der zu reinigenden Straße haben, ohne jedoch von dieser Straße aus begehbar zu sein. Meist handelt es sich um Grundstücke, die an zwei Parallelstraßen angrenzen. Ihre rückwärtige Seite ist durch eine Mauer, Hecke oder Zaun ohne Durchlaß zur Straße abgeschlossen[33]. Problematisch ist, ob ihre Eigentümer auch für die Straße auf der rückwärtigen Grundstücksseite reinigungspflichtig sind.

Von vornherein kann eine Zuordnung zur Gruppe der Hinterlieger in diesen Fällen ausgeschlossen werden[34]. Hinterlieger sind solche, die in der reinigungsgesetzlichen Terminologie lediglich von der zu reinigenden Straße *erschlossen* werden. „Durchlaufende Grundstücke" zeichnen sich hingegen gerade dadurch aus, daß sie keinen Zugang zur Straße haben. — Eine Reinigungspflicht der Eigentümer muß ebenso in den Fällen verneint werden, in denen die gesetzliche Regelung fordert, daß die Grundstücke an die Straße angrenzen *und* von ihr erschlossen werden[35]. Auch hier fehlt es für „durchlaufende Grundstücke" an der Erschließungsfunktion der Straße. Die Eigentümer solcher Grundstücke sind keine „Anlieger" i. S. der reinigungsgesetzlichen Begrifflichkeit.

Die Problematik beschränkt sich daher auf die Gruppe der „angrenzenden" Grundstücke. Lassen die Landesgesetze ein „Angrenzen" an die zu reinigende Straße ausreichen[36], um die Reinigungspflicht zu begründen, so sind auch die Eigentümer „durchlaufender Grundstücke" grundsätzlich zur Straßenreinigung verpflichtet. Die Folge ist eine doppelte Belastung der Eigentümer „durchlaufender Grundstücke". Sie werden sowohl auf der Vorderseite als auch auf der Rückseite ihres

[33] OVG Münster KStZ 72,154; BVerwG KStZ 70,92.

[34] So z. B. in Hessen, § 10 V HessStrG; a. A. *Krichbaum* Der Städtetag 1967,53 f.

[35] Z. B.: Nordrhein-Westfalen, § 4 I StrReinG; dazu: *Walprecht/Sander*, Komm., § 3 RZ 75; § 4 RZ 113. — In Rheinland-Pfalz zog § 17 III 1 LStrG vom 15. 2. 63, GVBl. S. 57, zunächst nur die Eigentümer der durch die Straße erschlossenen Grundstücke zur Reinigung heran. Durch die Novellierung vom 17. 12. 63, GVBl. 64, S. 6, wurde dann die alternative Möglichkeit geschaffen, auch die Eigentümer angrenzender Grundstücke zu Reinigungsarbeiten zu verpflichten. Eine Klage der DB gegen entsprechende Gebührenbescheide blieb dementsprechend auch erfolglos: OVG Koblenz U. v. 1. 12. 69 — 6 A 14/69 —KStZ 70,93. — Die heute geltende Fassung des LStrG vom 22. 4. 1970, GVBl. S. 142, kumuliert dann schließlich beide Tatbestandsmerkmale.

[36] Nachw. N 1.

Grundstücks zur Straßenreinigung herangezogen. Die Lösung ist von der Gesetzeslage her eindeutig[37].

Dennoch wird die Rechtsprechung in jüngster Zeit zunehmend mit zwei Problemkreisen konfrontiert, die ihr Gelegenheit geben, die besondere Situation „durchlaufender Grundstücke" näher zu analysieren. Es geht einmal um die Frage, ob die Deutsche Bundesbahn verpflichtet ist, parallel zum Schienenkörper verlaufende Straßen zu reinigen. Allerdings geht die Kontroverse zumeist nicht um tatsächliche Reinigungspflichten, sondern um Straßenreinigungsgebühren von oftmals erheblicher Höhe[38]. Jedoch ändert sich hierdurch die grundsätzliche Problematik einer wie immer gearteten Reinigungspflicht bei „durchlaufenden Grundstücken" nicht. — Zum anderen entstehen vergleichbare Problemlagen im Verhältnis zu den Eigentümern angrenzender Wasserläufe.

1. Schienenwege

a) Schienenwege sind außerhalb von Bahnhöfen in der Regel „durchlaufende Grundstücke", da sie keinen Zugang zum parallel verlaufenden Straßenkörper haben. Unter diesem Aspekt versucht die Deutsche Bundesbahn seit einigen Jahren, sich gegen — finanzielle — Reinigungspflichten gerichtlich zur Wehr zu setzen. Ziel der klagenden Bundesbahn ist es, das Tatbestandsmerkmal „angrenzen" i. S. d. „Erschließens" zu interpretieren, also einen (möglichen) Zugang vom Grundstück zur angrenzenden Straße als Voraussetzung einer Reinigungspflicht des Eigentümers anzusehen. Gelingt dies, so trifft die Deutsche Bundesbahn für die Säuberung der Straßen, die an Gleisanlagen grenzen, keine Verantwortlichkeit mehr.

Das Bundesverwaltungsgericht[39] folgte anfangs der Rechtsprechung des preußischen Oberverwaltungsgerichts[40] und lehnte eine Auslegung des Tatbestandsmerkmals „angrenzen" i. S. von „erschließen" ab. Dem folgte auch das Oberverwaltungsgericht Rheinland-Pfalz[41]. Neuere höchstrichterliche Entscheidungen[42] lassen jedoch eine gewisse Lockerung zugunsten der Deutschen Bundesbahn dann erkennen, wenn „in extremen Ausnahmefällen" eine Beziehung des Grundstücks zur Straße

---

[37] A. A.: BVerwG KStZ 70,92.

[38] Im Fall BVerwG NJW 72,1482: 2,50 DM je lfd. Meter pro Jahr; BVerwG U. v. 10. 5. 1974 — VII C 56.72 (unveröffentlicht): 1120 DM für 637 m pro Jahr; BVerwG NJW 74,1915: 657,30 DM für 313 m pro Jahr; OVG Münster U. v. 24. 4. 1968 — II A 580/67 (unveröffentlicht): 8297,10 DM für 1873 m pro Jahr.

[39] BVerwGE 26,22.

[40] PrOVGE PrVBl. 49,656; E 72,302.

[41] KStZ 70,93.

[42] BVerwG KStZ 70,92 = MDR 70,265; BVerwG NJW 72,1482; NJW 74,1915; BVerwG Urteile v. 10. 5. 1974 — VII C 55.72 und VII C 56.72 (unveröffentlicht).

zu verneinen ist. Derartige Situationen werden etwa angenommen, wenn die Bahnstrecke auf einem ungefähr 10 Meter hohen Damm verläuft, der den Schienenweg durch eine steile Mauer von der Straße trennt[43], wenn Schiene und Straße sich durch eine 5 Meter hohe Böschung voneinander abheben[44] oder sich ein hoher Damm zwischen beiden Verkehrswegen befindet[45]. Wie das höchste deutsche Verwaltungsgericht jedoch ausdrücklich betont, dreht es sich hierbei um derart außergewöhnliche Fallkonstruktionen, daß nicht von einer Tendenz oder gar von einem Grundsatz des Inhalts gesprochen werden kann, bei „durchlaufenden" Schienenwegen handele es sich nicht um „angrenzende Grundstücke" i. S. d. reinigungsgesetzlichen Regelungen. Vor diesem Schluß, der auf einer Fehlinterpretation eines eigenen Urteils[46] beruhen könnte, warnt das Bundesverwaltungsgericht[47] nachdrücklich: „Jene Entscheidung kann nicht dahin verstanden werden, ..., daß die Straßenreinigungsgebührenpflicht des Angrenzers in jedem Fall die tatsächliche Zugänglichkeit des Grundstücks an der zu reinigenden Straße voraussetze." Es bleibt nach Meinung des Gerichts letztlich bei den allgemeinen Voraussetzungen, d. h. der Frage, ob „von dem Anliegergrundstück eine konkrete, nicht völlig unerhebliche Verschmutzung der Straße ausgeht". Diese werde „bei Schienengrundstükken jedoch häufiger fehlen".

Die höchstrichterlichen Entscheidungen verdeutlichen über ihren konkreten Anlaß hinaus die Notwendigkeit, zwei Fragenkreise streng zu trennen:

— Soweit die einschlägigen Bestimmungen der jeweiligen Landesgesetze das bloße „Angrenzen" eines Grundstücks ausreichen lassen, um die Reinigungspflicht zu delegieren, ist grundsätzlich ein Zugang vom Grundstück zur Straße nicht erforderlich. Auch Schienenwege begründen damit in der Regel eine Reinigungspflicht für die parallel laufenden Straßen.

— Die „extremen Ausnahmefälle", die die Rechtsprechung vereinzelt anerkennt, haben ihre Ursache nicht in der Ausgrenzung eines potentiellen Adressatenkreises nach formellen Kriterien (Angrenzer — Anlieger). Sie führen vielmehr zu der zentralen Problematik, die in der Ausgestaltung der Straßenreinigungspflicht als Vorzugslast liegt[48]. Besonderheiten der Deutschen Bundesbahn sind hierbei nicht

---

[43] BVerwG U. v. 10. 5 1974 — VII C 55.72 (unveröffentlicht); dazu: *Dietlmeier* BayVBl. 75,495.

[44] BVerwG NJW 72,1482.

[45] BVerG KStZ 70,92.

[46] BVerwG KStZ 70,92.

[47] BVerwG U. v. 10. 5. 1974 — VII C 56,72 (unveröffentlicht).

[48] Besonders deutlich: BVerwG 74,1915.

ersichtlich. Die Deutsche Bundesbahn genießt in diesem Zusammenhang keine Sonderstellung. Sie kann folglich auch keine Sonderbehandlung erfahren.

b) Die Straßenreinigungspflicht der Deutschen Bundesbahn führt jedoch über den speziellen Problemkreis hinaus zu allgemeinen Fragestellungen.

aa) Ermächtigen Landesgesetze die Gemeinden, die Deutsche Bundesbahn zur Straßenreinigung zu verpflichten, so könnte hierin ein kompetenzwidriger Eingriff in die Eisenbahnhoheit des Bundes liegen. Dem Bund steht nach Art. 73 Nr. 6, 87 I GG die ausschließliche Gesetzgebungs- und Verwaltungskompetenz für die Bundeseisenbahn zu. Jeder Eingriff der Landesgesetzgeber und Gemeinden in den Kernbereich dieser Bundeszuständigkeiten muß als verfassungswidrig angesehen werden[49]. Damit gipfelt das Problem in der Frage, ob die Abwälzung der Reinigungspflicht auf die Deutsche Bundesbahn die bundesstaatliche Kompetenzaufteilung verletzt.

Legt eine Gemeinde der Deutschen Bundesbahn als Eigentümerin der parallel zur öffentlichen Straße verlaufenden Bahnanlage hoheitlich Reinigungsarbeiten auf, so dient diese Maßnahme der Säuberung von Straßen, die dem allgemeinen Verkehr zugänglich sind. Der Deutschen Bundesbahn werden weder hinsichtlich ihrer Aufgabenerfüllung als öffentlicher Verkehrsträger im Bereich der Personen- und Güterbeförderung noch im Hinblick auf die Verwaltung ihres Sachvermögens Vorschriften gemacht. Landesgesetze und gemeindliche Satzungen betreffen allein die Reinigung bundesbahnfremder Flächen. Die Reinigungspflicht der Deutschen Bundesbahn beruht damit nicht auf einem verfassungswidrigen Kompetenzeingriff in die Eisenbahnhoheit des Bundes. — Anders wäre die Lage dann zu beurteilen, wenn sich die Regelung auf die Reinigung bundesbahneigener Wege oder Bahnanlagen bezöge. In diesem Fall müßte von einer kompetenzüberschreitenden und damit verfassungswidrigen Regelung gesprochen werden. Nach § 38 BBahnG ist die Deutsche Bundesbahn für die Sicherheit und Ordnung der ihrem Betrieb dienenden baulichen Anlagen selbstverantwortlich. Jede bundesfremde Reglementierung in diesem Bereich verletzte die bundesstaatliche Kompetenzordnung des Grundgesetzes. Dieses Beispiel unterstreicht aber lediglich die verfassungsrechtliche Unbedenklichkeit einer Abwälzung der Reinigungspflichten auf die Deutsche Bundesbahn, soweit angebliche Kompetenzübergriffe zur Diskussion stehen.

Die Stellung der Deutschen Bundesbahn unterscheidet sich folglich in nichts von der eines Privatmanns.

---

[49] *Kaiser* NJW 76,86 (91).

Daß dieses Resultat nicht nur für die Übertragung tatsächlicher Reinigungspflichten auf die Deutsche Bundesbahn gilt, sondern auch bei ihrer Belastung mit Reinigungsgebühren Gültigkeit hat, beweist die Regelung des § 40 BBahnG. Die Bestimmung geht grundsätzlich von der Möglichkeit aus, die Deutsche Bundesbahn der öffentlichen Abgabenpflicht zu unterwerfen. Damit erfolgt bundesgesetzlich eine Gleichstellung der Deutschen Bundesbahn mit anderen Abgabenpflichtigen, die auch bei der Straßenreinigungsgebühr anerkannt ist[50].

bb) Ein anderer allgemeiner Gesichtspunkt, der gegen die Reinigungspflicht der Deutschen Bundesbahn sprechen könnte, resultiert aus ihrer Funktion als öffentlicher Verkehrsträger. Die Deutsche Bundesbahn unterhält ihre Anlagen grundsätzlich nicht selbstzweckhaft, sondern betreibt sie im Interesse des Volksganzen. Sie gehören ebenso zur Infrastruktur wie die öffentlichen Straßen. Funktional dienen beide auf gleiche Art und Weise der Allgemeinheit. Ist es aber sinnvoll, die Deutsche Bundesbahn mit der Reinigung von Straßen zu beauftragen, die letztlich demselben Zweck dienen wie die Gleisanlagen? In überspitzter Form führte diese Regelung zu einer wechselseitigen Zuständigkeit: die Deutsche Bundesbahn reinigte die Straßen, die Gemeinden säuberten die Schienenwege.

Jedoch ist es schwierig, die eher politische Überlegung einem rechtsdogmatischen Satz zuzuordnen. Allenfalls könnte das Recht der „öffentlichen Sache" die erforderlichen Ansätze vermitteln. Es kann heute allgemein von der Zweigleisigkeit im öffentlichen Sachenrecht ausgegangen werden: die privatrechtlichen Eigentumsverhältnisse werden durch die öffentlich-rechtliche Zweckbestimmung überlagert[51]. Es werden grundsätzlich Sachen im Gemeingebrauch (Sondernutzung), der Anstaltsbenutzung und des Verwaltungsvermögens unterschieden[52].

Nach herkömmlicher Ansicht werden die öffentlichen Wege grundsätzlich den Sachen im Gemeingebrauch[53], die Bahnanlagen dem Verwaltungsvermögen zugerechnet[54]. Die sachenrechtliche Trennung zwi-

[50] BVerwG U. v. 10. 5. 1974 — VII C 56.72 (unveröffentlicht). — Vgl. auch *Schilken*, Eisenbahn, S. 25.

[51] *Maunz*, Sachen, S. 8 - 10; *Weber*, VVDStRL 21 (1964), S. 145 ff. (169 f., 181 These 4); *Stern*, ebd., S. 183 ff. (189,224 These 5). — Die Parallele zum französischen Öffentlichen Recht, die Otto *Mayer*, VerwR II, S. 40, zu ziehen versuchte, kann seit *Maunz*, Hauptprobleme des öffentlichen Sachenrechts, 1933, trotz *Hardinghausen*, Öffentliche Sachherrschaft und öffentliche Sachverwaltung, 1966, als mißglückt betrachtet werden; vgl. *Weber*, ebd., S. 145; eine vorsichtige Annäherung prophezeit *Forsthoff*, VerwR, S. 382 FN 5 letzter Absatz.

[52] *Wolff/Bachof*, VerwR I, § 55 III.

[53] *Salzwedel*, Wegerecht, S. 539 (556 ff.); *Weber*, VVDStRL 21 (1964), S. 151 ff.; *Maunz*, Sachen, S. 5; bestätigt durch §§ 7 BFernStrG, 14 SaStrG.

[54] *Dietlmeier* BayVBl. 75,495 (499); *Maunz*, Sachen, S. 4; Forsthoff, VerwR, S. 377 (allgemein).

schen Verkehrswegen und Schienenwegen wird mit dem Argument gerechtfertigt, es mache einen Unterschied, ob die öffentliche Sache *von* jedermann im Rahmen ihrer Widmung aktiv in Anspruch genommen werden kann oder ob sie *für* jedermann von den Verwaltungsorganen innerhalb des ordnungsgemäßen Verwaltungsbetriebs benutzt wird[55]. Der unmittelbaren Benutzungsmöglichkeit von Sachen im Gemeingebrauch durch die Allgemeinheit stehe der bloß mittelbare Vorteil von Sachen im Verwaltungsvermögen gegenüber. Der Bahnreisende bediene sich des von der Deutschen Bundesbahn bereitgestellten und betriebenen Instrumentariums, um an sein Ziel zu gelangen. Der Fahrzeugbenutzer ziehe unmittelbaren Vorteil aus dem Straßenbau und der Straßenunterhaltung.

Selbst wenn man dieser recht begrifflichen sachenrechtlichen Unterscheidung zwischen Schiene und Straße folgte, ergäben sich hieraus keine Anhaltspunkte, die gegen eine Reinigungspflicht der Deutschen Bundesbahn sprächen. Das öffentliche Sachenrecht regelt die rechtliche Stellung der Eigentümer und Benutzer zur Sache. Es zeichnen sich jedoch hieraus keine Folgerungen für das Verhältnis der verschiedenen Eigentümer und Verwaltungsträger untereinander ab. Hier sind verschiedene Regelungsbereiche angesprochen. Aus dem öffentlichen Sachenrecht lassen sich nur die Kompetenzen des jeweiligen Trägers über die öffentliche Sache, nicht aber das Verhältnis der Verwaltungsträger von Straße und Schiene untereinander herleiten.

Abgesehen von der verfassungsrechtlichen Kompetenzverteilung bestehen damit keine Grenzen für die gesetzliche Inpflichtnahme des Verwaltungsträgers zugunsten eines anderen, selbst wenn dies in der Praxis zu unverständlichen Überschneidungen führt. Es bleibt lediglich der Appell an die Einsicht des Gesetzgebers. Ein klärendes Wort liegt bereits aus Baden-Württemberg vor: die Verpflichtung zur Straßenreinigung besteht für „die Unternehmen von Eisenbahnen des öffentlichen Verkehrs ... nur insoweit, als auf den ihren Zweck dienenden Grundstücken Gebäude stehen, die einen unmittelbaren Zugang zu der Straße haben, oder es sich um Grundstücke handelt, die nicht unmittelbar dem öffentlichen Verkehr dienen“[56].

2. Wasserwege

Meist verfügen Gemeinden, die an Flüssen liegen, über ausgedehnte Uferstraßen oder Uferpromenaden. Auch für diese Wegstrecken stellt sich das Problem der Straßenreinigung. Müssen die Gemeinden die Reinigungsarbeiten selbst besorgen oder können sie die Eigentümer

[55] *Maunz*, Sachen, S. 4.
[56] § 43 II 2 BadWürttStrG.

der Wasserstraßen für die Uferwege im Gemeindebereich zur Reinigung heranziehen? Die Probleme sind denjenigen im Bereich der Schienenwege weitgehend vergleichbar[57].

a) Zum größten Teil handelt es sich bei den Wasserstraßen ebenfalls um „durchlaufende Grundstücke", das heißt, um zur reinigungsbedürftigen Straße parallel laufende Flächen, die jedoch von der Straße aus nicht zugänglich sind. Dabei wird nicht verkannt, daß in manchen Fällen die Wasserläufe durch Anlegestege auch erschlossen werden. Doch sind dies lediglich verhältnismäßig geringe Straßenabschnitte, die nicht besonders ins Gewicht fallen.

Ob die Eigentümer der Wasserstraßen reinigungspflichtig sind, hängt zunächst von der jeweiligen Gesetzeslage ab. Lassen die Landesgesetze ein „Angrenzen" zur Begründung der Reinigungspflicht ausreichen[58], so kann die Reinigungspflicht grundsätzlich auch auf die Eigentümer der Wasserstraßen abgewälzt werden. Unmöglich ist dies jedoch in den Ländern, welche die Reinigungspflicht davon abhängig machen, daß das angrenzende Grundstück auch von der zu reinigenden Straße erschlossen wird. Hier kann den Eigentümern der angrenzenden Wasserläufe die Reinigungspflicht allenfalls für den Bereich der Anlegestege auferlegt werden.

Wenn die Reinigungspflicht der Eigentümer angrenzender Gewässergrundstücke zusätzlich davon abhängig gemacht wird, ob eine wirtschaftliche oder verkehrliche Nutzung des Gewässergrundstücks durch die angrenzende Straße ermöglicht wird[59], so beruht diese Voraussetzung auf einer mißverständlichen Entscheidung des Bundesverwaltungsgerichts vom 10. 5. 1974[60]. Das Gericht hatte die Reinigungspflicht der Deutschen Bundesbahn für eine Straße verneint, die parallel zu einem etwa 10 m hohen Gleisdamm führt und keinen Zugang zur Straße hat. Wie das Bundesverwaltungsgericht[61] jedoch in einem unveröffentlichten Urteil vom gleichen Tage ausdrücklich klarstellt, hängt die Reinigungspflicht des Angrenzers nicht in jedem Fall von der tatsächlichen Zugänglichkeit ab. Gerade angesichts der klaren gesetzlichen Unterscheidung zwischen Angrenzer und Anlieger sind die „extremen Ausnahmefälle", die das Bundesverwaltungsgericht anerkannt hat, nicht analogie- oder verallgemeinerungsfähig. Das gebietet nicht zuletzt die verfassungsrechtliche Bindung der Rechtsprechung an die Gesetze.

---

[57] Vgl. 4. Teil, 1. Kapitel, IV. 1.

[58] Vgl. N 1.

[59] *Dietlmeier* BayVBl. 75,495 (499); *Walprecht/Sander*, Komm., § 3 RZ 77,78.

[60] BVerwG U. v. 10. 5. 1974 — VII C 55.72 (unveröffentlicht); ähnlich: BVerwG NJW 74,1915.

[61] BVerwG U. v. 10. 5. 1974 — VII C 56.72. — Die Pflicht der Eigentümer angrenzender Wasserstraßen zur Zahlung von Reinigungsgebühren wird ausdrücklich offengelassen; — *Dahmen* Der Städtetag 1973,631 (633): bejaht.

Es ist somit aus straßenreinigungsrechtlicher Sicht kein Grund vorhanden, die Eigentümer angrenzender Gewässergrundstücke nicht zur Straßenreinigung heranzuziehen. Voraussetzung ist lediglich, daß die Landesgesetze ein Angrenzen ausreichen lassen, um die Reinigungspflicht abzuwälzen.

b) Auch bei einer Abwälzung der Reinigungspflicht auf die Eigentümer von Wasserstraßen ist die Frage zu stellen, ob hierdurch nicht rechtswidrig in fremde Kompetenzbereiche eingegriffen wird. So könnte eine Verpflichtung des Bundes, einen an einer Bundeswasserstraße angrenzenden Weg zu reinigen, die Verwaltungshoheit des Bundes aus Art. 89 GG beeinträchtigen. Ein Kompetenzkonflikt entsteht jedoch solange nicht, wie sich die Gemeinden nicht in die eigentlichen Angelegenheiten der Bundeswasserstraßenverwaltung einmischen. Dies ist jedoch hier ebensowenig der Fall, wie es bei der Reinigungspflicht der Deutschen Bundesbahn zu Kompetenzübergriffen gekommen ist. Die Gemeinden reglementieren nicht andere Kompetenzträger in deren Kompetenzbereichen, sondern nehmen die jeweiligen Hoheitsträger gleich Privatpersonen für gemeindeeigene Aufgaben in Anspruch. Die Situation bei angrenzenden Gewässergrundstücken ist somit auch unter dem Gesichtspunkt eines verfassungswidrigen Kompetenzeingriffs den Fällen parallellaufender Schienenwege vergleichbar.

c) Es bleibt das Argument, die öffentlichen Wasserstraßen seien in demselben Maße Verkehrsträger wie die öffentlichen Straßen. Beide stünden der Allgemeinheit zur grundsätzlich freien Benutzung zur Verfügung. Die vergleichbare Funktion komme in der grundsätzlichen Stellung der Wasserstraßen als öffentlicher Sache im Gemeingebrauch zum Ausdruck (§ 23 WHG)[62]. Die Abwälzung der Straßenreinigungspflichten auf die Eigentümer der Wasserstraßen sei daher widersinnig.

Der Argumentation ist in rechtspolitischer Hinsicht zu folgen. Es erscheint widersprüchlich, den Bund, der selbst für den ordnungsgemäßen Zustand der Bundeswasserstraßen verantwortlich ist (Art. 89 II GG)[63], mit der Reinigung anderer Verkehrswege zu betrauen. Dieses Argument gilt jedenfalls insoweit, als die Straßenreinigung der Verkehrstauglichkeit dient. Doch läßt sich daraus, daß beide Verkehrsträger öffentliche Sachen im Gemeingebrauch sind, keine Folgerung für die Reinigungspflicht der Eigentümer der jeweils anderen Sache ziehen. Diese Rechtsfigur besagt lediglich, daß das privatrechtliche Eigentum von einer allgemeinen Nutzungsmöglichkeit aller überlagert wird. Es werden somit die Rechtsbeziehungen zwischen Eigentümern und Allgemeinheit festgelegt. Eine Aussage über das Verhältnis der jeweiligen Eigentümer untereinander verbindet sich hiermit nicht. So-

[62] *Dietlmeier* BayVBl. 75,495 (499); allg.: *Breuer*, Wasserrecht, Rdn. 64.
[63] Näher: *Salzwedel*, Wasserrecht, S. 577 (588).

lange die Landesgesetzgeber die Eigentümer öffentlicher Gewässer nicht ausdrücklich von der Straßenreinigung ausnehmen, bestehen gegen eine Übertragung von Reinigungsaufgaben allenfalls rechtspolitische Bedenken. Diesen hat bislang lediglich Baden-Württemberg Rechnung getragen, wenn in § 43 II 2 StrG die „Eigentümer des Bettes öffentlicher Gewässer" nicht mit Reinigungsaufgaben betraut werden können.

d) Eine besondere Pointe erhält die Verantwortlichkeit der Eigentümer von Gewässergrundstücken für die Reinigung angrenzender Uferstraßen im Fall von Straßenverschmutzungen durch Hochwasser. Müssen die Gemeinden die vom Hochwasser verschlammten Uferstraßen selbst und auf eigene Kosten reinigen?

Da es sich hierbei nicht um periodisch zu leistende Arbeiten, sondern um Fälle akuter Verschmutzung handelt, ist auf die Voraussetzungen der situationsbedingten Straßenreinigung zurückzugreifen[64]. Sowohl in der straßenrechtlichen wie in der verkehrsrechtlichen Ausgestaltung[65] ist grundsätzlich derjenige reinigungspflichtig, der die außergewöhnliche Verschmutzung verursacht hat. Die Eigentümer der Bundeswasserstraßen müßten Veranlasser im polizeirechtlichen Sinne sein. Die hochwasserbedingten Verunreinigungen beruhen jedoch auf Naturereignissen. Somit entfällt die Möglichkeit einer polizeirechtlichen Verantwortlichkeit[66]. Die Gemeinden sind daher gehalten, die Straßenreinigung in diesen Fällen auf eigene Kosten durchzuführen.

V. Untergesetzliche Regelungstechnik bei der Übertragung der Straßenreinigungspflicht

Die Landesgesetze legen die Voraussetzungen fest, unter denen die Gemeinden die Straßenreinigungspflicht auf Angrenzer, Hinterlieger oder Anlieger abwälzen können. Ob die Gemeinden jedoch von dieser Ermächtigung Gebrauch machen, liegt allein in ihrem Ermessen[67]. Lan-

---

[64] Keine Unterscheidung bei *Dietlmeier* BayVBl. 75,495 (499).

[65] Vgl. 3. Teil, 1. Kapitel, III. bzw. 2. Kapitel, III.

[66] *Drews/Wacke*, PolizeiR, S. 62.

[67] Z. B.: § 5 I PrWRG: „Durch ein unter polizeilicher Zustimmung zu erlassendes Ortsstatut kann die Verpflichtung zur polizeimäßigen Reinigung öffentlicher Wege (§§ 1 - 4) ganz oder teilweise für die ganze geschlossene Ortslage, einzelne Teile derselben, einen oder mehrere bestimmte in ihr belegene Wege oder Wegeteile den Eigentümern der angrenzenden Grundstücke oder einzelnen Klassen derselben auferlegt werden." — hierzu: *Hecht/Hellich*, Komm., § 5 Anm. b); — § 4 I StrReinG NW: „Die Gemeinden können die Reinigung der Gehwege durch Satzung den Eigentümern der an die Straße angrenzenden und durch sie erschlossenne Grundstücke auferlegen. Die Reinigung der Fahrbahnen können die Gemeinden den Eigentümern der an die Straße angrenzenden und durch sie erschlossenen Grundstücke übertragen,

desgesetzlich vorgegeben ist auch die Regelungstechnik, der sich die Gemeinden zu bedienen haben. Teilweise ist — vor allem nach herkömmlicher Gesetzeslage — hier eine je nach Regelungsinhalt bemerkenswerte Aufspaltung in Satzung und Verordnung festzustellen: die inhaltliche Ausgestaltung der Reinigungspflicht erfolgt auf dem Verordnungswege, die Übertragung der Reinigungspflicht wird durch Satzung ausgesprochen.

Die auch formale Trennung zwischen sachlichem und persönlichem Pflichtenkreis geht auf das preußische Wegereinigungsgesetz zurück. § 2 PrWRG überantwortet die inhaltliche Ausgestaltung der polizeimäßigen Reinigung der Ortspolizeibehörde. Diese legt in einer Polizeiverordnung Art, Umfang und räumliche Ausdehnung der „polizeimäßigen Reinigung" fest und überwacht ihre Durchführung[68]. Der Gemeinde bleibt die Entscheidung, ob sie die Reinigungspflicht mit „polizeilicher Zustimmung" durch Ortsstatut auf die Anlieger überträgt, § 5 PrWRG.

Ein Beispiel aus dem Saarland, wo das preußische Wegereinigungsgesetz gemäß § 53 III SaStrG bislang fortgilt, soll die Aufteilung in Satzung und Polizeiverordnung verdeutlichen:

Die „Satzung über die Straßenreinigung in der Stadt St. Ingbert" vom 7. 11. 1973 bestimmt unter Berufung auf die §§ 1, 4 a, 5 des preußischen Wegereinigungsgesetzes neben begrifflichen Klarstellungen vor allem den Personenkreis, auf den die Straßenreinigungspflicht abgewälzt werden kann, sowie das Ausmaß der Pflichtendelegation. So wird nach § 2 der Satzung die Reinigungspflicht den Eigentümern oder den dinglich Berechtigten der an die zu reinigende Straße angrenzenden Grundstücke auferlegt. § 4 der Satzung fingiert die Straßenanlieger als Benutzer der städtischen Reinigungsanstalt, die für die Reinigungsaufgaben eingerichtet wird, welche der Gemeinde verbleiben: d. i. vor allem die Fahrbahnreinigung innerhalb der geschlossenen Ortslage. Damit ist gleichzeitig der Kreis derjenigen festgelegt, die die gemeindliche Straßenreinigung durch Benutzungsgebühren finanzieren müssen. Schließlich werden in der Satzung noch die Fragen der Substitution eines Reinigungspflichtigen durch Dritte angesprochen (§ 8), die gesamtschuldnerische Verantwortlichkeit mehrerer Reinigungspflichtiger klargestellt (§ 9) und die Fälle körperlichen und wirtschaftlichen Unvermögens eines Reinigungspflichtigen geregelt (§ 10). Was jedoch die Einzelheiten der Straßenreinigungspflicht anbelangt, z. B. Häufigkeit und Zeitpunkt der Straßenreinigung, Ort und Zeit des Streuens sowie Streumittel bei winterlicher Glätte, Schneeräumung usw., so verweisen die §§ 6, 11 der Satzung auf die „Kreispolizeiverordnung über die Reinigung und Reinhaltung öffentlicher Straßen, Wege und Plätze" vom 15. Mai 1968 (ABl. 1968 S. 315). Eine selbständige Regelung enthält die Satzung hierüber nicht.

---

wenn die Straße ganz überwiegend der Erschließung der Grundstücke dient und die Reinigung durch die Gemeinde einen unverhältnismäßig hohen technischen oder finanziellen Aufwand erfordert ..." — hierzu: *Walprecht/Sander*, Komm., § 4 RZ 102.

[68] *Hecht/Hellich*, Komm., § 2 Anm. b); *Deus* KStZ 72, 190 (191); *Wiethaup* DGStZ 69,97 (98).

Die strenge herkömmliche Trennung zwischen der inhaltlichen Ausgestaltung der Reinigungspflicht in einer Polizeiverordnung und der Übertragung der Reinigungspflicht durch eine gemeindliche Satzung ist in Nordrhein-Westfalen mit dem Straßenreinigungsgesetz vom 18. 12. 1975 aufgegeben. Konkretisierung und Übertragung der Reinigungspflichten erfolgen einheitlich in einer gemeindlichen Satzung, § 4 I, II StrReinG NW[69].

Die Zusammenfassung beider Regelungsbereiche in einer Gemeindesatzung dient nicht nur der Rechtsvereinfachung. Hierin sind formelle Anzeichen für eine Neuorientierung der Reinigungsaufgaben zu sehen. Wird den Gemeinden die Straßenreinigung durch Gesetz „als eine von der Ortspolizeibehörde erzwingbare öffentliche Last" (§ 1 PrWRG) auferlegt und der Pflichtinhalt durch Polizeiverordnung konkretisiert, so handelt es sich bei der Straßenreinigung um eine gesetzlich zugewiesene Pflichtaufgabe[70]. Bereits die nähere Ausgestaltung durch Polizeiverordnung deutet auf den polizeimäßigen Charakter der Straßenreinigung hin[71]. Erfährt die Straßenreinigung hingegen auf der untergesetzlichen Ebene eine einheitliche Ausformung durch eine Gemeindesatzung, so wird bereits formaliter der Zwangs- und Pflichtcharakter gelockert[72]. Die gemeindliche Selbstverantwortung tritt zu Lasten der übertragenen Polizeiaufgaben mehr in den Vordergrund, wenn die Umschreibung der Aufgaben durch Satzung erfolgt, der typischen Norm für gemeindliche Selbstverwaltungsangelegenheiten[73].

Dabei sollen die formalen Kriterien nicht überbewertet werden. Sie können nicht mehr als bloße Indizien sein. Die Regelung einer bestimmten Aufgabe durch gemeindliche Satzung ist kein Garant für einen genuin gemeindeautonomen Bereich. Selbst Auftragsangelegenheiten können nämlich Gegenstand kommunaler Satzungen sein, sofern eine besondere gesetzliche Ermächtigung vorliegt[74]. Die gesetzliche Autorisierung könnte immerhin in § 4 I, II StReinG NW zu sehen sein, der die Gemeinden zur näheren Ausgestaltung der Reinigungspflicht ausdrücklich auf den Satzungsweg verweist. Die formelle Seite kann daher nicht mehr als Indiz für den materiellen Gehalt der Reinigungspflicht sein.

Festzuhalten bleibt: Die herkömmliche Trennung zwischen inhaltlicher Konkretisierung der Reinigungspflichten durch Polizeiverord-

---

[69] *Walprecht/Sander*, Komm., § 4 RZ 107; — vgl. auch: „Mustersatzung über die Straßenreinigung und die Erhebung von Straßenreinigungsgebühren", abgedruckt bei *Walprecht/Sander*, S. 83 - 91.

[70] *Kottenberg/Rehn*, GO, § 2 Anm. 4; konsequent für die dualistische Aufgabenstruktur der Gemeinden in Niedersachsen: *Michaelis* DVBl. 65,897 (898: „Auftragsangelegenheit"); — allgemein zu monistischer und dualistischer Aufgabengestaltung: *v. Unruh*, Gemeinderecht, S. 77 (102); *Kottenberg/Rehn*, ebd., § 3 Anm. III 1.

[71] *Michaelis* DVBl. 65,897 (898); OVG Münster E 24,42 (46); OVG Münster U. v. 24. 4. 1968 — II A 580/67 (unveröffentlicht); — vgl. auch amtliche Begründung zu § 2 PrWRG, abgedruckt bei *Hecht/Hellich*, Komm., § 2 Anm. a).

[72] Ähnlich: *Walprecht/Sander*, Komm., § 4 RZ 107.

[73] Zur „Satzung" als Rechtsquelle dezentralisierter Selbstverwaltung: *Ossenbühl*, Quellen, S. 87.

[74] *Becker*, Selbstverwaltung, S. 113 (159); *Michaelis* DVBl. 65,897 (898); *Wacke* DVBl. 65,900 (901).

nung und Abwälzung der Reinigungspflichten auf die Anlieger als Gegenstand einer gemeindlichen Satzung wird in jüngster Zeit (Beispiel: Nordrhein-Westfalen) zugunsten einer einheitlichen, satzungsmäßigen Regelung aufgegeben. Der Wandel der untergesetzlichen Regelungstechnik ist Anzeichen für ein geändertes Verständnis der Straßenreinigungsaufgaben.

Zweites Kapitel

Straßenreinigungspflicht als polizeirechtliche Verantwortlichkeit

Der Kreis derjenigen Personen, die zur Straßenreinigung herangezogen werden, läßt sich grundsätzlich in Angrenzer, Hinterlieger und Anlieger aufteilen. Dabei werden die Reinigungslasten auf die jeweiligen Gruppen in den einzelnen Bundesländern unterschiedlich verteilt. In jedem Fall handelt es sich aber um einen besonderen Kreis reinigungspflichtiger Personen, die nicht mit der Allgemeinheit der Gemeindeeinwohner identisch sind. Selbst wenn man davon ausgeht, daß jeder Gemeindeeinwohner entweder Angrenzer, Hinterlieger oder Anlieger ist[1], werden durch die von Bundesland zu Bundesland differierenden Regelungen jeweils irgendwelche Adressatengruppen von der Reinigung ausgenommen oder weniger stark belastet. Allein die Existenz von drei verschiedenen Personengruppen mit unterschiedlichen Reinigungspflichten beweist die besondere Inanspruchnahme der Reinigungspflichtigen im Einzelfall. Wenn etwa nicht in allen Bundesländern die Reinigungspflicht auch auf die Hinterlieger abgewälzt werden kann[2], so führt auch dies zu ungleichen Belastungen zwischen Angrenzern bzw. Anliegern und Hinterliegern. Selbst innerhalb der gesetzlich festgeschriebenen Gruppe der Angrenzer werden von der Rechtsprechung im Falle „durchlaufender Grundstücke“ nochmals „extreme Ausnahmefälle“ anerkannt[3].

Eine Erklärung für die ambivalente Belastung der verschiedenen Gruppen von Gemeindeeinwohnern mit Reinigungspflichten könnte in einer polizeimäßigen Verantwortlichkeit der jeweils Inanspruchgenommenen liegen. So wird bisweilen die Ansicht vertreten, die Reinigungspflichtigen seien (Mit-)Urheber der Straßenverschmutzungen[4].

---

[1] A. A. *Fecht* KStZ 68,113 (114).

[2] Vgl. 4. Teil, 1. Kapitel N 1.

[3] BVerwG NJW 74,1915; — Näheres vgl. 4. Teil, 1. Kapitel, IV.

[4] *Braun* BayVBl. 65,304 (305): „Die Anlieger können ... verpflichtet werden, die von ihnen herrührenden Verschmutzungen zu beseitigen.“ — Unbe-

Auch das Bundesverwaltungsgericht macht sich diese These zu eigen, wenn es für die Abwälzung der Reinigungspflicht darauf abstellt, ob „von dem Anliegergrundstück eine konkrete, nicht völlig unerhebliche Verschmutzung der Straße ausgeht“[5]. Sind die mit der Straßenreinigung belasteten Gruppen als Störer im polizeirechtlichen Sinne anzusehen, so ist eine Kategorie gefunden, nach der die reinigungspflichtigen Personengruppen auszuwählen sind.

I. Reinigungspflichtige als polizeipflichtige Personen

1. Kommunale Straßenreinigung

a) Handlungsstörer

Die Abwälzung der Reinigungspflicht auf die Anlieger[6] könnte Folge ihrer polizeirechtlichen Verantwortlichkeit als Handlungsstörer sein. Dies wäre dann der Fall, wenn die Anlieger die Straßenverschmutzungen durch ihr Verhalten verursacht hätten[7].

Die Anlieger sind insoweit als „Handlungsstörer“ anzusehen, als auch sie Schmutzpartikel auf die von ihnen zu reinigende Straße bringen. Diese Verschmutzungen lassen sich aber gegenüber den Verunreinigungen durch Verkehrsteilnehmer oder witterungsbedingten Einflüssen nicht trennen[8]. Gerade in Straßen mit sehr lebhaftem Durchgangs- oder Geschäftsverkehr gehen von den Anliegern die geringsten Verunreinigungen aus. Stellte man darauf ab, wer die Verunreinigung verursacht hat, so sprächen derartige Konstellationen gerade gegen eine Reinigungspflicht der Anlieger. Eine polizeirechtliche Verantwortlichkeit der Anlieger als Verhaltensstörer läßt sich somit nicht begründen[9].

---

schadet der tatsächlichen Schwierigkeiten soll „bei den weder vom Anlieger — noch vom Durchgangsverkehr herrührenden Verschmutzungen ... darauf abzustellen (sein), inwieweit die Beseitigung der Verschmutzungen im Interesse der Anlieger auch erforderlich geworden wäre, wenn die Straße nicht als Durchgangsstraße — in u. U. entsprechend geringer Breite — gebaut worden wäre.“ So: *Braun*, ebd., FN 11; ähnlich bereits *Schilken*, Eisenbahn, S. 25.

[5] BVerwG U. v. 10. 5. 1974 — VII C 56.72 (unveröffentlicht).

[6] Der Begriff „Anlieger“ umfaßt im folgenden auch die „Angrenzer“ und „Hinterlieger“. Wo sich Unterschiede zwischen den einzelnen Gruppen ergeben, wird jeweils besonders hingewiesen.

[7] Allgemein zur Verhaltens- oder Handlungshaftung: *Dietel/Gintzel*, Polizeirecht, S. 129 ff.; *Drews/Wacke*, Polizeirecht, S. 204,217 ff.; *Friauf*, Polizeirecht, S. 153 (186 ff.); *Götz*, Polizeirecht, S. 92 f.; *Schleberger*, Polizeirecht, S. 38 ff.

[8] *Lukas* BayVBl. 65,368 (370); a. A.: *Braun* BayVBl. 65,304 (305).

Für Geschäftsbezirke, insbesondere solche, die als Fußgängerzone ausgestaltet sind[10], ließe sich die Polizeipflichtigkeit der Anlieger, d. i. der Geschäftsinhaber, als Zweckveranlassung begründen. Wenn die Straße auch nicht in quantifizierbarer Weise durch die Anlieger verschmutzt wird, so doch durch den Besucherstrom, der durch die Geschäfte verursacht wird. Eine solche Argumentation begegnet jedoch erheblichen praktischen wie rechtlichen Schwierigkeiten. Einmal müßten verschiedene Anliegergruppne unterschieden werden. Gerade die Bestrebungen der Städteplanung, auch Geschäftsbezirke (wieder) bewohnbar zu machen, ließe eine einheitliche Behandlung der Geschäftsbereiche nicht zu. Die Bewohner müßten aus der Gruppe der Zweckveranlasser herausgenommen werden. Aber auch rechtlich ist die Gleichsetzung von Reinigungspflichtigen und Zweckveranlassern nicht möglich. Ein wesentliches Merkmal des Zweckveranlassers besteht darin, mit seinem Verhalten die Störung zu beabsichtigen[11]. Die Verschmutzung der Geschäftsstraßen durch die Kaufinteressenten ist aber lediglich zwangsläufiges Übel, nicht jedoch Absicht der Geschäftsleute.

b) Zustandsstörer

Die Anlieger könnten als Zustandsstörer für den gereinigten Zustand der Straße verantwortlich sein. Anknüpfungspunkt für die polizeirechtliche Verantwortlichkeit des Zustandsstörers ist seine Beziehung zur Sache, die Möglichkeit der tatsächlichen und rechtlichen Einflußnahme auf ihren Zustand[12].

In dieser Position befindet sich die nach der Gesetzeslage primär reinigungspflichtige Gemeinde. Sie ist zwar nicht Eigentümerin aller reinigungsbedürftigen Straßen innerhalb der geschlossenen Ortslage. Beispielhaft sei nur an die Ortsdurchfahrten der Bundes- und Landesstraßen erinnert. Doch hat die Gemeinde kraft Gesetzes die Pflicht und tatsächliche Möglichkeit, Gefahrenherde, die sich durch Verunreinigungen der Straße bilden, mit ihrem (ggf. einzurichtenden) Reinigungsdienst zu beseitigen.

Die gesetzlich vorgezeichnete Beziehung der Gemeinde zur Straße wird jedoch keineswegs dadurch aufgehoben, daß sie die Verantwortlichkeit, die aus ihrer Stellung resultiert, auf andere Personen überträgt. Der durch Pflichtenabwälzung Zweitverantwortliche wird nicht

[9] *Drews/Wacke*, Polizeirecht, S. 46,417; *Lukas* BayVBl. 65,368 (370); *Michaelis* DVBl. 65,897; *v. Mutius* VerwArch. 66 (1975), 75 (79); OVG Münster KStZ 72,116; 72,154 (155); *Dahmen* Der Städtetag 1973, 631 (633).

[10] Zur straßen- und wegerechtlichen Problematik bei der Errichtung von Fußgängerzonen: *Löwer* SKV 76,327 - 334.

[11] *Drews/Wacke*, Polizeirecht, S. 227; *Dietel/Gintzel*, Polizeirecht, S. 130; *Friauf*, Polizeirecht, S. 153 (188 f.); *Schleberger*, Polizeirecht, S. 42; PrOVGE 80,176 (189 - 192); a. A.: PrOVGE 85,270; 87,301 (309); *Götz*, Polizeirecht, S. 101: „unmittelbarer Zusammenhang" zwischen Veranstaltung und Störung ist ausreichend.

[12] *Drews/Wacke*, Polizeirecht, S. 231 ff.; *Dietel/Gintzel*, Polizeirecht, S. 133 ff. *Friauf*, Polizeirecht, S. 153 (189 ff.); *Götz*, Polizeirecht, S. 93 - 95; *Schleberger*, Polizeirecht, S. 43 ff.

in eine Stellung als weiterer Zustandsstörer gebracht. Seine Pflichtigkeit rührt nicht aus einer *dinglichen*, sondern aus einer *persönlichen* Beziehung her. Rechtsgrund seiner Reinigungspflicht ist nicht die polizeiliche Verantwortlichkeit, sondern die gesetzliche oder vertragliche Lastenüberbürdung, die polizeirechtlich neutral ist[13]. In einer solch derivativen Pflichtenstellung befinden sich die Anlieger. Ihnen wird von der Gemeinde die Reinigungspflicht kraft Gesetzes auferlegt. Dadurch entsteht zwischen reinigungspflichtigem Anlieger und Gemeinde ein gesetzliches Schuldverhältnis, nicht aber eine dingliche Beziehung des Anliegers zur Straße.

Eine Zustandshaftung der Anlieger für Straßenverschmutzungen ist daher zu verneinen[14].

c) Polizeilicher Notstand

Auch das Institut des polizeirechtlichen Notstands führt nicht dazu, die Reinigungspflicht der Anlieger zu begründen[15]. Das gilt für den Tatbestand und die weiteren Rechtsfolgen gleichermaßen. Bei der Inpflichtnahme der Anlieger fehlt es zunächst an einer unmittelbaren akuten Gefahr, die den Rückgriff auf den Nichtstörer ermöglichte[16]. Eine abstrakte Gefahr, die der Straßenreinigungspflicht der Anlieger zugrunde liegt, reicht nicht aus. Auch im Hinblick auf die Subsidiarität des polizeirechtlichen Notstands besteht keine Notwendigkeit, die Anlieger als Nichtstörer in Anspruch zu nehmen. Hier läge es zunächst an der Gemeinde, ihre eigenen Mittel einzusetzen. Sinn und Zweck der Übertragung von Reinigungspflichten ist es aber gerade, der Gemeinde Reinigungspersonal und Reinigungsmaterial zu ersparen oder zumindest gering zu halten. Dieser Intention liefen auch die Folgen eines Rückgriffs auf Nichtstörer zuwider.

Die Gegenprobe liefert der Kompensationsanspruch des Nichtstörers. Die Gemeinden müßten die Anlieger für die geleisteten Reinigungsarbeiten entschädigen[17]. Dies widerspricht aber dem Sinn und Zweck, die Reinigungspflicht zu delegieren. Durch diesen Schritt sollen gerade gemeindeeigene Mittel gespart werden. Der polizeirechtliche Aufopferungsanspruch[18] könnte den Gemeinden nicht zuletzt durch erheblichen Verwaltungsaufwand größere Unkosten bereiten, als Reinigungskosten bei eigener Ausführung entstehen.

---

[13] Im Ergebnis ebenso: *Göppel*, Diss., S. 113 f.

[14] *Drews/Wacke*, Polizeirecht, S. 46; OVG Münster KStZ 72,116; 72,154 (155); *Dahmen* Der Städtetag 1973, 631 (633).

[15] *Drews/Wacke*, Polizeirecht, S. 46.

[16] *Drews/Wacke*, Polizeirecht, S. 250 f.; *Friauf*, Polizeirecht, S. 153 (195 f.).

[17] Vgl. etwa § 70 PrPVG.

[18] Näheres: *Dietel/Gintzel*, Polizeirecht, S. 170; *Drews/Wacke*, Polizeirecht, S. 464 ff.; *Götz*, Polizeirecht, S. 115 ff.

Daß die Anlieger trotz fehlender polizeirechtlicher Verantwortlichkeit zu Straßenreinigungsarbeiten herangezogen werden, wird bisweilen damit begründet, sie seien „Inhaber des Gegenmittels". Arbeitskraft der Anlieger und ihre räumliche Nähe zur Straße machten sie zu geeigneten Adressaten der Reinigungspflicht[19]. Allerdings besteht Einigkeit, daß es sich hierbei gerade nicht um einen Fall polizeirechtlicher Verantwortlichkeit handelt[20]. Somit bringt dieser Topos jedenfalls unter polizeirechtlichen Aspekten keine Erklärung für die Abwälzung der Reinigungspflichten auf die Anlieger[21].

2. Situationsbedingte Straßenreinigung

Neben der kommunalen besteht die situationsbedingte Straßenreinigung[22]. Verfolgt letztere Reinigungsart mit ihrem sachlichen Regelungsgehalt auch die Gewähr der Sicherheit und Leichtigkeit des Verkehrs, also gerade keine typisch polizeirechtlichen Ziele, so läßt sich doch ihr persönlicher Regelungsbereich mit polizeirechtlichen Kategorien erfassen. Reinigungspflichtig ist, wer die Verunreinigung herbeigeführt hat. Es gilt das polizeirechtliche Verursacherprinzip[23]. Die Straßenverschmutzung läßt sich im Unterschied zur kommunalen Reinigung individuell zurechnen. Von daher ist es gerechtfertigt, den im akuten Fall Reinigungspflichtigen als Störer zu charakterisieren.

3. Zusammenfassung

Die Abwälzung der Reinigungspflicht auf die Anlieger läßt sich nicht anhand polizeirechtlicher Kategorien erklären. Die Anlieger sind weder Handlungs- noch Zustandsstörer. Auch läßt sich ihre Reinigungspflicht nicht aus dem Rechtsinstitut des polizeilichen Notstands herleiten. Daß die reinigungspflichtigen Anlieger bisweilen als „Inhaber des Gegenmittels" angesehen werden, spricht für ihre mangelnde polizeirechtliche Verantwortlichkeit. Diese Figur setzt gerade eine polizeirechtlich neutrale Position voraus. — Anders verhält es sich hingegen bei der Reinigungspflicht im Rahmen der situationsbedingten Straßenreinigung. Hier knüpft die Reinigungspflicht an eine konkrete Verunreinigung an. Der für die Reinigung Verantwortliche ist als polizeirechtlicher Störer zu begreifen.

[19] *Drews/Wacke*, Polizeirecht, S. 227; *Michaelis* DVBl. 65,897.

[20] *Drews/Wacke*, Polizeirecht, S. 227; *Dietel/Gintzel*, Polizeirecht, S. 131.

[21] Zu dem Argument der „räumlichen Nähe" vgl. 4. Teil, 3. Kapitel, 2. Abschnitt, I. 3 d).

[22] Dazu 3. Teil, 2. Kapitel, II.

[23] Vgl. 3. Teil, 1. Kapitel, III.

II. Kommunale Straßenreinigung und Polizeirecht

Daß sich die Abwälzung der Reinigungspflicht auf die Anlieger nicht an polizeirechtlichen Kategorien messen läßt, ist nicht bloß ein Subsumtionsproblem. Es ist vielmehr Symptom für einen bemerkenswerten Wandel im Verständnis hoheitlicher Gefahrenabwehr. Bereits im Begriff „kommunale Reinigung" hat diese Tendenz eine vorläufige Umschreibung gefunden: die Entwicklung von der Gefahrenabwehr durch polizeiliche Mittel zur Gefahrenabwehr durch fürsorgende Maßnahmen. Hierin könnte eine grundsätzliche Erklärung für die Ablösung polizeirechtlicher Kategorien durch andere Verwaltungsformen liegen.

Es ist davon auszugehen, daß die Straßenreinigung Elemente allgemeiner Gefahrenabwehr in sich trägt. Dies ist nicht nur Ergebnis einer rechtshistorischen Entwicklung, an deren Anfang als erste zusammenfassende Kodifikation das preußische Wegereinigungsgesetz vom 1. Juli 1912 mit dem Begriff der „polizeimäßigen Reinigung" steht. Der ehemals ausschließlich polizeirechtliche Blickwinkel des preußischen Gesetzgebers wird mit der „kommunalen Straßenreinigung" nicht aufgegeben, sondern um andere Aspekte erweitert. Die Straßenreinigung dient nicht nur „allgemeinen polizeilichen Anforderungen, z. B. ordnungs- und gesundheitspolizeilicher Art"[24]. Ihr Ziel liegt gleichermaßen in einer anderen Aufgabe: die Gewähr eines reibungslosen Verkehrsflusses, der nicht durch Verunreinigungen behindert oder gar gefährdet wird. Das Bild klassisch-polizeirechtlicher Gefahrenabwehr wird von der Erwartung überlagert, die Gemeinde erbringe mit der Straßenreinigung eine Leistung. Es geht letztlich um „allgemeine Gefahrenabwehr durch Leistungserbringung". Die Frage bleibt, ob diese Kategorie von Verwaltungsaufgaben noch mit den Mitteln des Polizeirechts bewältigt werden kann.

1. Eine Möglichkeit besteht darin, den herkömmlichen Zuständigkeitsbereich der Polizei auszudehnen. So sollen neben individual- und generalpräventiven auch „lenkende und leistende, pflegende und versorgende Maßnahmen der Ordnungsverwaltung und Polizei zum Schutz der Allgemeinheit und der individuellen Rechte zulässig sein"[25]. Hierfür spricht vor allem die gerade im Bereich der Straßenreinigung gültige Erkenntnis, daß sich Maßnahmen der Gefahrenabwehr und Leistungserbringung nicht mehr eindeutig voneinander trennen lassen. Die Grenzen verwischen sich durch geänderte Erwartungen, die in die Verwaltung gesetzt werden. Ausgelöst wird der Funktionswandel nicht zuletzt durch die grundgesetzliche Sozialstaatlichkeit[26]. Von staatlichen

---

[24] *Walprecht/Sander*, Komm., § 1 RZ 7.

[25] *Erichsen*, VVDStRL 35 (1977), 171 (177 - 181; Zitat: 271, These 8).

[26] *Erichsen*, ebd., 171 (181 f.).

Institutionen wird nicht in erster Linie erwartet, daß sie Regeln setzen und deren Einhaltung notfalls erzwingen. Im Vordergrund staatlicher Aufgaben stehen die Garantien für soziale Sicherheit und einen menschenwürdigen Lebensstandard.

Folgt man dem extensiven Verständnis polizeirechtlicher Gefahrenabwehr, so kann auch die kommunale Reinigung dem Polizeirecht zugeordnet werden. Auch sie dient letztlich der Gefahrenabwehr durch „leistende" und „vorsorgende" Maßnahmen. Damit sind aber die herkömmlichen polizeilichen Aufgabenbereiche, die sich lediglich mit der Gefahrenabwehr durch hoheitlich-eingreifende Maßnahmen befassen, aufgegeben. Unbeschadet der völlig neuen Konzeption des Polizeirechts, welche die extensive Sicht mit sich bringt, belegt ihr Ansatz deutlich, daß das Phänomen der „Gefahrenabwehr durch Leistungserbringung" mit dem überlieferten Polizeirechtsverständnis nicht in Einklang zu bringen ist. Damit sind auch die tradierten polizeirechtlichen Störerbegriffe ungeeignet, Maßnahmen der leistenden Verwaltung zur Gefahrenabwehr auf die Bürger abzuwälzen. Hier müßten erst neue Kriterien entwickelt werden. Ob dies de lege lata gelingt, muß angesichts der eingefahrenen Begrifflichkeit im Polizeirecht bezweifelt werden. Ob eine Neufassung de lege ferenda[27] wünschenswert ist, soll hier nicht diskutiert werden. Erst nach einer zu führenden Grundsatzdiskussion läßt sich über eine polizeirechtliche Standortwahl der „Gefahrenabwehr durch Leistungserbringung" urteilen. Für die kommunale Straßenreinigung ist jedenfalls festzuhalten, daß sie allenfalls bei einem extensiven Verständnis von Gefahrenabwehr dem Polizeirecht zuzurechnen ist.

2. Läßt sich die kommunale Straßenreinigung höchstens in ein extensiv verstandenes Polizeirecht integrieren, so steht damit bereits das Ergebnis für den Fall fest, daß nach herkömmlicher Auffassung polizeirechtliche Gefahrenabwehr nur durch hoheitlich-eingreifende Verwaltungsmaßnahmen erfolgt. In diesem Sinne deckt die kommunale Reinigung nur die Aufgabenbereiche ab, die sie von der polizeimäßigen Reinigung übernommen hat. Damit wird aber ihrem eigentlichen Funktionsverständnis nur zum Teil genügt. Die Akzentverschiebung dahin, die Reinigungsmaßnahmen als gemeindliche Leistungen zu werten, bleibt unberücksichtigt. Auch hierin liegt eine Erklärung dafür, daß die herkömmlichen Kategorien des Polizeirechts die Frage nicht

[27] Der „Musterentwurf eines einheitlichen Polizeigesetzes des Bundes und der Länder", wie er sich nach dem Beschluß der Innenministerkonferenz vom 11. Juli 1976 darstellt, sieht sich dem herkömmlichen polizeilichen Aufgabenbereich verpflichtet (vgl. Begründung S. 6 - 8). Die Problematik der „Gefahrenabwehr durch Leistungserbringung" wird unter polizeirechtlichen Gesichtspunkten nicht berücksichtigt.

beantworten, aus welchen Gründen die Anlieger zur Straßenreinigung herangezogen werden.

III. Exkurs: Kommunale Straßenreinigung zwischen Eingriffs- und Leistungsverwaltung

Die Untersuchungen der gemeindlichen Wegereinigung, insbesondere in Gestalt der kommunalen Straßenreinigung, haben verdeutlicht, daß es nicht möglich ist, die Wegereinigung eindeutig den anerkannten Kategorien hoheitlichen Verwaltungshandelns zuzuordnen. Die Begriffe „Eingriffsverwaltung" und „Leistungsverwaltung" erfassen jeweils nur Teilbereiche der kommunalen Straßenreinigung. Symptomatisch hierfür ist bereits die Schwierigkeit einer typologischen Einordnung. Auch die untergesetzliche Regelungstechnik, die weitgehend zwischen der inhaltlichen Ausgestaltung durch Polizeiverordnung und Übertragung der Reinigungspflichten auf die Anlieger mittels Gemeindesatzung differenziert, setzt Anzeichen für ein geändertes Verständnis der Aufgaben gemeindlicher Straßenreinigung. Die Analyse anhand polizeirechtlicher Kategorien kann die Besonderheiten ebenfalls lediglich bestätigen. Hingegen fehlt es bislang an einer positiven dogmatischen Einordnung der „Gefahrenabwehr durch Leistungserbringung", der die kommunale Straßenreinigung dient.

Die Akzentverschiebung im Bereich der Straßenreinigung von der ursprünglich reinen Gefahrenabwehr zur Leistungserbringung ist in Literatur und Rechtsprechung bereits zustimmend vermerkt worden. Allgemein wird von der Entwicklung „einer ursprünglich rein ordnungsrechtlichen Pflicht zur Gefahrenabwehr zu einem Teil der allgemeinen Daseinsvorsorge" gesprochen[28]. Damit ist das tatsächliche Phänomen umschrieben. Ob sich hiermit auch eine dogmatische Aussage verbindet, erscheint fraglich.

Daseinsvorsorge ist — historisch gesehen — ein soziologisch bestimmter Begriff, der dem vorrechtlichen Bereich zuzuordnen ist[29]. Er ist Inbegriff derjenigen tatsächlichen Maßnahmen, die der allgemeinen Bedürfnisbefriedigung dienen[30]. Daseinsvorsorge ist eine soziologische Größe[31]; eine rechtlich-normative Aussagequalität wohnt dem Begriff allgemein nicht inne.

---

[28] *Doose* Der Städtetag 1976, 275; *Hurst*, Gemeindeeinrichtungen, S. 833 (884); *Loberg* KStZ 74,41; *Walprecht/Sander*, Komm., § 1 RZ 4,8; BGH NJW 73,40; NJW 67,1325 (Straßenbau).

[29] Vgl. zur Entwicklung des Begriffs: *Isensee*, Subsidiaritätsprinzip, S. 116 ff.

[30] *Forsthoff*, VerwR, S. 567.

Allerdings dienen die Aufgaben im örtlichen Bereich, die der gemeindlichen Selbstverwaltung überantwortet sind, meist der lokalen Daseinsvorsorge[32]. Die Eigenverantwortlichkeit der Gemeinde rechtfertigt sich nämlich gerade daraus, der örtlichen Gemeinschaft „Fürsorge, Vorsorge und Befriedigung eines Gebietes“[33] angedeihen zu lassen. Der bloß soziologische Begriff der Daseinsvorsorge verdichtet sich im Ortsbereich zur gemeindlichen Fürsorgepflicht — Ausfluß der in Art. 28 II GG verfassungsrechtlich verankerten Allzuständigkeit der Gemeinden[34].

Da sich die kommunale Straßenreinigung auf die geschlossene Ortslage beschränkt und Elemente der Daseinsvorsorge in sich trägt, scheint sie in der gemeindlichen Fürsorgepflicht ihren dogmatischen Standort zu haben. Jedoch machen sich hiergegen vor allem zwei Einwände stark:

— Die kommunale Straßenreinigung enthält, sofern sie von der Gemeinde selbst durchgeführt wird, nicht nur Leistungen an die Gemeindeeinwohner und örtlichen Verkehrsteilnehmer. Sie dient gleichermaßen der — ehemals ausschließlich polizeirechtlichen — Gefahrenabwehr. Gerade in der Kombination[35] von Gefahrenabwehr und fürsorgender Leistungserbringung liegt die Besonderheit der kommunalen Straßenreinigung. Ihr wird aber die rein leistungsorientierte gemeindliche Fürsorgepflicht nicht gerecht.

— Kommt auch den Gemeinden im Bereich der kommunalen Straßenreinigung eine gewisse Autonomie zu, wenn sie die untergesetzlichen Konkretisierungen durch Satzungen ausführen können, so ändert dies nichts daran, daß in erster Linie sie selbst zur Straßenreinigung gesetzlich verpflichtet sind. Damit gehört die Straßenreinigung nicht zum Bereich weisungsfreier Selbstverwaltung, sondern zu den gemeindlichen Pflichtaufgaben[36]. Dieser Bereich wird jedoch nicht von ausschließlich leistungsbezogenen Maßnahmen der Daseinsvorsorge getragen.

Maßnahmen der kommunalen Straßenreinigung lassen sich weder der gemeindlichen Fürsorgepflicht noch der polizeirechtlichen Gefahrenabwehr zurechnen. Es handelt sich um ein eigenes Phänomen der

---

[31] *Forsthoff*, Leistungsträger, S. 6, 7; dazu: *Isensee*, Subsidiaritätsprinzip, S. 122 f., FN 41 m. w. N.; *Ossenbühl* DÖV 71,516; *Bachof* VVDStRL 30 (1972), 193 (227/242).

[32] *Kottenberg/Rehn*, GO, § 2 Anm. I 3.

[33] *v. Unruh*, Gemeinderecht, S. 77 (97).

[34] *Kottenberg/Rehn*, GO, § 2 Anm. I 1; *Maunz* in: M-D-H, Art. 28 Rdn. 30.

[35] *Kodal*, S. 543: „selbständige öffentliche Aufgabe der Gemeinden sicherheitsrechtlicher Art“; *Walprecht/Sander*, Komm., § 4 RZ 107: „... Bestandteil der allgemeinen Daseinsvorsorge mit ordnungsrechtlichem Bezug“.

[36] *Kottenberg/Rehn*, GO, § 2 Anm. I 4.

„Gefahrenabwehr durch Leistungserbringung“. Dieses soll im Kommunalbereich mit dem Begriff der „Vorsorgeverwaltung“ umschrieben werden[37].

Die kommunale Straßenreinigung ist nur ein Beispiel für gemeindliche Aufgaben, die dem Zwischenbereich der „Vorsorgeverwaltung“ zuzurechnen sind. Gleichermaßen sind die öffentlichen Einrichtungen hier einzuordnen, für welche die Gemeinden nach den Gemeindeordnungen Anschluß- und Benutzungszwang durch Satzung einführen können: Wasserversorgung, Kanalisation, Müllabfuhr und „ähnliche der Volksgesundheit dienende Einrichtungen“[38]. Daß in diesem Zusammenhang auch die Straßenreinigung genannt wird, bestätigt die Homogenität dieser Gemeindeveranstaltungen.

Bei den genannten Gebieten handelt es sich meist um Bereiche, auf denen die Gemeinden aus Gründen des Gemeinwohls ein Monopol besitzen. Die Gemeinden werden zum „Versorgungsunternehmen“. Die Gefahrenabwehr, wie sie etwa die gemeindliche Müllabfuhr bezweckt, wird heute weitgehend als Dienstleistung angesehen, die den Bürgern die eigene Müllbeseitigung erspart. Hierin liegt die primäre Funktion der Müllabfuhr. Auch sie ist Teil der gemeindlichen „Vorsorgeverwaltung“.

Angesichts des Wandels[39] gemeindlicher Funktionalität ist es auch lebensfremd, von Anschluß- und Benutzungs*zwang* zu sprechen. Die rechtliche Brisanz verlagert sich vom Benutzenmüssen zum Benutzendürfen. Der Versuch, Ansprüche aus der „polizeilichen Generalpflicht“ herzuleiten, muß als unzeitgemäßer Rückfall in polizeirechtliche Kategorien betrachtet werden. Es geht um die Verwirklichung von Leistungsansprüchen, die den status positivus, nicht den status negativus berühren. Anspruchsgrundlage bildet entweder die gemeindliche Monopolstellung oder ihre Fürsorgepflicht[40], die Bestandteil der kommunalen Allzuständigkeit ist. Nur eine Neuorientierung der Verwaltungskategorien kann einer zeitgemäßen Problemlösung gerecht werden. Überspitzt formuliert, tendiert die Gemeinde zum „unpolitischen Kundendienst“[41].

---

[37] Vom „Vorsorgegrundsatz“ spricht *Engelhardt*, BImSchG, § 1 Rdn. 4) im Hinblick auf die Regelung des § 1 BImSchG; Zweck des Immissionsschutzes ist „Gefahrenabwehr durch planende Gestaltung“. — Die „Vorsorgeverwaltung“ wird von *Wolff* (VerwR III, § 137 III b 1; § 138 I c 3) als Teil der Leistungsverwaltung angesehen.

[38] Z. B.: § 19 GO NW.

[39] Auf diesen Wandel weist auch *Scholz*, Öffentliche Einrichtungen, S. 219 ff. (224 f.) hin: wenn versucht wird, den Anschluß an ein gemeindliches Wassermonopol aus der „polizeilichen Generalpflicht“ abzuleiten, so ist dies jedoch nur ein halber Schritt. Die Versorgung der Bevölkerung mit Wasser ist bei entsprechender Monopolstellung eine Leistungspflicht, die aus der gemeindlichen Fürsorgepflicht oder allenfalls der faktischen Monopolstellung entspringt. Ein Rückgriff auf polizeirechtliche Kategorien verfremdet die tatsächlichen Gegebenheiten.

[40] *Scholz*, Öffentliche Einrichtungen, S. 224.

[41] *Reschke, Zusammenwirken*, S. 101 ff. (106).

Drittes Kapitel

Straßenreinigungspflicht in verfassungsrechtlichen Kategorien

Die einseitige, hoheitliche Abwälzung der Straßenreinigungspflicht auf Angrenzer, Hinterlieger und Anlieger bedeutet keine verfassungsrechtliche quantité négligeable[1], sondern vermag in elementare Grundrechtsbereiche einzugreifen. Werden beispielsweise Anlieger durch gemeindliche Satzung zur Reinigung einer — verkehrsreichen — Straße verpflichtet, so kann der Übertragungsakt in die Grundrechte auf freie Arbeit, Art. 12 II GG, Eigentum, Art. 14 GG, körperliche Unversehrtheit und persönliche Freiheit, Art. 2 II 1, 2 GG, eingreifen. — Aber nicht nur Freiheitsgrundrechte, sondern auch die Verfassungsgarantie rechtsstaatlicher Egalität werden mit der Übertragung der Straßenreinigungspflicht auf bestimmte Personenkreise berührt. Allein die gesetzliche Differenzierung zwischen Angrenzern, Hinterliegern und Anliegern eröffnet die Möglichkeit, einzelne Personengruppen in unterschiedlichem Maße mit Reinigungspflichten zu belasten. In vergröbernder Kürze heißt dies: es werden Wenige mit Reinigungsarbeiten zugunsten der Allgemeinheit betraut. Die Straßenreinigungspflicht ist Vorzugslast.

Die Straßenreinigungspflicht hat somit eine zweifache verfassungsrechtliche Probe zu bestehen: zum einen muß sie ihre systematisch wie geschichtlich exponierte Stellung[2] im Hinblick auf die Freiheitsverbürgungen des Grundgesetzes behaupten; zum anderen hat die Art, wie die Straßenreinigungspflichten auf die Gemeindeeinwohner verteilt werden, egalitären Verfassungsforderungen standzuhalten.

Erster Abschnitt

Pflichtenbeschränkung durch Freiheitsgrundrechte

Will man die Straßenreinigung den herkömmlichen Kategorien hoheitlichen Verwaltungshandelns zuordnen, so nimmt sie einen Platz zwischen Eingriffs- und Leistungsverwaltung ein[3]. Ihre Charakterisierung als Teil der „Vorsorgeverwaltung“ darf jedoch nicht den Blick

---

[1] *Walprecht*, Diss., S. 88: „Diese Übertragung verstößt nicht gegen das Grundgesetz“ (o. B.).

[2] Vgl. 1. und 2. Teil.

[3] Vgl. 4. Teil, 2. Kapitel, III.

dafür verstellen, daß diejenigen Personen, die zwangsweise zur Straßenreinigung herangezogen werden, hierdurch einen hoheitlichen Eingriff in ihre grundrechtlich geschützte Freiheitssphäre erfahren. Daß mit der Straßenreinigung der Allgemeinheit gegenüber Leistungen erbracht werden, muß von den Beziehungen unterschieden werden, die zwischen der Gemeinde und den reinigungsverpflichteten Personen mit der Abwälzung der Reinigungsarbeiten entstehen. Maßnahmen in diesem Innenverhältnis sind als Akte der Eingriffsverwaltung zu begreifen. Die Umschreibung der Straßenreinigung als „Vorsorgeverwaltung" beschränkt sich auf das Außenverhältnis.

Die folgenden Untersuchungen konzentrieren sich auf die Freiheitsgrundrechte der reinigungspflichtigen Personen, also auf verfassungsrechtliche Pflichtenbeschränkungen im Innenverhältnis.

I. Art. 12 II GG

Die sachnächste verfassungsrechtliche Hürde, welche die zwangsweise Abwälzung der Straßenreinigungspflichten auf die Gemeindeeinwohner nehmen muß, stellt das grundrechtliche Verbot des Arbeitszwangs dar. Nach Art. 12 II GG darf niemand „zu einer bestimmten Arbeit gezwungen werden, außer im Rahmen einer herkömmlichen, allgemeinen, für alle gleichen öffentlichen Dienstleistungspflicht". Das grundsätzliche Verbot, jemanden zu einer Arbeit zu zwingen, vereint in seinem Erlaubnisvorbehalt Freiheits- und Gleichheitselemente. Das Tatbestandsmerkmal der „allgemeinen, für alle gleichen" Dienstleistungspflicht soll jedoch zunächst ausgeklammert werden. Prüfungsmaßstab bilden vorerst allein die Elemente grundrechtlich verbürgter Freiheit. Die Probleme, die Art. 12 II GG unter diesem Blickwinkel aufwirft, verkürzen sich daher auf die Frage: werden die Anlieger[4] durch die Belastung mit Straßenreinigungsarbeiten zu einer bestimmten Arbeit gezwungen, die lediglich im Rahmen einer herkömmlichen Dienstleistungspflicht zulässig ist?

1. Arbeitszwang und Zwangsarbeit

Die Fragestellung ist stillschweigend davon ausgegangen, den Prüfstein für die naturale Straßenreinigungspflicht in Art. 12 II GG, dem grundsätzlichen Verbot des Arbeitszwanges, und nicht in Art. 12 III GG zu sehen, der die Zwangsarbeit untersagt und Ausnahmen nur im

[4] Unter „Anlieger" sind im folgenden auch die „Hinterlieger" und „Angrenzer" zu verstehen, soweit nach den gesetzlichen Vorschriften die Reinigungsarbeiten auch auf diese übertragen werden können. — Vgl. 4. Teil, 1. Kapitel.

Rahmen einer gerichtlich angeordneten Freiheitsentziehung zuläßt. Die unterschiedlichen Voraussetzungen, unter denen von dem grundsätzlichen Verbot des Arbeitszwanges bzw. der Zwangsarbeit dispensiert werden kann, sind ausreichender Grund, eine Erklärung für die gewählte dogmatische Einordnung der Straßenreinigungsproblematik in Art. 12 II GG zu geben. Jedoch ist dieses Unterfangen insofern schwierig, als über die Inhalte von Arbeitszwang und Zwangsarbeit unterschiedliche Auffassungen bestehen.

Die inhaltliche Abgrenzung zwischen Arbeitszwang und Zwangsarbeit wird durch mangelnde Schärfe des Verfassungstextes erschwert. Die begriffliche Gegenüberstellung von „zu einer Arbeit gezwungen werden" und „Zwangsarbeit" läßt keine verschiedenen Inhalte erkennen. Die reine Begriffsanalyse stützt daher allenfalls die Auffassung, inhaltliche Unterschiede zwischen Arbeitszwang und Zwangsarbeit bestünden nicht[5]. Andere Interpretationen versuchen, verschiedene Begriffsinhalte durch Akzentverschiebungen zu erlangen. So soll bei Arbeitszwang der Schwerpunkt auf dem Akt hoheitlichen Eingreifens liegen, bei Zwangsarbeit das Resultat des Zwangs, nämlich die zu verrichtende Tätigkeit, im Vordergrund stehen[6]. Auch die Möglichkeit, bei dem Begriff „Arbeitszwang" an eine konkrete, individuelle Arbeit zu denken, mit Zwangsarbeit hingegen jedwede erzwungene Arbeitsleistung zu umschreiben, wird diskutiert[7]. Jede Auffassung kann auf gute, letztlich aber nicht zwingende Gründe verweisen.

Ansätze für eine inhaltliche Abschichtung von Arbeitszwang und Zwangsarbeit könnte der systematische Aufbau der Absätze II und III des Art. 12 GG liefern. Der Zwang zu einer bestimmten Arbeit steht unter dem allgemeinen Verfassungsvorbehalt der „herkömmlichen, allgemeinen, für alle gleichen öffentlichen Dienstleistungspflicht". Zwangsarbeit ist hingegen nur unter dem qualifizierten Erfordernis der gerichtlich angeordneten Freiheitsstrafe zulässig. Die sich von Absatz II zu Absatz III verschärfenden Erlaubnisvorbehalte finden dann eine Erklärung, wenn mit ihnen eine thematische Ausdehnung des Eingriffsbereichs korrespondiert: je breiter und vielfältiger die Möglichkeiten einer zwangsweisen Arbeitsverpflichtung sind, desto höher sind auch die Anforderungen, die an die Eingriffsvorbehalte zu stellen sind. Es entsteht ein Wechselspiel von Erweiterung des Eingriffsbereichs bei schrittweiser Verengung der Eingriffsvoraussetzungen.

In dieses Konzept fügt sich am konsequentesten die Ansicht ein, die unter Arbeitszwang die hoheitlich auferlegte Ableistung von bestimm-

[5] *Göppel*, Diss., S. 79 f.; *Uber*, FS-Schack, S. 167 (179).

[6] *Maunz* in: M-D-H-, Art. 12 Rdn. 135.

[7] *Bachof*, Grundrechte, S. 155 (256); *Gubelt*, GG, Art. 12 Rdn. 85; *Maunz* in: M-D-H, Art. 12 Rdn. 135.

ten Einzeldiensten versteht, mit dem Begriff „Zwangsarbeit" dagegen jedwede, also nicht spezifizierte zwangsweise Betätigung schlechthin verbindet[8]. So wäre etwa die Pflicht, beim Deichbau zu helfen, als konkretisierte, individuelle Tätigkeit dem Begriff des Arbeitszwanges zuzuordnen und dementsprechend an den Kautelen des Art. 12 II GG zu messen. Eine — fiktive — Verpflichtung aller Gemeindeeinwohner, sich jeweils an einem bestimmten Tag zu allgemeinen Gemeindearbeiten bereitzuhalten, wäre indessen wegen Art. 12 III GG unbeachtlich.

Folgt man der Auslegung des Art. 12 II GG als Schutzbestimmung vor zwangsweiser Betrauung mit festgelegten Einzelarbeiten, so ist hier der dogmatische Standort für die Prüfung der verfassungsrechtlichen Zulässigkeit bestimmter Naturalleistungen. Da auch die Pflicht zur Straßenreinigung die Ausführung fest umrissener Einzelarbeiten erfordert, ist ihre Zulässigkeit an den Kautelen des Art. 12 II GG zu messen.

2. Arbeitszwang und öffentliche Dienstleistung

Ob die Straßenreinigungspflicht der Anlieger als „Arbeit" i. S. d. Art. 12 II GG zu qualifizieren ist, bereitet einige Schwierigkeiten, da sich eine Umschreibung dieses Tatbestandsmerkmals nicht einfach markieren läßt[9]. Allgemein wird unter Arbeit verstanden „jede körperliche oder geistige Tätigkeit oder Tätigkeitsbereitschaft, die nicht bloß notwendige Nebenwirkungen einer anderen Pflicht ist und nicht nur einen unbedeutenden Aufwand verursacht"[10]. Aus dem Bereich der „Arbeit" werden in der Regel unselbständige Nebenpflichten und Ehrenmandate ausgenommen[11].

Legt man diese Definition des Begriffs „Arbeit" zugrunde, so muß die Straßenreinigungspflicht grundsätzlich dem Schutzbereich des Art. 12 II GG zugeordnet werden. Die Reinigungsaufgaben, die von den Anliegern zu erfüllen sind, umfassen selbständige körperliche Tätigkeiten, die auch mit einem entsprechenden Aufwand an Zeit und körperlichem Einsatz verbunden sind.

---

[8] Nachw. N 7.

[9] *Göppel*, Diss., S. 62 ff. m. w. N.

[10] Zitat: *Maunz* in: M-D-H, Art. 12 Rdn. 125. — Es fragt sich, ob die Definition des Begriffs „Arbeit" nicht dadurch gewonnen werden kann, daß man ihn mit „Dienstleistungen" gleichsetzt. Der Schutzbereich würde dann einerseits durch die berufsmäßige Betätigung i. S. d. Art. 12 I GG eingeschränkt. Auf der anderen Seite müßten die sachbezogenen Verantwortlichkeiten (= Polizeipflichtigkeit i. S. d. Zustandshaftung) hiervon ausgenommen werden. In diesem Sinne kann auch die Definition von *Maunz* verstanden werden, nach der Dienstleistungen als eine Tätigkeit umschrieben werden, die „zum Nutzen des Gemeinwesens erbracht wird und nicht eine Geld- oder Sachleistung darstellt" (M-D-H, Art. 12 Rdn. 128).

[11] *Gubelt*, GG, Art. 12 Rdn. 74 m. w. N.; *Maunz* in: M-D-H, Art. 12 Rdn. 125.

Eine vertiefende Analyse dieser Definition erübrigt sich jedoch dann, wenn die Straßenreinigungspflichten entweder zu den Tätigkeiten zu rechnen sind, die anerkanntermaßen keine „Arbeit“ i. S. d. Art. 12 II GG darstellen, oder als „Dienstleistungen“ in jedem Fall dem Erlaubnisvorbehalt des Art. 12 II GG zuzuordnen sind.

a) Eine Meinung[12] nimmt die Straßenreinigungspflicht als „polizeimäßige“ Aufgabe grundsätzlich aus dem Schutzbereich des Art. 12 II GG heraus. Dahinter steht der an sich zutreffende Grundgedanke, daß in solchen Maßnahmen keine „Arbeit“ zu sehen ist, die aus Gründen allgemeiner Polizeipflichtigkeit einer Sache erfolgen müssen[13]. Jedoch ist die Einordnung der Straßenreinigung in diesen Bereich sehr problematisch.

Dagegen spricht zunächst der Wandel im Verständnis gemeindlicher Wegereinigung. Wie dargelegt[14], weist die kommunale Straßenreinigung zwar ordnungsrechtliche Bezüge auf, ist aber schwerpunktmäßig den Aufgaben zuzurechnen, die zum Bereich gemeindlicher Vorsorge gehören. Aber selbst wenn man im Sinne der älteren landesgesetzlichen Regelungen den polizeimäßigen Charakter der Wegereinigungspflicht überwiegen läßt, so bleibt dieser nicht bei der Pflichtübertragung auf bestimmte Personen erhalten. Die Reinigungspflicht der Anlieger ergibt sich nicht aus einer eigenen polizeirechtlichen Verantwortlichkeit für den Zustand der Straße, sondern folgt aus einer persönlichen Inanspruchnahme aufgrund einer gesetzlichen Lastenüberbürdung[15].

Von daher sind die Straßenreinigungspflichten nicht von vornherein dem Schutzbereich des Art. 12 II GG zu entziehen.

b) Läßt sich die Straßenreinigungspflicht jedoch als „Dienstleistung“ i. S. d. Art. 12 II GG definieren, so unterliegt sie in jedem Fall auch dem weiteren Begriff „Arbeit“.

„Öffentliche Dienstleistung“ ist als persönliche Tätigkeit zu verstehen, die im Interesse und zum Nutzen des Gemeinwesens geleistet wird und nicht eine Geld- oder Sachleistung darstellt[16]. Dabei entspricht der verfassungsrechtliche Dienstleistungsbegriff inhaltlich nicht dem zivilrechtlichen. Es kommt nicht so sehr auf das Moment der Leistung, als vielmehr auf den mit der Leistung zu erzielenden Erfolg

---

[12] BVerwGE 22,26 (28 f.); *Bachof*, Grundrechte, S. 155 (259, 261); *Abraham* in: BK, Art. 12 Anm. 5; unklar: *Schmidt-Bleibtreu/Klein*, GG, Art. 12 Rdn. 28; a. A.: *v. Mangoldt* AöR 75 (1949), S. 273 (288); *v. Mangoldt/Klein*, GG, Art. 12 Anm. VII 2 b, S. 393 f.

[13] *Maunz* in: M-D-H, Art. 12 Rdn. 125; *Bachof*, Grundrechte, S. 155 (259); *Gubelt*, GG, Art. 12 Rdn. 74; BVerwGE 22,26 (29).

[14] Vgl. 4.Teil, 2. Kapitel, III.

[15] Vgl. 4. Teil, 2. Kapitel, I.1.

[16] *Maunz* in: M-D-H, Art. 12 Rdn. 128; *Göppel*, Diss., S. 117 ff. (127, 128).

an. „Dienstleistung" i. S. d. Art. 12 II GG versteht sich eher (wenn auch nicht ausschließlich) als Werkleistung.

Die Straßenreinigungspflicht erfüllt als Werkleistungspflicht[17] diese Voraussetzungen. Der persönliche Einsatz der Anlieger dient den Belangen der Allgemeinheit. Die Straßenreinigungspflicht ist damit „öffentliche Dienstleistung"[18].

Mit der erfolgsorientierten Auslegung erfährt der Begriff „Dienstleistung" eine Weiterung gegenüber den Vorstellungen von „persönlichen Diensten" in der Weimarer Verfassung[19]. Die extensive Interpretation innerhalb des Erlaubnisvorbehalts von Art. 12 II GG bedeutet jedoch keine Preisgabe freiheitlicher, individueller Betätigungsräume. Das Problem der verfassungsrechtlichen Zulässigkeit von Naturaldienstleistungen wird lediglich verlagert. Weder der schwer faßbare Begriff „Arbeit" noch der Terminus „Dienstleistung" liefern nämlich den Schlüssel zur eigentlichen verfassungsrechtlichen Analyse. Der wirkliche verfassungsrechtliche Prüfstein liegt in den attributiven Tatbestandsmerkmalen[20]. Diese ermöglichen nicht nur dogmatisch ein breiter gefächertes Lösungsspektrum, sondern weisen auch den Weg zu einer differenzierteren verfassungsrechtlichen Diskussion, in die gesellschafts- und gegenwartsbezogene Momente einfließen können.

Zusammenfassend läßt sich feststellen, daß das verfassungsrechtliche Problem der Straßenreinigungspflicht im Rahmen des Art. 12 II GG nicht in dem starren Begriffspaar „Arbeit — Dienstleistung" liegt. Eine dynamische und damit zeitgemäße Überprüfung ermöglichen vielmehr die attributiven Tatbestandsmerkmale.

3. „Bestimmte" Arbeit

Die Frage, ob die Erfüllung der Straßenreinigungsaufgaben eine „bestimmte" Arbeit notwendig macht, ist unproblematisch. Eine „bestimmte" Arbeit liegt dann vor, wenn eine „individuelle, konkrete Einzeltätigkeit" gefordert wird[21]. Allerdings darf an das Merkmal der Individualität nicht das Erfordernis einer ausschließlich höchst persönlichen Dienstleistung gestellt werden. Es geht hierbei nicht um die persönliche Limitierung, sondern um die sachliche Eingrenzung des Tätig-

---

[17] Vgl. 1. Teil, 2. Kapitel, III.

[18] *Bachof*, Grundrechte, S. 155 (260 f.); *ders.* JZ 66, 167 (174); *Göppel*, Diss., S. 229; für Hand- und Spanndienste: OVG Münster E 5,176 (178 f.); a. A.: *Held* DVBl. 54,345.

[19] Art. 133 I WRV; hierzu: *Peters*, Dienste für den Staat, S. 290 ff.; *Göppel*, Diss., S. 122.

[20] Angedeutet bei *Bachof*, Grundrechte, S. 155 (259, 260 f.).

[21] *Maunz* in: M-D-H, Art. 12 Rdn. 126.

keitsbereichs. Die persönliche Komponente beschränkt sich auf individualisierbare, d. h. grundsätzlich von einer Einzelperson ausführbare Arbeiten[22]. In diesem Sinne muß das Erfordernis einer „bestimmten" Arbeit bei der Straßenreinigungspflicht bejaht werden.

Ein Vergleich mit der entsprechenden Regelung in der Weimarer Reichsverfassung soll dies verdeutlichen. Nach Art. 163 I WRV hatte jeder Deutsche „unbeschadet seiner persönlichen Freiheit die sittliche Pflicht, seine geistigen und körperlichen Kräfte so zu betätigen, wie dies das Wohl der Gesamtheit erfordert". Die programmatische Aussage[23] dieses Verfassungsartikels interessiert als Vergleichsgröße in zweifacher Hinsicht: einmal fordert sie lediglich eine „sittliche Pflicht"; eine Rechtsverbindlichkeit spricht sie nicht aus[24]. Zum anderen ruft die Verfassungsregelung zu einer ernsthaften, umfassenden und gemeinwohlbezogenen Betätigung schlechthin auf[25]. Eine Beschränkung auf bestimmte Tätigkeitsbereiche ist nicht beabsichtigt.

Diese beiden Aspekte des Art. 163 WRV lassen die grundgesetzliche Wendung der „bestimmten Arbeit" in Art. 12 II GG stärker hervortreten. Der bloß sittlichen Verpflichtung steht die Rechtspflicht zur Arbeit im Rahmen zulässiger Dienstleistungspflichten gegenüber. Die damit ausgesprochene Verbindlichkeit — eine einschneidende Regelung gegenüber der Weimarer Konzeption — wird jedoch durch die Beschränkung des Grundgesetzes auf „bestimmte" Einzeltätigkeiten wieder ausgeglichen.

Der Vergleich des Art. 12 II GG mit Art. 163 WRV im Hinblick auf Art und Umfang jeweils zulässiger Arbeitsverpflichtungen birgt aber auch die Gefahr in sich, in dem Tatbestandsmerkmal „bestimmt" eine thematische Verengung des grundrechtlichen Schutzbereichs auf arbeitsbezogene Einzelakte zu sehen. Eine solche Auslegung würde jedoch dem Schutzzweck des Art. 12 II GG nicht gerecht. Verbliebe doch in diesem Fall ein weiter Bereich, generelle Arbeitspflichten zu schaffen, die nicht unter die Kautelen des Art. 12 II GG fielen. Es könnte etwa die Einführung einer *allgemeinen* Arbeitspflicht (z. B. Pflichtjahr für Mädchen[26]) nicht an der Elle des Art. 12 II GG gemessen werden[27].

---

[22] Daher wird dieses Merkmal meist zur Umschreibung des Begriffs „Arbeit" i. S. d. Art. 12 II GG herangezogen und ihm eine selbständige Bedeutung abgesprochen: *Maunz* in: M-D-H, Art. 12 Rdn. 126; a. A.: *Göppel*, Diss., S. 79 ff.

[23] *Weigert*, Betätigungspflicht, S. 485 (488).

[24] *Weigert*, Betätigungspflicht, S. 485 (489 ff.).

[25] *Weigert*, Betätigungspflicht, S. 485 (489).

[26] Allgemein: *Kübler* DÖV 62,809, 812 m. w. N.; *Göppel*, Diss., S. 253 ff.

[27] In diesem Sinne sind die Ausführungen von *Maunz* (M-D-H, Art. 12 Rdn. 126) zu deuten, der für derartige Fälle den Rückgriff auf Art. 2 1 GG vorschlägt.

Art. 12 II GG könnte umfassende, vom Aufgabenbereich her nicht konkretisierbare Dienstverpflichtungen nicht verhindern. Der eigentliche Schutzzweck des Art. 12 II GG läßt sich de constitutione lata daher nur verwirklichen, wenn dem Merkmal „bestimt" entweder nur stilistische Bedeutung beigemessen wird[28] oder ihm allenfalls deklaratorische Funktion zukommt, um damit den Umkehrschluß unmöglich zu machen[29]. Art. 12 II GG ist somit so zu lesen, daß das Tatbestandsmerkmal „bestimmt" den Begriff „Arbeit" lediglich erläutert, nicht aber inhaltlich einschränkt.

4. „Herkömmliche" Dienstleistungspflicht

Soll die Straßenreinigungspflicht als Naturallast vor Art. 12 II GG Bestand haben, so muß es sich bei den Reinigungsarbeiten um „herkömmliche" Dienstleistungen handeln. Mit dem Tatbestandsmerkmal „herkömmlich" fließen zeitbezogene Aspekte in die Verfassungsmäßigkeit einer Naturaldienstleistung ein. Das zeitliche Moment erlangt dabei in zweifacher Hinsicht Bedeutung:

— Eine unbefangene Betrachtungsweise wird solche Dienstleistungen als herkömmlich ansehen, die bereits eine gewisse Tradition und Bejahung durch die Pflichtigen erfahren haben. In diesem Sinne verbürgt „Herkömmlichkeit" die Abwehr neuartiger Pflichten. „Herkömmlichkeit" wird zum Garanten einer grundsätzlich statischen Rechtslage.

— In der einseitig abwehrenden Funktion erschöpft sich jedoch die Bedeutung der „Herkömmlichkeit" nicht. Dieser Verfassungsvorbehalt ermöglicht die rechtliche Überprüfung tradierter Dienstleistungen bei tatsächlichen Veränderungen. Es zeigt sich eine Kassationswirkung der „Herkömmlichkeit". Hierin liegt ein entscheidendes dynamisches Moment, das den geschichtlichen Schrumpfungsprozeß der Naturalleistungen auch in den Bereich der Straßenreinigung tragen könnte.

Im Merkmal der „Herkömmlichkeit" liegt der verfassungsrechtliche Hebel zum Erhalt, Wandel und auch Abbau naturaler Leistungspflichten. An ihm ist die eigentliche Verfassungsfestigkeit der Straßenreinigungspflicht als tradierter Naturaldienstleistung zu prüfen.

Die statische Komponente teilt die „Herkömmlichkeit" in Art. 12 II GG mit den „hergebrachten Grundsätzen" des Art. 33 V GG. Wenn der Verfassungsauftrag des Art. 33 V GG lautet, das öffentliche Dienstrecht „unter Berücksichtigung der hergebrachten Grundsätze des Berufsbeamtentums zu

---

[28] *Maunz* in: M-D-H, Art. 12 Rdn. 126.

[29] Im Ergebnis ebenso: *Gubelt*, GG, Art. 12 Rdn. 73.

regeln", so wird hiermit bewußt die Brücke zu ehemaligen beamtenrechtlichen Grundsatzregelungen geschlagen[30]. Gleichzeitig ist damit die Absage an ein völlig neues öffentliches Dienstrecht verbunden[31], was jedoch nicht mit einer allgemeinen Reformfeindlichkeit des öffentlichen Dienstrechts gleichzusetzen ist[32].

Die dynamische Komponente der „Herkömmlichkeit" läßt eine Parallele zu der clausula rebus sic stantibus zu. Mit diesem Rechtsinstitut kann zeitbedingten Veränderung im Rahmen bestehender Vereinbarungen Rechnung getragen werden. Als ungeschriebener Verfassungsgrundsatz ermöglicht die clausula rebus sic stantibus, verfassungsrechtliche Verträge angemessen an wesentliche Veränderungen zu adaptieren[33]. Das normative Instrumentarium öffnet sich damit dem tatsächlichen dynamischen Prozeß. Neue Situationen werden nicht von vornherein ausgeschlossen, sondern zumutbar berücksichtigt.

a) „Herkömmlichkeit" als Schutz vor neuen Dienstleistungspflichten

Die Schutzfunktion der „Herkömmlichkeit" zeigt sich darin, daß sie nur dem Bürger gewohnheitsmäßig vertraute und damit berechenbare Dienstleistungspflichten verfassungsrechtlich legitimiert. In diesem Sinne wird eine Dienstleistungspflicht dann als „herkömmlich" angesehen, wenn „sie bereits geraume Zeit bestanden hat und wenn mit ihr das Rechtsbewußtsein verknüpft ist, daß sie traditioneller Bestandteil der Pflichtordnung ist"[34]. Diese Umschreibung spiegelt vornehmlich die Absichten des Verfassunggebers wider, die Bürger vor unberechenbaren, von der Allgemeinheit nicht anerkannten Arbeitspflichten zu bewahren. Neue Arbeitspflichten werden ausgeschlossen.

Die Entstehungsgeschichte des Art. 12 II GG weist eindringlich auf diese Aufgabe der „Herkömmlichkeit" hin. Sie ist Reaktion auf die Erfahrungen in der nationalsozialistischen Zeit. Ziel der „Herkömmlichkeit" ist es, neue Dienstleistungspflichten nationalsozialistischer Prägung[35] verfassungsrechtlich zu verhindern.

---

[30] Art. 128 - 131 WRV; Deutsches Beamtengesetz v. 26. 1. 1937, RGBl. I S. 39; Reichsbeamtengesetz v. 31. 3. 1873, RGBl. S. 61.

[31] *Maunz* in: M-D-H, Art. 33 Rdn. 55; *Isensee*, Beamtenstreik, S. 52 ff. (54); *v. Münch*, Öffentlicher Dienst, S. 1 (35); *Wolff/Bachof*, VerwR II, § 107 II b 2.

[32] BVerwG NJW 77,1189 (1190).

[33] BVerfGE 34,216 (231 f.); BVerfG DÖV 77,60 - 62 — 1921 gegebene staatsvertragliche Zusicherung eines Amtsgerichts bei Änderung der gesamten Gerichtsorganisation; — grundlegend: *E. Kaufmann*, Das Wesen des Völkerrechts und die clausula rebus sic stantibus, 1911 (Neudruck 1964).

[34] *Maunz* in: M-D-H, Art. 12 Rdn. 129 (Zitat); *Göppel*, Diss., S. 133.

[35] Prototyp der nationalsozialistischen Dienstleistungsordnung sind die Pflichten nach dem Reichsarbeitsdienstgesetz vom 26. 6. 1935, RGBl. I S. 769, als zentraler Rechtsquelle. Als „Pflicht von verfassungsrechtlichem Rang" war der Reichsarbeitsdienst „Ehrendienst am deutschen Volke", § 1 I RADG und diente der Durchführung „gemeinnütziger Arbeiten", § 1 IV RADG. Die terminologische Wahl kann aber nicht über den Pflichtcharakter hinwegtäu-

Das Merkmal „herkömmlich" wurde auf Antrag des Abgeordneten Dr. Eberhard in der Sitzung des Hauptausschusses vom 3. 12. 1948 förmlich in den Verfassungsentwurf eingeführt und in erster Lesung gebilligt[36]. Dr. Eberhard begründete seinen Antrag damit, „das würde ausschließen, daß unter Berufung auf diesen Artikel der Arbeitsdienst eingeführt wird"[37]. Die historische Wurzel wird durch die Ausführungen des Abgeordneten Kaufmann in der Zweiten Lesung vor dem Hauptausschuß am 19. 1. 1949 noch sichtbarer: „herkömmlich" müsse so ausgelegt werden, „daß Maßnahmen, wie die Arbeitsdienstpflicht aufgrund der Militärgesetze zwischen 1933 und 1945 nicht als ‚herkömmlich' angesehen werden dürften"[38].

Auf diesem geschichtlichen Hintergrund wird auch in der Literatur die Sperrwirkung des Merkmals „herkömmlich" betont: es geht vornehmlich darum, die Wiedereinführung des nationalsozialistischen Arbeitsdienstes und vergleichbarer Dienstpflichten zu verhindern[39]. Dementsprechend werden Dienstleistungspflichten nur in sehr beschränktem Maße als „herkömmlich" anerkannt. Vorausgesetzt werden in jedem Fall zeitliche und rechtliche Kontinuität der Arbeitsleistungen[40]. Diesen Anforderungen genügen nach überwiegender Ansicht in Literatur und Rechtsprechung vor allem Notdienstleistungen, Hand- und Spanndienste und Straßenreinigungspflichten[41]. Geschichte und Tradition liefern letztlich den Katalog für verfassungskonforme und verfassungsfeindliche Dienstleistungspflichten.

---

schen (vgl. allg.: *Stolleis*, Gemeinwohlformeln im nationalsozialistischen Recht, 1974). — Neben der Reichsarbeitsdienstpflicht soll als typisches Beispiel noch die „arteigene Neuschöpfung des nationalsozialistischen Staates" (Zitat: *Weber*, Dienstpflichten, S. 17), die Jugenddienstpflicht (Gesetz über die Hitlerjugend v. 1. 12. 1936, RGBl. I S. 393, nebst Erster DVO v. 25. 3. 1939, RGBl. I S. 709 und Zweiter DVO v. 25. 9. 1939, RGBl. I S. 710), erwähnt werden. Hierbei handelt es sich allerdings um eine atypische Dienstpflicht. Denn im Mittelpunkt steht nicht die Dienstleistung zum Vorteil des Staatswesens, sondern das Ziel, „die gesamte deutsche Jugend ... körperlich, geistig und sittlich im Geiste des Nationalsozialimus zum Dienste am Volk und zur Volksgemeinschaft zu erziehen", § 1 1. DVO; — einen Überblick über weitere „völkische Dienst- und Hauptpflichten" gibt *Weber*, Dienstleistungen, S. 12 ff.

[36] *Doemming/Füßlein/Matz* JöR NF 1 (1951), S. 137; vorangegangen war eine Anregung des Abg. Wunderlich (ebd. S. 135).

[37] *Doemming/Füßlein/Matz* (N 36), S. 137.

[38] *Doemming/Füßlein/Matz* (N 36), S. 138.
Zur Entstehung: *Abraham* in: BK, Art. 12 Anm. I 2; *Göppel*, Diss., S. 132 f.; *Klein* DÖV 61,844 (845).

[39] *Bachof*, Grundrechte, S. 155 (260 f.); *Uber*, FS-Schack, S. 167 (180).

[40] *Bachof*, Grundrechte, S. 155 (261); *Göppel*, Diss., S. 138.

[41] So bereits Abg. Dr. Seebohm (in: *Doemming/Füßlein/Matz* JÖR NF 1 [1951], S. 138) und Abg. Dr. Heuß („Art sozialer Gemeinschaftsverpflichtungen" ebd. S. 135); — *Bachof*, Grundrechte, S. 155 (260 f); *Uber*, FS-Schack, S. 167 (180); *v. Mangoldt/Klein*, GG, Art. 12 Anm. VII 2 b, S. 393 f.; *Gubelt*, GG, Art. 12 Rdn. 82; *Maunz* in: M-D-H, Art. 12 Rdn. 129; *Klein* DÖV 61,844 (846 f.); *Lukas* BayVBl. 65,368 (371); *Dietlmeier* BayVBl. 75,495 (496); BVerfGE 22,380 (383); BVerwGE 2,313; BayVerfGH BayVBl. 64, 223; — a. A.: *Braun* BayVBl. 65,304 (305); für Hand- und Spanndienste: *Held* NJW 54,345.

Unter dem Blickwinkel der Präklusion hat das Merkmal der „Herkömmlichkeit" für die Straßenreinigungspflicht keine grundsätzliche Bedeutung. Spätestens seit Einführung der Delegationsmöglichkeit durch § 5 PrWRG von 1912 ist die Möglichkeit, Reinigungsarbeiten auf die Anlieger abzuwälzen, einheitlich gesetzlich verankert. Daß die Anlieger zuvor bereits in weit größerem Umfang mit derartigen Naturaldiensten belegt wurden[42], unterstreicht die lange Tradition. Es liegt eine Übung von „geraumer Zeit" vor[43]. Dadurch hat sich auch das allgemeine Bewußtsein geprägt, zu Recht von der Gemeinde mit der Straßenreinigung beauftragt zu sein. Von dieser Warte sind die Straßenreinigungsarbeiten der Anlieger unter dem Gesichtspunkt der „Herkömmlichkeit" nicht zu beanstanden.

b) *„Herkömmlichkeit" als Maßstab der Adaptation*

Dem statischen, präkludierenden Moment der „Herkömmlichkeit" steht die dynamische Komponente gegenüber. Sie ermöglicht Modifizierung oder Kassation einmal anerkannter Dienstleistungspflichten. „Herkömmlichkeit" versteht sich in diesem Sinne auch als verfassungsrechtlicher Hebel zur Aufhebung von Dienstleistungspflichten bei tatsächlicher Veränderung[44]. Dabei ist die zeitliche Dimension nur der äußere Mantel für ein Bündel verschiedener materieller Aspekte: als unbestimmter Rechtsbegriff verbürgt „Herkömmlichkeit" ausreichende inhaltliche Offenheit, um normalen sozialen, wirtschaftlichen und technischen Veränderungen Rechnung tragen, zeitbedingte Änderungen soziologischer Verhältnisse rechtlich harmonisieren zu können[45]. Art. 12 II GG schreibt gewohnheitsmäßig anerkannte und somit nicht präkludierte Dienstleistungspflichten nicht für alle Zeiten fest, sondern unterwirft diese (und grundsätzlich nur diese) der Wandelbarkeit tatsächlicher Gegebenheiten.

Die Frage bleibt, in welchem Umfang Änderungen möglich sind. Die Antwort hierauf bringt gleichzeitig die Entscheidung über die Zulässigkeit der Straßenreinigungspflicht als Naturallast.

Die Adaptationswirkung der „Herkömmlichkeit" kann sich grundsätzlich in zwei Richtungen bemerkbar machen: sie kann in gewissen Grenzen rechtsbegründend (konstitutiv) oder rechtsvernichtend (destruktiv)

---

[42] Vgl. 2. Teil, 1. Kapitel.

[43] Wie lang dieser Zeitraum sein muß, ehe er als konstitutives Element anerkannt ist, läßt sich nicht absolut sagen. Hier liegt die gleiche Problematik vor, die auch bei der Anerkennung von Rechtsübungen als Gewohnheitsrecht besteht (*Larenz*, Methodenlehre, S. 345; *Göppel*, Diss., S. 133 f.).

[44] Verfassungswandel als Interpretationsproblem: *Rupp* AöR 101 (1976), 161 (163 f.).

[45] BVerwGE 2,313 (314 f.); *v. Mangoldt/Klein*, GG, Art. 12 Anm. VII 2 b, S. 394; *Maunz* in: M-D-H, Art. 12 Rdn. 129; *Klein* DÖV 61,844 (845).

wirken. Die Hauptschwierigkeit besteht darin, den erforderlichen Grad einer zeitbedingten Veränderung zu markieren, der zu einem (verfassungs-)rechtlichen Niederschlag führt.

Obwohl der Faktor „Zeit“ bei zahlreichen Rechtsinstituten und Rechtsgrundsätzen eine hervorragende Rolle spielt[46], sind allgemein gültige Aussagen über die normative Handhabung bislang nicht getroffen worden. Zwar mangelt es nicht an Rechtsinstituten, die versuchen, Adaptationsfällen gerecht zu werden[47]. Die crux auf allgemeiner Ebene liegt jedoch darin, daß den Ausschlag nur die Einzelfallanalyse geben kann. Zerlegt man nämlich den Begriff „Zeit“ unter rechtserheblichen Gesichtspunkten, so zeigt sich ein ganzes Bündel von Einzelaspekten sozialer, wirtschaftlicher und struktureller Art. Es liegt in der Natur der Sache, die jeweilige Gewichtung der Einzelfaktoren dem Einzelfall zu überlassen. Der Dogmatik bleibt daher nur, allgemeine Richtlinien aufzuzeigen. Den maßgeblichen Schritt vollziehen Rechtsanwendung und Rechtskontrolle.

(a) Auf der einen Seite können sich die tatsächlichen Verhältnisse derart verändern, daß die herkömmlichen Voraussetzungen, unter denen eine bestimmte Naturaldienstleistung üblich und anerkannt war, entfallen sind. Damit wird auch die Zulässigkeit der betreffenden Dienstleistung grundsätzlich in Frage gestellt, sofern sich der objektive Wandel im Rechtsbewußtsein der Bevölkerung niedergeschlagen hat (Kassationswirkung).

Für die Zulässigkeit von Hand- und Spanndiensten beispielsweise hat das Bundesverwaltungsgericht[48] die „Homogenität der Bevölkerung“, die sich etwa aus dem Charakter des Ortsbildes, der beruflichen Tätigkeit der Gemeindeeinwohner etc. ergibt, zu einem entscheidenden Kriterium erhoben. So sind nach Auffassung des Gerichts Hand- und Spanndienste als herkömmliche Dienstleistungen nur noch in überwiegend landwirtschaftlich strukturierten Gemeinden zulässig. Auch allgemeine strukturelle, technische, wirtschaftliche und soziologische Veränderungen können überkommene Dienstleistungen als nicht mehr zeitgemäß und dem Bewußtsein der Bevölkerung entrückt erscheinen lassen. Entscheidend ist die örtliche Sozialadäquanz geforderter Dienstleistungen.

Wann sich die Änderung der jeweiligen tatsächlichen Verhältnisse zu einer rechtlichen Schranke verdichtet, bleibt jedoch dem Einzelfall anheimgegeben. Eine Generalisierung scheitert an der Vielschichtigkeit des Regelungsgegenstandes. Für die Straßenreinigungspflicht lassen sich lediglich beispielhaft Orientierungshilfen geben:

---

[46] Aufzählung bei *Häberle* ZfP 1974, 111 (114); — darüber hinaus wird Zeitablauf beispielsweise auch unter dem Aspekt der Wiederaufnahme im Verfassungsprozeß relevant; hierzu: *Maunz* in: Maunz/Sigloch/Schmidt-Bleibtreu/Klein, BVerfGG, § 31 Rdn. 10.

[47] Es wird an die jeweils gleiche Problematik erinnert bei: Gewohnheitsrecht, clausula rebus sic stantibus, Wegfall der Geschäftsgrundlage etc.

[48] BVerwGE 2,313 (315); — ferner: *Göppel*, Diss., S. 138 ff.

— Die Bevölkerungsstruktur spielt eine Rolle. In ländlichen Gemeinden sind öffentliche Dienstleistungen in stärkerem Maße verbreitet als in einem Stadtbezirk.

— Verkehrsdichte und erhöhter Schmutzanfall können einen verstärkten technischen Aufwand erforderlich machen, der den üblichen, von der Bevölkerung anerkannten Rahmen übersteigt.

— Die Art der Straße kann von Bedeutung sein. Es ist sozialadäquat, Anliegerstraßen von Anliegern reinigen zu lassen[49]. Dagegen kann die Säuberung von Durchgangsstraßen durch Anlieger — unbeschadet sonstiger Verfassungsschranken — nicht mehr ohne weiteres als allgemein üblich angesehen werden.

Läßt sich die Adaptationswirkung der „Herkömmlichkeit" nur im Einzelfall, also — auch — von Gemeinde zu Gemeinde feststellen, so sind Unterschiede zwischen den Gemeinden notwendige Folge. Hat beispielsweise eine Gemeinde durch Industrie- und Gewerbeansammlungen ihr Ortsbild und ihre Bevölkerungstruktur wesentlich verändert, die Nachbargemeinde hingegen ihr überwiegend landwirtschaftliches Gepräge beibehalten, so können „herkömmliche" Dienstleistungen in unterschiedlichem Ausmaß zulässig sein. Hierin liegt jedoch kein Verstoß gegen den Gleichheitssatz[50]. Die Adaptationswirkung entfaltet sich bloß im Hinblick auf den jeweils örtlichen Bereich.

Die aufgezeigten Gesichtspunkte können beispielhafte Bedeutung erlangen. Allgemeiner Maßstab ist die Sozialadäquanz. Doch läßt sich insoweit ein Ergebnis feststellen, als die Straßenreinigung nicht von vornherein als Naturalleistung verfassungsrechtlich unzulässig ist. Kann sie auch in manchen Fällen in dieser Form nicht mehr als zeitgemäß angesehen werden, so muß die Entscheidung doch im Einzelfall getroffen werden.

(b) Die andere Möglichkeit, der „Herkömmlichkeit" eine Adaptationswirkung zuzusprechen, liegt im Bereich der Rechtsbegründung. Es ist weitgehend anerkannt, daß in engen Grenzen auch bislang nicht übliche Dienstleistungen gefordert werden können[51]. Die Offenheit der Verfassung auch in dieser Richtung ist grundsätzlich erforderlich, denkt man etwa an nicht voraussehbare Fälle der Katastrophenbekämpfung und sonstiger Notsituationen[52]. Allerdings sind an die Zulässigkeit der-

---

[49] Vgl. § 4 I StrReinG NW; Näheres 4. Teil, 3. Kapitel, 2. Abschnitt, I., 3 e.

[50] *Kottenberg/Rehn*, GO, § 4 Anm. I 2; — ähnlich: BVerwGE 19,68 (74: unterschiedliche Steuerhöhe bei der Lohnsummensteuer durch „anders gelagerte örtliche Verhältnisse mit zum Teil unterschiedlichen Gemeindeleistungen gerechtfertigt").

[51] *Bachof*, Grundrechte, S. 155 (261); *v. Mangoldt/Klein*, GG, Art. 12 Anm. VII 2 b, S. 394; *Klein* DÖV 61,844 (845); a. A.: *Uber*, FS-Schack, S. 167 (180).

artiger Dienstleistungspflichten strenge Voraussetzungen zu stellen. Eine absolute Grenze für jede neue Dienstleistungspflicht bedeutet die Präklusionswirkung des Art. 12 II GG: die statische Komponente der „Herkömmlichkeit" limitiert die dynamische[53]. Daher sind nur solche Dienstleistungspflichten zulässig, die den tradierten in Art und Umfang gleichkommen. Gehören sie einer bislang unbekannten Art von Naturalleistungen an, so sind sie von vornherein verfassungsrechtlich unzulässig.

Es sind grundsätzlich zwei Situationen denkbar, in denen sich die konstituierende Wirkung der „Herkömmlichkeit" — auch für die Straßenreinigungspflicht — entfalten könnte.

Einmal könnte sich die Lage ergeben, daß eine an sich inhaltlich gleichbleibende Aufgabe in anderer Art und Weise bewältigt werden muß. Änderungen können durch technische oder wirtschaftliche Entwicklungen hervorgerufen werden. So wurde das Problem im Zusammenhang mit der Frage akut, ob zu Spanndiensten auch das Bereitstellen von Kraftfahrzeugen gehört, während herkömmlicherweise nur Zugtiere angefordert werden konnten. Die Rechtsprechung[54] hält die Umwandlung zu Recht für zulässig. Geht es doch letztlich nur um eine technisch bedingte Adaptation, die für die Pflichtigen keine unzumutbare zusätzliche Belastung darstellt. Diese Variante dürfte allerdings für die Straßenreinigung kaum praktische Bedeutung erlangen.

Zum anderen ist die Situation vorstellbar, daß Dienstleistungspflichten, die bereits der Vergangenheit angehörten, wieder eingeführt werden. Bejaht man die Zulässigkeit einer *Neu*begründung, so scheint es nur folgerichtig, erst recht die *Wieder*begründung für verfassungsrechtlich unbedenklich anzusehen[55]. Vorauszusetzen ist allerdings, daß die Präklusionswirkung der „Herkömmlichkeit" beachtet wird. Hierfür kann jedoch allein der Hinweis, bei der geforderten Dienstleistung handele es sich lediglich um eine Wiederbegründung, nicht ausreichen. „Herkömmlichkeit" verbürgt nämlich ebenfalls eine gewisse zeitliche Kontinuität[56]. Dies heißt zwar nicht, daß die jeweilige Dienstleistung keine zeitliche Unterbrechung erfahren darf[57]. Die geforderte Pflicht

---

[52] Angesprochen ist hier vor allem die Gruppe der Notdienstpflichten; vgl. 1. Teil, 2. Kapitel, II.2.

[53] Ebenso in der Sache: *v. Mangoldt/Klein*, GG, Art. 12 Anm. VII 2 b, S. 394; *Bachof*, Grundrechte, S. 155 (261); *Maunz* in: M-D-H, Art. 12 Rdn. 129.

[54] BayVerwGHE 7,77 (83); OVG Koblenz AS 1,325 (331: „Anpassung an soziale Wirklichkeit"); BGHZ 28,310 (312: „... seit der Jahrhundertwende eingetretene Veränderung ..."); a. A.: *v. Rosen-v.Hoewel*, Gebühren, S. 454 (470); anders *ders.*, ebd. S. 472.

[55] So *Bachof*, Grundrechte, S. 155 (261).

[56] *Bachof*, Grundrechte, S. 155 (261); *Göppel*, Diss., S. 138.

[57] In den Beratungen des Hauptausschusses wurden unter „herkömmlichen Dienstleistungen" gerade solche verstanden, die vor dem nationalsozialisti-

muß aber von den Pflichtigen noch als rechtens anerkannt werden und unter den gegebenen Umständen adäquat sein. Entscheidend wird es somit in diesen Fällen darauf ankommen, in welchem Umfang sich die tatsächlichen Verhältnisse seit der Zeit geändert haben, als die fragliche Dienstleistungspflicht noch allgemein anerkannt war. Es ist jedoch zu berücksichtigen, daß eine gewisse Vermutung gegen die Sozialadäquanz der wiedereinzuführenden Naturallast spricht, wenn die (lästige) Dienstleistung erst einmal aufgehoben wurde. Unter diesen Umständen ist möglicherweise die *Wieder*begründung den Erfordernissen der *Neu*begründung zu unterwerfen.

Mit der Möglichkeit einer Wiederbegründung muß auch bei den Straßenreinigungspflichten gerechnet werden. So ist es durchaus denkbar, daß Gemeinden die Reinigungsarbeiten, die sie einige Jahre lang in eigener Regie ausgeführt haben, etwa wegen einer Umwidmung der Straße wieder auf die Anlieger übertragen. Diese grundsätzlich zulässige Möglichkeit der Wiederbegründung bedarf jedoch insoweit besonderer Aufmerksamkeit, als — je nach Dauer der Unterbrechung — die tatsächliche Reinigungspflicht der Anlieger nicht mehr als üblich betrachtet werden könnte.

Zusammenfassend ergibt sich folgendes Bild: Wie die Analyse gezeigt hat, weist das Merkmal der „Herkömmlichkeit" einen Doppelcharakter auf. Es schließt einerseits eine bestimmte Kategorie von Dienstleistungen a priori aus (Präklusionswirkung), ermöglicht in engen Grenzen eine zeitbedingte Anpassung der Dienstleistungen an die tatsächlichen Verhältnisse, kann aber auch a posteriori tradierte Dienstleistungen für verfassungswidrig erklären, sofern sich die tatsächlichen Verhältnisse entscheidend geändert haben (Adaptions- bzw. Kassationswirkung). Wann der „Adaptationsfall" eintritt, bleibt den einzelnen Umständen überlassen. In diesen Grenzen muß auch die Straßenreinigungspflicht als grundsätzlich zulässige Dienstleistung angesehen werden.

II. Art. 14 GG

Die verfassungsrechtliche Zulässigkeit der Straßenreinigungspflicht als Naturallast wird bisweilen auch an der Eigentumsgarantie des Art. 14 GG gemessen[58]. Allerdings beschränkt sich die Prüfung des grundrechtlich verbürgten Eigentums in der Regel auf die apodiktische Feststellung, Art. 14 GG sei durch die Straßenreinigungspflicht nicht verletzt[59].

---

schen Regime bereits üblich waren; *Doemming/Füßlein/Matz* JÖR NF 1 (1951), S. 137 f.

[58] *Braun* BayVBl. 65,304 (305); *Walprecht* SKV 69,338 (339); BVerwG DVBl. 65,911 (912).

[59] *Braun* BayVBl. 65,304 (305); *Walprecht* SKV 69,338 (339).

Eine thematische Berührung mit dem Schutzbereich des Art. 14 GG könnte sich einmal dadurch ergeben, daß der Reinigungspflichtige gehalten ist, eigene Reinigungsgeräte zu benutzen. Hierin kann jedoch ein rechtlich selbständig bewertbarer Sachverhalt nicht gesehen werden. Der normale Verschleiß von Arbeitsgeräten ist Bestandteil der geforderten Dienstleistungspflicht[60].

Wenn die Auffassung vertreten wird, die Straßenreinigungspflicht sei eine öffentlich-rechtliche Last des Grundstückseigentums[61], so könnte sie auch als „eigentumsinhärente Dienstleistungspflicht" verstanden werden, die ihren grundrechtlichen Prüfstein in Art. 14 GG hat[62]. Wie jedoch bereits dargelegt[63], rühren die Straßenreinigungspflichten aus einem gesetzlichen Schuldverhältnis her, das mit der satzungsmäßigen Übertragung der Reinigungspflicht auf die Anlieger entsteht. Eine dingliche Verknüpfung der Straßenreinigungspflicht der Anlieger besteht weder zu der reinigungsbedürftigen Straße, noch zu dem Anliegergrundstück. Damit entfällt gleichzeitig eine Berührung mit dem Schutzbereich des Art. 14 GG.

Art. 14 GG kommt damit als grundrechtliche Zulässigkeitsschranke für die Straßenreinigungspflicht nicht in Betracht.

III. Art. 2 II GG

1. Schutzbereiche der „Freiheit der Person" und „körperlichen Unversehrtheit"

Wenn Straßenreinigungsarbeiten durch gemeindliche Satzung auf Anlieger und ihnen gleichverpflichtete Personen abgewälzt werden, so können sich hierdurch Berührungen mit den Grundrechten auf persönliche Freiheit, Art. 2 II 2 GG, und auf körperliche Unversehrtheit, Art. 2 II 1 GG, ergeben.

a) Das Grundrecht auf „Freiheit der Person" garantiert dem Rechtsträger die körperliche Bewegungsfreiheit, d. i. die Freiheit, sich an einen frei gewählten Ort zu begeben und dort aufzuhalten[64]. Über das geschützte Rechtsgut des Art. 2 II 2 GG „als Basis der allgemeinen Rechtsstellung und Entfaltungsmöglichkeit des Bürgers"[65] besteht —

[60] *Lullies* KStZ 53,1 (4); *Weber*, Dienstpflichten, S. 11.

[61] BVerwG DVBl. 65,911 (912); OVG Münster KStZ 72,154; *Strickrodt*, HwStR II, „Last, öffentliche".

[62] *Göppel*, Diss., S. 109 ff.

[63] Vgl. 4. Teil, 2. Kapitel, I.1.b).

[64] *Dürig* in: *M-D-H*, Art. 2 II Rdn. 49 f. m. w. N.; *Kern*, Schutz des Lebens, S. 51 (66).

[65] BVerfGE 19,342 (349); 35,185 (190); — w. Nachw.: *Leibholz/Rinck*, GG, Art. 2 Rdn. 14.

im Gegensatz zur gleichlautenden Vorschrift des Art. 114 WRV[66] — an sich Einigkeit. Jedoch gehen die Meinungen darüber auseinander, welche Eingriffsmodalitäten Art. 2 II 2 GG erfaßt. Ist die „Freiheit der Person" nur dann verletzt, wenn die öffentliche Gewalt die Bewegungsfreiheit lediglich (negativ) verhindert[67], so muß die hoheitlich auferlegte Pflicht, Dienstleistungen zu erbingen, aus dem Schutzbereich des Art. 2 II 2 GG ausgenommen werden. Denn die Dienstpflicht beschneidet die persönliche Freiheit nicht durch ein Verbot, sondern ein Gebot. Läßt man hingegen das Mittel der Beschränkung persönlicher Freiheit unbestimmt, so müssen Dienstleistungspflichten grundsätzlich auch an Art. 2 II 2 GG gemessen werden[68].

Die Effizienz der grundrechtlichen Freiheitsgarantie von Art. 2 II 2 GG davon abhängig zu machen, ob die persönliche Bewegungsfreiheit von einem Gebot oder Verbot eingeschränkt wird, erscheint nicht gerechtfertigt. Für die Freiheitsverbürgung darf es keine Rolle spielen, ob der Grundrechtsträger — u. U. mit brachialer Gewalt — daran gehindert wird, einen bestimmten, allgemein zugänglichen Ort aufzusuchen, oder ob er seinen persönlichen Freiraum dadurch beschränkt weiß, daß ihm nach Umfang, Zeit und Ort bestimmte Dienstpflichten auferlegt werden. In beiden Fällen werden seine persönlichen Bewegungsmöglichkeiten gleichermaßen hoheitlich reglementiert. Im Interesse eines effektiven Freiheitsschutzes müssen aber beide Eingriffsalternativen an Art. 2 II 2 GG gemessen werden.

Wenn die kritisierte Auffassung zum Beweis ihrer Richtigkeit etwa die Pflicht von „Verkehrssündern" zitiert, an einem Verkehrsunterricht teilzunehmen[69], und entsprechende behördliche Anordnungen nicht an den Kriterien des Art. 2 II 2 GG überprüft wissen will, so ist ihr allerdings in diesem besonderen Fall im Ergebnis zuzustimmen. Es erhebt sich nämlich die Frage, ob die Verpflichtung zum Verkehrsunterricht nach § 48 StVO nicht von vornherein einem anderen Grundrechtsbereich zuzuweisen ist. Derartige Anordnungen stehen in unmittelbarem Zusammenhang mit der Teilnahme am Straßenverkehr, die grundsätzlich Ausfluß der allgemeinen Handlungsfreiheit ist. Soweit die Pflicht zur Teilnahme an einem Verkehrsunterricht „Verkehrssünder" ausschließlich zu verkehrsgerechtem Verhalten erziehen soll, steht sie in unmittelbarer Berührung mit dem eigentlich angesprochenen Grundrechtsbereich der allgemeinen Handlungsfreiheit, Art. 2 I GG[70].

Unterfallen auch Dienstleistungspflichten grundsätzlich dem Schutzbereich des Art. 2 II 2 GG, so ist doch zu untersuchen, ob diese Grundrechtsnorm nicht durch speziellere Grundrechtsgarantien verdrängt

[66] Nachw.: *Wernicke* in: BK, Art. 2 Anm. II 2 d.

[67] So: *Dürig* in: M-D-H, Art. 2 II Rdn. 50 m. w. N.

[68] *Kern*, Schutz des Lebens, S. 51 (70); *Klein* DÖV 61,844; *v. Rosen-v. Hoewel*, Gebühren, S. 454 ff. (473 f.); *Held* DVBl. 54,345 (347).

[69] *Dürig* in: M-D-H, Art. 2 II Rdn. 50.

[70] BVerfGE 22,21 (26 f.).

wird. Gerade im Hinblick auf Art. 12 II GG ist dieser Einwand berechtigt. Art. 12 II GG umreißt genaue Voraussetzungen, unter denen Dienstleistungen verfassungsrechtlich zulässig sind. Allerdings ist seine Stellung als lex specialis gegenüber Art. 2 II 2 GG nur dann gerechtfertigt, wenn er letztlich umfassendere Freiheitsverbürgungen gewährt als das Grundrecht auf „Freiheit der Person". Zumindest in einem Punkt stellt Art. 2 II 2 GG jedoch höhere Anforderungen an Freiheitseingriffe als das Grundrecht auf Freiheit von Arbeitszwang: Art. 2 II 2 GG unterwirft Grundrechtsbeschränkungen grundsätzlich einem förmlichen Gesetzesvorbehalt[71]. Weil aber Art. 12 II GG „herkömmliche" Dienstleistungspflichten zuläßt, besteht die Möglichkeit, daß auch lediglich gewohnheitsrechtlich anerkannte Dienstleistungspflichten von Art. 12 II GG verfassungsrechtlich sanktioniert werden. Hier schiebt Art. 2 II 2, 3 GG einen Riegel vor. Insoweit ist die Verfassungsgarantie der „Freiheit der Person" gegenüber Art. 12 II GG umfassender. Beide Grundrechte ergänzen sich im Schutz der Bürger vor hoheitlichen Dienstleistungspflichten. Sie müssen daher nebeneinander berücksichtigt werden. Die Bedeutung des Art. 2 II 2 GG für Dienstleistungspflichten liegt somit in dem Erfordernis eines förmlichen Gesetzesvorbehalts[72].

b) Auch das Grundrecht auf „körperliche Unversehrtheit" kann durch Dienstleistungspflichten berührt werden. Dies gilt für die Straßenreinigungspflicht insoweit in besonderem Maße, als die Reinigung öffentlicher Straßen in bestimmten Fällen Gesundheitsgefahren[73] für die Reinigungspflichtigen mit sich bringen kann. Bezieht sich beispielsweise die Straßenreinigungspflicht der Anlieger auf die Fahrbahn einer stark befahrenen Straße, so können die Reinigungsarbeiten nur unter Gefährdung der persönlichen Gesundheit durchgeführt werden. Hier beschränkt das Grundrecht aus Art. 2 II 1 GG in bestimmter Weise[74] das gesetzgeberische Ermessen, die Straßenreinigungspflicht auf die Bürger abzuwälzen.

Festzuhalten bleibt, daß die Delegation der Straßenreinigungspflichten sowohl den Schutzbereich „Freiheit der Person", Art. 2 II 2 GG, als auch die „körperliche Unverkehrtheit", Art. 2 II 1 GG, berührt. Inwieweit sich hieraus Beschränkungen für die Übertragungsmöglichkeiten der Straßenreinigungspflicht ergeben, ist Gegenstand der folgenden Untersuchungen.

---

[71] *Dürig* in: M-D-H, Art. 2 II Rdn. 5.

[72] Vgl. 4. Teil, 2. Kapitel, 1. Abschnitt, III.2.

[73] Gesundheit gehört in jedem Fall zum Schutzbereich des Art. 2 II 1 GG: *Dürig* in: M-D-H, Art. 2 II Rdn. 29 f.; *Kern*, Schutz des Lebens, S. 51 (60).

[74] Vgl. 4. Teil, 3. Kapitel, 1. Abschnitt, III.3.

2. Formelle Grundrechtsschranken: Formeller Gesetzesvorbehalt

Greift die Abwälzung der Straßenreinigungspflicht auf bestimmte Personen in die Grundrechte auf „körperliche Unversehrtheit" und „Freiheit der Person" ein, so bedarf der Übertragungsakt in jedem Fall einer formell-gesetzlichen Ermächtigungsgrundlage[75]. Art. 2 II 3 GG konkretisiert den allgemeinen rechtsstaatlichen Grundsatz, daß Eingriffe in „Freiheit und Eigentum" die Ermächtigung durch ein formelles Gesetz benötigen[76], für die Grundrechtsbereiche des Art. 2 II GG. Allerdings ist dieses Erfordernis für die Straßenreinigungspflicht insoweit unproblematisch, als seit dem preußischen Wegereinigungsgesetz vom 1. 7. 1912 jede Inpflichtnahme auf eine formell-gesetzliche Grundlage zurückgeführt werden kann. Gewohnheitsrechtliche Pflichten zur Straßenreinigung, die durch Art. 2 II 3 GG ausgeschlossen werden[77], bestehen nicht mehr.

3. Materielle Grundrechtsschranken

Die besondere Bedeutung des Grundrechts auf „körperliche Unversehrtheit" für die Abwälzung der Straßenreinigungspflicht auf Anlieger liegt in den materiellen Grundrechtsschranken. Die Problematik soll anhand von zwei Beispielsfällen diskutiert werden, deren Tenor immer wieder Gegenstand von Gerichtsentscheidungen und literarischen Stellungnahmen ist[78]:

— Eine Gemeinde überträgt — in formell ordnungsgemäßer Weise — für sämtliche Straßen (auch Fahrbahnen) innerhalb der geschlossenen Ortslage die Straßenreinigung auf die Anlieger. Das örtliche Straßennetz umfaßt auch eine — bis tief in die Nacht — stark befahrene Ortsdurchfahrt einer Bundesstraße.

— Eine Gemeinde überantwortet den Anliegern lediglich die Gehwegreinigung. Zu den Pflichtadressaten gehören auch ältere, gebrechliche Personen, die selbst auf Hilfe anderer angewiesen sind.

Die Frage lautet: sind die Anlieger der stark befahrenen Ortsdurchfahrt bzw. die selbst hilfsbedürftigen Personen reinigungspflichtig? In

---

[75] *Dürig* in: M-D-H, Art. 2 II Rdn. 5.

[76] *Maunz/Dürig* in: M-D-H, Art. 20 Rdn. 124,130; Wernicke in: BK, Art. 2 Anm. II 2 e); Nachw. zur Rechtsprechung des BVerfG: *Leibholz/Rinck*, GG, Vor Art. 70 - 82 Rdn. 1.

[77] *Dürig* in: M-D-H, Art. 2 II Rdn. 6; *Klein* DÖV 61,844; *v. Rosen-v. Hoevel*, Gebühren, S. 454 ff. (473).

[78] KG Berlin PrVBl. 47,503; LVG Rheinl.-Pf. NJW 53,599; OVG Lüneburg DVBl. 62,421; BayVerfGHE 17,19; 20,73; BayObLG BayVBl. 63,92; OVG Rheinl.-Pf. KStZ 68,30; *Haas* DVBl. 50,383; *Trimter* KStZ 68,27; *Zimmermann* SKV 58,128.

beiden Fällen birgt die Straßenreinigung für die reinigungspflichtigen Personen Gesundheitsgefahren in sich. In dem einen Fall ist es höchst gefährlich, eine lebhaft befahrene Straße zu kehren. Flaut das Verkehrsaufkommen erst zu Zeiten allgemeiner Nachtruhe ab, was für die Anlieger bedeutet, die Straßenreinigung in Nachtarbeit zu besorgen, so liegt auch hierin eine Gesundheitsgefährdung. In dem anderen Beispiel sind ältere Leute, die bereits für ihren eigenen Lebensbereich fremder Hilfe bedürfen, körperlich überfordert, wenn sie öffentliche Gehwege fegen sollen.

Ob die hoheitliche Übertragung der Straßenreinigungspflicht in den Beispielsfällen noch innerhalb des nach Art. 2 II 1 GG verfassungsrechtlich zulässigen Bereichs liegt, richtet sich nach den Grundsätzen der Verhältnismäßigkeit und Zumutbarkeit[79]. Beide Maximen sind zur Begrenzung der Straßenreinigungspflicht der Anlieger wiederholt zitiert worden. Allerdings ist ihr Gebrauch nicht einheitlich. Selbst der Gesichtspunkt der „Unmöglichkeit" wird bisweilen miteinbezogen:

So soll etwa eine „Überbürdung"[80] der Reinigungspflichtigen vermieden werden; „untragbare Belastung"[81] sollen ebenso unterbleiben wie „unmögliche Leistungen"[82] nicht „zugemutet"[83] werden dürfen. Reinigungsarbeiten können dann nicht übertragen werden, wenn sie „wegen der Verkehrsverhältnisse nicht zuzumuten sind"[84]; auf die „Leistungsfähigkeit"[85] muß unter Beachtung der „körperlichen und wirtschaftlichen"[86] Möglichkeiten Rücksicht genommen werden.

Um die aufgezählten Aspekte für die Straßenreinigungspflicht nutzbar machen zu können, ist vorab eine allgemeine inhaltliche Aufbereitung und Entflechtung von Verhältnismäßigkeits- und Zumutbar-

[79] In dem ersten Beispielsfall (Reinigung einer verkehrsreichen Straße) könnte je nach Lage des Einzelfalls bereits fraglich sein, ob die Straßenreinigungspflicht (zumindest für Fahrbahnen) noch eine „herkömmliche" Dienstleistungspflicht i. S. d. Art. 12 II GG ist. — Vgl. 4. Teil, 3. Kapitel, 1. Abschnitt, I.4.

[80] § 5 III PrWRG; *Hecht/Hellich*, Komm., § 5 Anm. d) unter 1.; *Wiethaup* BB 58,66 (67).

[81] LVG Rheinl.-Pf. NJW 53,599 (600); *Zimmermann* SKV 58,128.

[82] LVG Rheinl.-Pf. NJW 53,599 (600); KG PrVBl. 47,503.

[83] §§ 52 IV 2 NdsStrG; 45 III SHStrWG; amtl. Begründung zu § 4, Ltg.-Drucks. 7/2957, S. 9; § 4 EStrReinG NW, Ltg.-Drucks. 8/33,S. 9; *Doose* Der Städtetag 1976, 275; *Lücke*, (Un-)Zumutbarkeit, S. 23 - 25 m. w. N.; *Walprecht/Sander*, Komm., § 4 RZ 118; OVG Lüneburg DVBl. 62,421; BayObLG BayVBl. 63,92 (93); BayVerfGHE 17,19 (26 f.); 20,73 (76 f.).

[84] § 52 IV 2 NdsStrG; *Walprecht* SKV 69,338 (339); *Trimter* KStZ 68,27 - 30; OVG Rheinl.-Pf. KStZ 68,30.

[85] LVG Rheinl.-Pf. NJW 53,599 (600); OVG Lüneburg DVBl. 62,421; *Hurst*, Gemeindeeinrichtungen, S. 833 (888).

[86] *Haas* DVBl. 50,383 (384); KG PrVBl. 47,503; OVG Lüneburg DVBl. 62,421; BayVerfGHE 20,73 (77).

keitsgrundsatz erforderlich. Trotz einiger Gemeinsamkeit bestehen nämlich zwischen beiden Rechtsinstituten wesentliche Unterschiede. Allerdings ist der gesamte Bereich noch sehr in Fluß. Von gefestigten oder gar allgemein anerkannten Ergebnissen kann bislang nicht gesprochen werden[87].

Gemeinsam ist beiden Rechtsgrundsätzen das Ziel, gesetzliche Anwendungsschablonen unter allgemeinen normativen Gesichtspunkten und Billigkeitserwägungen zu modifizieren[88]. Die Unterschiede liegen in der jeweiligen Methode, Korrekturen anzubringen. Der Verhältnismäßigkeitsgrundsatz entfaltet sich als allgemeines, objektives Billigkeitskorrektiv vorrangig auf der abstrakten Gesetzesebene. Der Zumutbarkeitsgesichtspunkt greift dagegen als „subjektbezogener Wertmaßstab"[89] ausschließlich im Einzelfall[90] und damit auf der Rechtsanwendungsebene[91] ein. Hiermit ist bereits ein weiterer Unterschied angesprochen: das Verhältnismäßigkeitsprinzip bewegt sich im objektiven Bereich, in dem es feststehende Größen, nämlich Mittel und Zweck, in ein angemessenes Verhältnis[92] zueinander setzt. Zumutbarkeitserwägungen sind dagegen ohne subjektiven Einschlag nicht denkbar. Sie stellen die Grenzen hoheitlicher Belastbarkeit in das Licht subjektbezogener Wertmaßstäbe. Es gilt nicht, eine angemessene Relation zwischen zwei eigenständigen objektiven Werten zu finden, sondern bereits feststehende Maßnahmen auf ihre Individualverträglichkeit im Einzelfall zu untersuchen. Mit Zumutbarkeitserwägungen soll abnormen individuellen Lagen Rechnung getragen werden. Die Zumutbarkeit ist selbständiger Wertmaßstab, der Verhältnismäßigkeit kommt normative Ausgleichsfunktion zwischen zwei widerstreitenden Größen zu.

a) Grundsatz der Verhältnismäßigkeit

Der allgemeine Vergleich mit dem Grundsatz der Zumutbarkeit hat das Verhältnismäßigkeitsprinzip als objektives Billigkeitskriterium auf die generelle Regelungsebene verwiesen. Sein Inhalt und dogmatische Herleitung bedürfen der Vertiefung, soll die Bedeutung des Verhältnismäßigkeitsgrundsatzes auf der Rechtssetzungsebene erkennbar werden.

---

[87] *Isensee*, Subsidiaritätsprinzip, S. 88 - 92; *Lücke* DÖV 74,769 - 771; *Schwan* VerwArch. 66 (1975), 120 (149 f.); *Wittig* DÖV 68,817 - 825.

[88] KG PrVBl. 47,503.

[89] Zur pflichtenbegrenzenden Funktion der Zumutbarkeit: *Lücke*, (Un-) Zumutbarkeit, S. 37 f.; *ders.* DÖV 74,769 (771).

[90] LVG Rheinl.-Pf. NJW 53,599; KG PrVBl. 47,503.

[91] A. A.: Zumutbarkeit auf *Rechtssetzungsebene:* BVerwGE 38,68 (70 f.).

[92] BVerwGE 32,308 (314 f.); 45,51 (62 f.); hierzu: *Lücke* DÖV 74,769 - 771 m. w. N.

Der Verhältnismäßigkeitsgrundsatz dient dem „In-Verhältnis-Setzen“ widerstreitender Rechtsgüter. Im grundrechtlichen Bereich liefert er Maßstäbe, um das Spannungsverhältnis zwischen dem individuellen Freiraum, den die Freiheitsgrundrechte garantieren, und hoheitlichen Eingriffen, die diesen Freibereich beschneiden, auszugleichen[93]. Er ist das Mittel, die „praktische Konkordanz“[94] zwischen den kollidierenden Rechtsgütern herzustellen. Dabei vollzieht sich der Balanceakt in drei Stufen: Der hoheitliche Eingriff muß zur Erreichung des Zieles *geeignet* und *erforderlich* sein und in einem *vernünftigen Verhältnis* zu den Nachteilen des Grundrechtsträgers stehen[95].

Der historische Weg des Verhältnismäßigkeitsprinzips führt vom Polizeirecht[96] über das allgemeine Verwaltungsrecht[97] zum Verfassungsrecht. Heute genießt der Verhältnismäßigkeitsgrundsatz allgemein verfassungsrechtlichen Rang, wobei insbesondere die Verfassungsrechtsprechung ihn in der Regel aus dem Rechtsstaatsprinzip ableitet[98]. Dennoch ist der verfassungsdogmatische Standort des Grundsatzes der Verhältnismäßigkeit bislang nicht abschließend geklärt[99]. Gerade im Bereich grundrechtlicher Freiheitsgarantien liegt nämlich der Gedanke nahe, die Leitlinien eines verhältnismäßigen Eingriffs aus dem Wesen des jeweiligen Freiheitsgrundrechts selbst abzuleiten[100]. Der grundrechtliche Schutzbereich selbst setzt die Markierungen für einen verfassungsrechtlich noch hinnehmbaren Eingriff. Äußerste, absolute Eingriffsgrenze bildet dabei die Wesensgehaltsgarantie. Bis zu diesem Punkt können Freiheitsbeschränkungen in den Abstufungen der Geeignetheit, Erforderlichkeit und Verhältnismäßigkeit des Eingriffsmittels verfassungsrechtlich grundsätzlich toleriert werden.

Der grundrechtliche Ansatz liegt auch einer Entscheidung des Bundesverfassungsgerichts zugrunde, in der es um die Verfassungsmäßigkeit

---

[93] BVerwGE 41,51 (59 ff.); 41,316 (327); — zur Bedeutung des Verhältnismäßigkeitsgrundsatzes für die Schranken der allgemeinen Handlungsfreiheit: *Merten* JuS 76,345 (346).

[94] *Hesse*, VerfR, S. 134 f.

[95] BVerfGE 31,145 (180); 32,87 (96); 34,205 (209); 38,281 (298/302); — w. Nachw.: *Leibholz/Rinck*, GG, Art. 20 Rdn. 27; BVerwGE 31,15 (18); 38,68 (70 f.).

[96] *Wittig* DÖV 68,817; *Forsthoff*, VerwR, S. 70 m. w. N. in FN 5; *Drews/Wacke*, Polizeirecht, S. 168 ff., 171 ff.

[97] Bei dem Verhältnismäßigkeitsgrundsatz handelt es sich „um einen allgemeinen Grundsatz (u. a.) des Verwaltungsrechts“ — BVerwG DÖV 71,857 (858).

[98] BVerfGE 19,342 (348 f.); 35,382 (400 f.); 36,258 (264); 38,281 (298/302); — w. Nachw.: *Leibholz/Rinck*, GG, Art. 20 Rdn. 27; — BVerwGE 32,308 (314 f.); 37,344 (361); 38,68 (70 f.); 39,190 (195); *Wittig* DÖV 68,817 (818 ff.).

[99] Zu den verschiedenen Ansätzen: *Wittig* DÖV 68,817; *Merten* JuS 76,345 (346 FN 26).

[100] BayObLG BayVBl. 63,92 (93); *Merten* JuS 76,345 (346).

der Untersuchungshaft im Hinblick auf Art. 2 II 2 GG geht: Der Grundsatz der Verhältnismäßigkeit „ergibt sich aus dem Rechtsstaatsprinzip, im Grunde bereits aus dem Wesen der Grundrechte selbst, die als Ausdruck des allgemeinen Freiheitsanspruchs des Bürgers gegenüber dem Staat von der öffentlichen Gewalt jeweils nur so weit beschränkt werden dürfen, als es zum Schutz öffentlicher Interessen unerläßlich ist“[101].

Die Verhältnismäßigkeit als Grundrechtsschranke und Grundrechtsgarantie setzt dem Gesetzgeber aus dem Grundrecht auf „körperliche Unversehrtheit“ Grenzen für die Übertragung der Straßenreinigungspflicht auf die Anlieger. So kann es in manchen Fällen problematisch sein, ob die Abwälzung der Reinigungspflicht auf Privatpersonen überhaupt *geeignet* ist, die Straßen sauber zu halten. Werden, wie in obigem Beispielsfall, die Anlieger auch zur Fahrbahnreinigung einer verkehrsreichen Straße angehalten, so sind sie wegen des hohen Verkehrsaufkommens schon tatsächlich nicht in der Lage, die Straße zu reinigen. Es fehlt ihnen aber auch an der rechtlichen Möglichkeit, die Straße für die Dauer der Reinigungsarbeiten für den Verkehr zu sperren. Versuchen die Anlieger dennoch, ihrer Straßenreinigungs-„pflicht“ nachzukommen, so gefährden sie nicht nur ihre eigene Gesundheit, sondern auch u. U. Leben, Gesundheit und Eigentum anderer Verkehrsteilnehmer. In diesen Fällen sind die Anlieger weder tatsächlich noch rechtlich in der Lage, ihre „Pflicht“ zu erfüllen. Die Übertragung der Straßenreinigungspflicht auf die Anlieger ist daher im Hinblick auf das Grundrecht der „körperlichen Unversehrtheit“ ungeeignet, die verkehrsreiche Straße zu säubern.

Wie verhält es sich aber, wenn die Anlieger wegen des geringeren Verkehrsaufkommens die Straße während der Nachtzeit reinigen könnten. Hier wäre die Abwälzung der Straßenreinigungspflicht zur Säuberung der Straße zwar geeignet. Ob die Belastung der Anlieger mit Reinigungsarbeiten aber auch erforderlich ist, es also keine die Gesundheit der Anlieger weniger gefährdende Möglichkeit gibt, die Straße zu säubern, erscheint fraglich. Besteht doch die einfachste Art, eine Gesundheitsgefährdung zu vermeiden, darin, die Reinigungsaufgaben bei der Gemeinde zu belassen. Aus dem Verfassungsgebot des geringstmöglichen Eingriffs folgt somit in diesen Fällen für die Gemeinden die Pflicht, die Straßenreinigung innerhalb des Ortsbereichs selbst durchzuführen[102]. — Das Ergebnis wird unterstrichen durch die vom Verhältnismäßigkeitsgrundsatz aufgestellte Notwendigkeit, zwischen persönlicher Gesundheit und öffentlichem Interesse an einer — von den Anliegern — gereinigten Straße einen vernünftigen Ausgleich zu finden. Ist die

[101] BVerfGE 19,342 (348 f.) — hierzu auch *Merten* JuS 76,345 (346); ähnlich BVerfGE 17,108 (117).

[102] Im Ergebnis ebenso: OVG Rheinl.-Pf. KStZ 68,30 (31).

Straßenreinigung nur nachts von Privatpersonen ausführbar und kann sie ebenso gut von der Gemeinde selbst wahrgenommen werden, so ist die Interessenbalance zu Lasten des Grundrechts auf „körperliche Unversehrtheit" gestört, wenn die Straßenreinigungspflicht in der beispielhaft erwähnten Art auf die Anlieger übertragen wird.

Der Grundsatz der Verhältnismäßigkeit umfaßt damit auch die Fälle, die bisweilen dem Rechtsinstitut der Unmöglichkeit[103] zugerechnet werden. Wie die gemeindlichen Straßenreinigungsdienste zeigen, ist auch die Reinigung der verkehrsreichsten Straßen objektiv möglich. Nur die Indienstnahme der Anlieger ist im Hinblick auf Art. 2 II 1 GG ein ungeeignetes Mittel, die Straßenreinigung durchzuführen. Fälle objektiver Unmöglichkeit sind somit im Bereich der gemeindlichen Straßenreinigung nicht denkbar.

Fazit: Der Verhältnismäßigkeitsgrundsatz beschränkt aus dem Grundrecht „auf körperliche Unversehrtheit" das gesetzgeberische Ermessen, die Straßenreinigung in vollem Umfang auf die Anlieger zu übertragen. Dabei spielt insbesondere die Verkehrsdichte eine entscheidende Rolle. Die neueren Straßengesetze — insbesondere in den Stadtstaaten — haben hieraus die Konsequenz gezogen und grundsätzlich nur noch die Reinigungspflicht für Gehwege für abwälzbar erklärt[104].

b) Grundsatz der Zumutbarkeit

Wie das Verhältnismäßigkeitsprinzip dem gesetzgeberischen Ermessen bei der Übertragung der Straßenreinigungspflicht im abstrakt-generellen Bereich verfassungsrechtliche Schranken setzt, so limitiert der Unzumutbarkeitsgrundsatz die Reinigungspflicht auf der Einzelfallebene: Er markiert anhand von Billigkeitskriterien die Grenze persönlich-individueller Inanspruchnahme. Deshalb kommt dem Grundsatz der Zumutbarkeit erst auf der Rechtsanwendungsebene Bedeutung zu.

Über den dogmatischen Standort des Zumutbarkeitsgrundsatzes und damit über die Frage, woran sich die Billigkeitsmaßstäbe orientieren, hat sich bislang keine einheitliche Meinung gebildet[105]. Im Gegenteil: man trifft auf eine hartnäckige Vermischung mit dem Grundsatz der Verhältnismäßigkeit, was meist darauf beruht, daß abstrakter und konkreter Regelungsbereich nicht konsequent geschieden werden[106]. Ur-

[103] Dabei handelt es sich in Wirklichkeit jedoch um Fälle subjektiver Unmöglichkeit: LVG Rheinl.-Pf. NJW 53,599 (600); KG PrVBl. 47,503.

[104] Z. B.: § 43 II 1 BadWürttStrG; Art. 51 V BayStrWG; § 10 BremStrO; § 4 I, II BerlStRG; § 4 I StrReinG NW; vgl. auch: *Doose* Der Städtetag 1976, 275 (277); *Walprecht/Sander*, Komm., § 4 RZ 118.

[105] Zu den verschiedenen Ansätzen: *Lücke* DÖV 74,769 - 771; *Schwan* VerwArch. 66 (1975), 120 (149).

[106] Z. B.: BVerfGE 9,338 (346 f.); 45,51 (62 f.); — zu diesem Problemkreis m. w. N.: *Lücke* DÖV 74,769 - 771.

sprünglich wurde der Grundsatz der Zumutbarkeit als Ausprägung des allgemeinen Prinzips von Treu und Glauben (§ 242 BGB) verstanden[107] oder als eigener allgemeiner Rechtsgrundsatz qualifiziert[108]. Jüngere Auffassungen gehen dahin, das Zumutbarkeitsprinzip als „Grundsatz der Verhältnismäßigkeit im engeren Sinne" anzusehen und ihm damit gleich dem Verhältnismäßigkeitsprinzip verfassungsrechtlichen Rang aus dem Rechtsstaatsprinzip schlechthin[109] oder dem „Wesen der Grundrechte"[110] zuzusprechen.

Besteht die Aufgabe des Zumutbarkeitsgrundsatzes darin, individuelle Rechtspositionen vor „unzumutbaren" Eingriffen im Einzelfall zu bewahren, so lassen sich die Billigkeitsgrenzen am genauesten vom jeweils geschützten Rechtsgut des Betroffenen selbst festlegen. Dies gilt dann besonders, wenn hoheitliche Eingriffe in höchstpersönliche Rechtsgüter wie Leben, körperliche Unversehrtheit und persönliche Freiheit zu begrenzen sind. In diesen Fällen sind vom jeweils tangierten Grundrecht her die Billigkeitskriterien zu entwickeln. Der Zumutbarkeitsgrundsatz erfährt wie das Verhältnismäßigkeitsprinzip seine inhaltliche Ausgestaltung aus dem jeweils angesprochenen Freiheitsgrundrecht.

Welche Bedeutung dem Grundsatz der Zumutbarkeit für die Straßenreinigungspflicht zukommt, zeigt der bereits erwähnte Beispielsfall, wonach die Straßenreinigungspflicht auf alte, gebrechliche Leute übertragen wird. Die Problematik konzentriert sich auf die Inanspruchnahme im Einzelfall. Da nur die Reinigung der Gehsteige abgewälzt ist, kann die Übertragung der Straßenreinigungspflicht an sich nicht beanstandet werden. Das Grundrecht auf „körperliche Unversehrheit" setzt der Inpflichtnahme derjenigen Personen jedoch Grenzen, die aus gesundheitlichen Gründen nur schwerlich in der Lage sind, ihrer Reinigungspflicht nachzukommen. Kann nicht ausgeschlossen werden, daß die Reinigungsarbeiten für diese Personen Gesundheitsgefahren mit sich bringen, so ist ihnen die Wahrnehmung der Gehwegreinigung im Hinblick auf Art. 2 II 1 GG grundsätzlich nicht zumutbar.

Allerdings ist dieses Ergebnis so lange lediglich vorläufig, wie die Möglichkeit für den Reinigungspflichtigen besteht, die Straßenreinigungsarbeiten an eine andere Person zu übertragen. Gerade die Straßenreinigungspflicht, die als Werkleistungspflicht auf den Sacherfolg, d. i. die saubere Straße, bezogen und damit nicht an eine bestimmte Person gebunden ist, kann durch Dritte substituiert werden. Folgerichtig sehen

---

[107] OVG Lüneburg DVBl. 62,421; *Trimter* KStZ 68,27 (29); *Lücke* DÖV 74,769 ff.

[108] BayVerfGHE 17,19 (26 f.); 20,73 (76 f.).

[109] *Schwan* VerwArch. 66 (1975), 120 (149).

[110] BVerfGE 19,342 (348 f.); BayObLG BayVBl. 63,92 (93); *Merten* JuS 76,345 (346).

auch einige Landesgesetze[111] die Möglichkeit ausdrücklich vor, die Reinigungspflicht des Erstadressaten mit Zustimmung der zuständigen Behörden auf Dritte zu übertragen. Damit kann etwa Hauseigentümern, die auswärts wohnen, gestattet werden, die Reinigungspflicht auf Mieter, Pächter oder Hausverwaltungen zu übertragen. Aber auch die Fälle sind hier einzuordnen, in denen aus Gesundheits- oder Altersgründen eine Ersatzperson erforderlich ist. Damit ist die körperliche Gebrechlichkeit an sich noch kein ausreichender Grund, die Übertragung der Reinigungspflicht aus Gründen der Unzumutbarkeit im Hinblick auf Art. 2 II 1 GG für unzulässig zu halten, solange die Subdelegation auf Dritte möglich und ihrerseits zumutbar ist.

Wo die Landesgesetze die Substitution der generell durch die Gemeindesatzung zur Straßenreinigung Verpflichteten ausdrücklich vorsehen, hängt ihre Wirksamkeit gegenüber der Allgemeinheit von der behördlichen Zustimmung ab[112]. Der Sinn des Zustimmungserfordernisses besteht darin, Klarheit über die Person des Reinigungspflichtigen zu schaffen[113]. Damit sind nicht zuletzt im Schadensfalle eindeutige Verantwortlichkeiten gegeben. Der Geschädigte weiß, gegen wen er u. U. Schadensersatzansprüche stellen kann. Darüber hinaus spiegelt auch die Zahlungsfähigkeit des Dritten für den Genehmigungsakt eine entscheidende Rolle, um bei Schädigungen infolge nachlässiger Pflichterfüllung Genugtuung leisten zu können. Aus diesem Grund macht beispielsweise die Mustersatzung in Nordrhein-Westfalen[114] die Genehmigung vom Nachweis einer ausreichenden Haftpflichtversicherung abhängig.

Uneinigkeit besteht über die Wirkung einer genehmigten Subdelegation. Ist der Dritte im Außenverhältnis allein verantwortlich oder fungiert er als Erfüllungsgehilfe des Erstverpflichteten? Handelt es sich um eine privative oder eine kumulative Schuldübernahme? Diese im Schadensfall bedeutsame Frage kann nur aufgrund der Gesetzeslage im Einzelfall beantwortet werden[115]. Für die Regelung des § 6 II PrWRG, wonach sich die Ortspolizeibehörde „wegen der polizeimäßigen Reinigung" bei genehmigter Übernahme nur an den Dritten halten darf, sind die Meinungen für die haftungsrechtlichen Konsequenzen geteilt. Ein Teil der Literatur[116] sieht in dem Übernehmer nur einen Erfüllungsgehilfen. Die ursprüngliche Verantwortlichkeit bleibt demnach bei dem Erstverpflichteten. Nach anderer Ansicht[117] folgt der

---

[111] Z. B.: § 6 PrWRG; § 52 IV 4 NdsStrG; § 4 III StrReinG NW; § 45 III 2 SHStrWG.

[112] *Arndt*, Straßenverkehrssicherungspflicht, S. 99; *Hecht/Hellich*, Komm., § 6 Anm. b); *Hurst* ZMR 67,67; *Walprecht*, Diss., S. 88; *Walprecht/Sander*, Komm., § 4 RZ 129.

[113] *Walprecht/Sander*, Komm., § 4 RZ 130.

[114] § 2 II Mustersatzung über die Straßenreinigung und die Erhebung von Straßenreinigungsgebühren (Straßenreinigungs- und Gebührensatzung), abgedruckt bei *Walprecht/Sander*, Komm., Anhang I, S. 83 ff.

[115] *Arndt*, Straßenverkehrssicherungspflicht, S. 99; zur Rechtslage in den einzelnen Ländern vgl. *Hurst* ZMR 67,67 - 70.

[116] *Germershausen/Seydel*, Wegerecht, S. 65 f.; *Kersten/Froelich*, Wegepolizeirecht, S. 551 (582: zu § 6 PrWRG).

[117] *Arndt*, Straßenverkehrssicherungspflicht, S. 104 f.; *Bochalli*, WegeR, S. 562 (580); *Walprecht*, Diss., S. 88; *Walprecht/Sander*, Komm., § 4 RZ 129; BGH NJW 72,1321.

Übernahme der Straßenreinigungspflicht auch die haftungsrechtliche Alleinzuständigkeit. Letztere Meinung scheint sich im Interesse klarer Verantwortlichkeiten für die neueren Straßengesetze zu Recht durchzusetzen. Ausdrücklich vertreten wird sie für die Regelung in Niedersachsen[118] und in Nordrhein-Westfalen[119]. Dagegen hat sich § 11 Satz 1 BremStrO für die haftungsmäßige Zweigleisigkeit entschieden. Hier ist der Übernehmer „zur polizeimäßigen Reinigung öffentlich rechtlich verpflichtet (Vertreter)". Eine ähnliche Regelung sieht auch § 30 HambWG vor.

In der Rechtsprechung hat sich seit langem die Auffassung durchgesetzt, es liege ein Fall subjektiver Unmöglichkeit vor, wenn der Straßenreinigungspflichtige körperlich (und wirtschaftlich) nicht in der Lage ist, die Reinigungsarbeiten selbst durchzuführen. Bereits 1926 stellt das Kammergericht[120] bei der Straßenreinigung auf die körperliche und wirtschaftliche Leistungsfähigkeit einer Reinigungspflichtigen ab. Diese grundlegenden Ausführungen sind in weiteren Entscheidungen[121] inhaltlich weitgehend übernommen und von der Literatur bestätigt worden[122]. Meist handelt es sich um Fälle, in denen die Straßenreinigung aus Alters- oder Gesundheitsgründen nicht mehr durchgeführt werden kann.

Dieser Auffassung ist der Rückgriff auf die zivilrechtlichen Kategorien vorzuhalten. Greifen belastende Hoheitsakte, wie die Abwälzung der Straßenreinigungspflicht, in Grundrechte der Pflichtaddressaten ein, so sind die Eingriffsgrenzen dem Schutzzweck des jeweiligen Grundrechts zu entnehmen. Grenzen persönlicher Leistungsfähigkeit für öffentliche Dienstpflichten zeigt der Grundsatz der Zumutbarkeit auf. Einer Anleihe bei zivilrechtlichen Rechtsinstituten bedarf es in diesen Fällen nicht.

Ergebnis: Der (verfassungsrechtliche) Grundsatz der Zumutbarkeit gleicht bei der Abwälzung der Straßenreinigungspflicht auf Privatpersonen unbillige Härten im Einzelfall aus. Die Bewertungskriterien ergeben sich aus dem jeweils tangierten Freiheitsgrundrecht — für die Straßenreinigungspflicht insbesondere aus Art. 2 II 1 GG. Unzumutbare Eingriffe in das Grundrecht auf „körperliche Unversehrtheit" liegen jedoch solange nicht vor, wie eine mit durchschnittlichen Fähigkeiten ausgestattete Ersatzperson in der Lage ist, die Straßenreinigungsarbeiten zu übernehmen.

---

118 *Nedden/Mecke*, HdB, § 52 Anm. 3 (S. 282).

119 *Walprecht/Sander*, Komm., § 4 RZ 129.

120 PrVBl. 47,503.

121 OVG Lüneburg DVBl. 62,421; LVG Rheinl.-Pf. NJW 53,599 (600).

122 *Haas* DVBl. 50,383 f.; *Zimmermann* SKV 58,128 (130); *Trimter* KStZ 68,27 (29): allerdings unter dem Aspekt der Zumutbarkeit.

IV. Zusammenfassung

Wegereinigungspflichten von Privatpersonen aus der kommunalen Straßenreinigung stehen grundsätzlich in Einklang mit den grundgesetzlichen Freiheitsgarantien. Das gilt auch für das Erfordernis der „herkömmlichen" Dienstleistungspflicht (Art. 12 II GG), soweit Straßenreinigungspflichten in den einzelnen Gemeinden in längerer, allgemein anerkannter Übung ohne größere zeitliche Unterbrechung abgewälzt wurden. Allerdings setzt auch hier — insbesondere bei verkehrsreichen Straßen — bereits von Gesetzes wegen die Tendenz ein, die Straßenreinigungspflicht der betroffenen Bürger auf die Gehsteige zu beschränken. Diese Rechtsentwicklung wurde nicht zuletzt durch den Verfassungsgrundsatz der Verhältnismäßigkeit im Hinblick auf das Grundrecht der „körperlichen Unversehrtheit" eingeleitet. — Zu berücksichtigen ist ebenfalls der Grundsatz der Zumutbarkeit. Seine Bedeutung besteht darin, unbillige Härten im Einzelfall zu korrigieren. Allerdings wird seine Effizienz durch die Möglichkeit eingeschränkt, jeweils eine Ersatzperson mit der Straßenreinigung zu beauftragen.

Zweiter Abschnitt

Pflichtenverteilung durch Gleichheitsgrundrechte

Die grundrechtlichen Freiheitsverbürgungen der Art. 12 II, 14 und 2 II GG verweisen die Straßenreinigungspflicht als Naturallast nicht von vornherein in den verfassungsrechtlich unzulässigen Bereich. Das Erfordernis der „herkömmlichen" Dienstleistungspflicht i. S. d. Art. 12 II GG und das Grundrecht auf „körperliche Unversehrtheit" setzen der Abwälzung der Straßenreinigungspflicht auf bestimmte Bürger keine grundsätzlichen, sondern lediglich situationsbedingte Schranken.

Die grundrechtliche Problematik der Straßenreinigungspflicht erschöpft sich jedoch nicht in den Freiheitsgarantien. Wenn aufgrund uneinheitlicher landesgesetzlicher Ermächtigungen die Straßenreinigungspflicht lediglich auf bestimmte Personengruppen, nämlich Angrenzer, Hinterlieger oder Anlieger, übertragen werden kann[123], so muß sich die hierauf fußende Praxis auch an dem rechtsstaatlichen Gleichheitsgebot messen lassen. Es entspricht zwar im Bereich der Straßenreinigung einer jahrzehntelangen Übung, nur besondere Personengruppen zur Straßenreinigung heranzuziehen. Doch entbindet Pflichtentradition allein noch nicht von rechtsstaatlicher Egalität[124]. Dies zeigt bereits die

[123] Vgl. 4. Teil, 1. Kapitel.

Verbindung von „herkömmlicher" und „allgemeiner, für alle gleichen Dienstleistungspflicht" in Art. 12 II GG. Die Rolle, die dem Gleichheitsgebot bei der Abwälzung der Reinigungspflichten zufällt, wird um so bedeutender, je öfter Baugelände abseits der Straße erschlossen wird und je mehr die Straßenreinigung vorrangig der allgemeinen Verkehrssicherheit dient. So bedarf es einer Erklärung, weshalb etwa bei Reihenhäusern, die lediglich mit einem Giebel an die reinigungsbedürftige Straßen angrenzen, oftmals nur die Bewohner des unmittelbar an der Straße liegenden Wohnblocks mit Straßenreinigungsarbeiten betraut werden, die Hinterleger aber von diesen Aufgaben verschont bleiben. Den Vorderliegern, die bereits durch Straßenlärm und Autoabgase in größerem Maße belästigt werden, fällt bei dieser Reinigungspraxis auch die Pflicht zu, den Schmutz anderer auf den Verkehrswegen zu beseitigen. — In einer ähnlichen Lage befinden sich die Anlieger innerörtlicher Durchgangsstraßen. Auch ihnen obliegt neben den üblichen Lärm- und Geruchsbelästigungen verkehrsreicher Straßen die Aufgabe, Verunreinigungen, die zum geringsten Maße von ihnen herrühren, zu beseitigen. Dabei verändert sich die Gleichheitsproblematik grundsätzlich nicht, wenn die Freiheitsgrundrechte die Abwälzung der Reinigungspflicht auf die Gehwege beschränken. Auch in diesen Fällen reinigen die Anlieger die Gehsteige vornehmlich für andere.

Die verfassungsrechtlichen Gleichheitsmaßstäbe, an denen die skizzierte Praxis zu messen ist, stellen die Art. 12 II und 3 I GG auf.

I. Art. 12 II GG

Daß die Straßenreinigungspflicht auch den Forderungen rechtsstaatlicher Gleichheit genügen muß, schreibt Art. 12 II GG ausdrücklich vor. Die Wegereinigungspflicht wird als „herkömmliche" Naturallast nur dann verfassungsrechtlich toleriert, wenn sie auch als „allgemeine, für alle gleiche" Dienstleistungspflicht ausgestaltet ist. Die Bedeutung dieses Erfordernisses wird auf dem Hintergrund des allgemeinen Gleichheitssatzes des Grundgesetzes deutlich.

1. Verhältnis zum allgemeinen Gleichheitssatz

a) Konkretisierung des allgemeinen Gleichheitssatzes

Die Tatbestandsmerkmale der „allgemeinen, für alle gleichen" Dienstleistungspflicht sind spezielle Ausprägungen des allgemeinen Gleichheitssatzes[125]. Es ist nämlich kein verfassungsrechtliches Gleichheitsgebot

[124] A. A.: BVerwGE 22,26 (28): OVG Lüneburg KStZ 74,132; *Dietlmeier* BayVBl. 75,495 (496); *Lukas* BayVBl. 65,368 (371); dagegen: BVerwG NJW 74, 1915; vgl. 4. Teil, 3. Kapitel, 2. Abschnitt, I.3 c).

denkbar, das sich in seinem abstrakten Substrat nicht auf die allgemeine Gleichheitsaussage des Art. 3 I GG zurückführen ließe; diese ist neben dem allgemeinen Freiheitsgrundrecht des Art. 2 I GG werttragendes Element des grundgesetzlichen Ordnungssystems schlechthin[126]. Die Forderung nach Egalität strahlt somit einerseits in den gesamten rechtserfaßten Lebensbereich aus. Umgekehrt läßt sich auch jede verfassungsrechtliche Egalitätsforderung auf Art. 3 I GG zurückführen. Sie ist thematisch zumindest (teil-)identisch mit der Grundsatzaussage des allgemeinen Gleichheitssatzes.

Dies wird bei einem Vergleich mit anderen Gleichheitsgeboten des Grundgesetzes deutlich. Unbeschadet unterschiedlicher Akzentuierungen im Einzelfall werden die Gleichheitsnormen der Art. 3 II, III; 28 I 2; 33 I, II, III; 38 I 1 GG als „leges speciales", „Konkretisierungen" oder „Anwendungsfälle" des allgemeinen Gleichheitssatzes umschrieben[127]. In welchem Grad sich dabei die besonderen Gleichheitsbestimmungen gegenüber Art. 3 I GG jeweils verselbständigt haben, spielt in diesem Zusammenhang keine bedeutende Rolle. Entscheidend ist allein, daß jede besondere Gleichheitsforderung den ihr eigenen Stellenwert erst auf dem Hintergrund des Art. 3 I GG gewinnt[128].

Die wichtigste Folge aus den Konkurrenzbeziehungen zwischen den besonderen grundgesetzlichen Gleichheitsaussagen und dem allgemeinen Gleichheitssatz besteht darin, daß sich grundsätzlich für jedes besondere Gleichheitsrecht das Differenzierungspotential heranziehen läßt, das Lehre und Rechtsprechung bereits für Art. 3 I GG entwickelt haben[129]. Die Besonderheiten, welche die Spezialität jeweils rechtfertigen, sind dabei allerdings angemessen zu berücksichtigen. Hierin liegt ein entscheidender Ansatz für die Auslegung der „allgemeinen, für alle gleichen" Dienstleistungspflicht.

b) Anwendungsebene und Gleichheitsmaßstäbe

Rechtsprechung und Lehre haben für den allgemeinen Gleichheitssatz je nach Anwendungsbereich unterschiedliche Gleichheitsmaßstäbe entwickelt. Diese Kriterien können auch für die „allgemeine, für alle

[125] *Bachof,* Grundrechte, S. 155 (261); *Göppel,* Diss., S. 151; *Gubelt,* GG, Art. 12 Rdn. 83 f.; *Klein,* DÖV 61,844 (845 f.); *Maunz* in: M-D-H, Art. 12 Rdn. 130 f.; *Schmidt-Bleibtreu/Klein,* GG, Art. 12 Rdn. 28; — unklar: BVerwGE 22,26 (29 f.), das — unter Mißachtung der Lex-specialis-Regel — Art. 3 I GG als Prüfungsmaßstab heranzieht.

[126] *Dürig* in: M-D-H, Art. 3 I Rdn. 3, Art. 1 Rdn. 2 ff. (12), der dieses Wertsystem letztlich auf Art. 1 I GG zurückführt; kritisch: *Rupp,* Gesetzeskontrolle, S. 364 (367 f.).

[127] *Dürig* in: M-D-H, Art. 3 II Rdn. 4; Art. 3 III Rdn. 2,3; *Ipsen,* Gleichheit, S. 111 (191); *Maunz* in: M-D-H, Art. 33 Rdn. 4; *Rupp,* Gesetzeskontrolle, S. 364 (368); *Seisser,* Diss., S. 62; BVerfGE 1,208 (237/242); 6,55 (71); 10,59 (73); 13,290 (295 f.); 41,399 (413); w. Nachw.: *Leibholz/Rinck,* GG, Art. 3 Rdn. 6 - 8; BayVerfGH NJW 76,615 (616 — Wahlrechtsgrundsätze).

[128] So *Maunz* in: M-D-H, Art. 33 Rdn. 4; ähnlich: *Seisser,* Diss., S. 156 f.

[129] *Maunz* in: M-D-H, Art. 12 Rdn. 130: „Die grundgesetzlichen Differenzierungsverbote (Art. 3) sind zu beachten."

gleiche" Dienstleistungspflicht im Hinblick auf die Straßenreinigungspflicht nutzbar gemacht werden.

„Gleichheit" bewegt sich als staatsgerichtete Verpflichtung auf den Ebenen, die durch die Gewaltenteilung vorgegeben sind[130]. So bindet die Rechtsetzungsgleichheit[131] den Gesetzgeber, dem die normensetzende Exekutive gleichsteht[132]; Exekutive und Judikative unterstehen dagegen den Regeln der Rechtsanwendungsgleichheit[133].

Die Aufspaltung in Rechtsetzungs- und Rechtsanwendungsgleichheit wird durch die Art der Hoheitsakte ergänzt, die an dem Gleichheitssatz zu messen sind. Unter diesem Aspekt ist die Differenzierungsebene um Eingriffs- und Leistungsakte zu vergrößern[134]. Diese Unterscheidung ist auch für die Rechtsetzungsgleichheit insofern von einiger Bedeutung, als es ständiger Verfassungsrechtsprechung entspricht, dem Gesetzgeber im Bereich gewährender Staatstätigkeit größere Gestaltungsfreiheit einzuräumen als auf dem Gebiet der Eingriffsverwaltung[135].

Das an Gleichheitsforderungen ausgerichtete Koordinatensystem, in das die Straßenreinigungspflicht einzuordnen ist, wird somit von Rechtsetzungs- bzw. Rechtsanwendungsebene einerseits, eingreifenden bzw. leistenden Hoheitsakten andererseits umspannt.

Daß die Gemeinden die Straßenreinigungspflichten nicht auf alle Bürger gleichmäßig verteilen, sondern lediglich auf bestimmte Personengruppen abwälzen, ist ihnen von den jeweiligen Landesgesetzgebern vorgegeben. Die Gemeinden aktualisieren auf dem Satzungswege lediglich die gesetzlich vorbestimmten Übertragungsmöglichkeiten. Der eigentliche Grund für die Abwälzung der Straßenreinigungspflicht auf Angrenzer, Hinterlieger oder Anlieger ist somit in der gesetzlichen Ermächtigungsgrundlage zu suchen. Der Gleichheitsvorbehalt des

---

[130] *Dürig* in: M-D-H, Art. 3 I Rdn. 292; *Leibholz*, Gleichheit, S. 34; *ders.* DVBl. 51,193 (194); *v. Mangoldt/Klein*, GG, Art. 3 Anm. III 2; *Seisser*, Diss., S. 31 ff.

[131] *Dürig* in: M-D-H, Art. 3 I Rdn. 295; *Ipsen*, Gleichheit, S. 111 (118 f.); *Isensee*, Typisierung, S. 136 f.; *Leibholz*, Gleichheit, S. 34 ff.; *v. Mangoldt/Klein*, GG, Art. 3 Anm. III 4; *Rupp*, Gesetzeskontrolle, S. 364 (365); *Seisser*, Diss., S. 32 - 34; Rechtsprechungsnachw.: *Leibholz/Rinck*, GG, Art. 3 Rdn. 9.

[132] BVerfGE 16,332 (339); w. Nachw.: *Leibholz/Rinck*, GG, Art. 3 Rdn. 10.

[133] *Dürig* in: M-D-H, Art. 3 I Rdn. 296,297; *Ipsen*, Gleichheit, S. 111 (118); *Leibholz*, Gleichheit, S. 30 ff.; *v. Mangoldt/Klein*, GG, Art. 3 Anm. III 3; *Seisser*, Diss., S. 34 ff.; ständige Rechtsprechung des BVerfG — Nachw.: *Leibholz/Rinck*, GG, Art. 3 Rdn. 9.

[134] *Ipsen*, Gleichheit, S. 111 (151); *Martens* VVDStRL 30 (1972), S. 7 (22) m. w. N.; *Dürig* (in: M-D-H, Art. 3 I Rdn. 345) verneint eine Unterscheidung in diesem Bereich; dazu: *Kreussler* DÖV 76,109.

[135] BVerfGE 14,221 (238 f.); 15,167 (201); 17,381 (388 f.); 41,126 (200 f.) — w. Nachw.: *Leibholz/Rinck*, GG, Art. 3 Rdn. 10; ablehnend: *Rupp*, Gesetzeskontrolle, S. 364 (373).

Art. 12 II GG richtet sich demnach in erster Linie an die Landesgesetzgeber. Egalität im Bereich der Straßenreinigung bedeutet daher Rechtsetzungsgleichheit.

Die Grobraster, die für den allgemeinen Gleichheitssatz entwickelt sind, lassen aber noch eine weitere Konkretisierung zu. Die einseitige Abwälzung der Straßenreinigungspflicht stellt sich für die Pflichtigen als belastender Hoheitsakt dar[136]. Die gesetzlichen Grundlagen, die hierzu ermächtigen, müssen sich damit in den engen Ermessensgrenzen eingreifender Hoheitsakte bewegen.

Die Gleichheitsproblematik im Bereich der kommunalen Straßenreinigung konzentriert sich damit auf Schranken der Rechtsetzungsgleichheit bei hoheitlichen Eingriffsakten. Die Grenzen, in denen sich die gesetzgeberische Gestaltungsfreiheit bewegt, hat insbesondere die Verfassungsrechtsprechung kontinuierlich entwickelt[137]. Ihr Ziel ist dabei, eine Harmonisierung zwischen Rechtsetzungsautonomie und größtmöglicher Gleichbehandlung herzustellen. Für eine Beschränkung freier Gesetzesgestaltung durch die Rechtsetzungsgleichheit sind besonders zwei Aspekte maßgeblich:

— Ermessensgrenze ist das Willkürverbot[138]. Es macht die eigentliche Essenz der Rechtsetzungsgleichheit aus[139]. In einer apodiktischen Umschreibung fordert es „Gleiches gleich und Ungleiches seiner Eigenart entsprechend verschieden“[140] zu behandeln. Die grundsätzliche Gleichbehandlung wird somit zum Gebot bei gleichen wie auch ungleichen Sachlagen[141].

— Der Gesetzgeber ist zur Systemgerechtigkeit und Konsequenz verpflichtet. Er ist an die von ihm „selbst statuierte Sachgesetzlichkeit“ gebunden. Jede Kontinuitätsabweichung bedarf der sachlichen Rechtfertigung[142]. Das Gebot gesetzgeberischer Selbstbindung erlangt mit der Rechtsetzungsgleichheit Verfassungsrang.

---

[136] Vgl. 4. Teil, 3. Kapitel. 1. Abschnitt.

[137] BVerfGE 34,325 (328 f.); 35,263 (273); w. Nachw.: *Leibholz/Rinck*, GG, Art. 3 Rdn. 2.

[138] *Dürig* in: M-D-H, Art. 3 I Rdn. 331 ff.; *Leibholz*, Gleichheit, S. 2; ders. DVBl. 51,193 (195); *Ipsen*, Gleichheit, S. 111 (150 ff.); ders. DVBl. 76,653 (657); — ständige Rechtsprechung des BVerfG seit E 1,14 (52); Nachw.: *Leibholz/Rinck*, GG, Art. 3 Rdn. 2, 9.

[139] *Isensee*, Typisierung, S. 137; BVerfGE 9,334 (337); 15,167 (201); 29,148 (153).

[140] BVerfGE 1,14 (52); 1,208 (247); 4,144 (155) — ständige Verfassungsrechtsprechung: Nachw.: *Leibholz/Rinck*, GG, Art. 3 Rdn. 2.

[141] Vgl. zu dieser Klarstellung: *Dürig* in: M-D-H, Art. 3 I Rdn. 321, 332.

[142] *Dürig* in: M-D-H, Art. 3 I Rdn. 311, 318; *Isensee*, Umverteilung, S. 65; *ders.*, Typisierung, S. 166 m. w. N., *Rupp*, Gesetzeskontrolle, S. 364 (380 ff.); BVerfGE 13,331 (340); 15,313 (318); 18,366 (372 f.); w. Nachw.: *Leibholz/Rinck*, GG, Art. 3 Rdn. 11.

Der Selbstbindungsgrundsatz ist eine Weiterentwicklung des Willkürverbots. Der Unterschied zwischen beiden normsetzungsbegrenzenden Kriterien besteht nicht in ihrem Gehalt, sondern in ihrer Methode: Begibt sich der Gesetzgeber in bislang gesetzesfreie Bereiche, so kann er Vergleichsgrößen nur in dem zu regelnden Sachgebiet selbst finden. Differenzierungen sind nur zulässig, „wenn sich ein vernünftiger, aus der Natur der Sache" ableitbarer Grund findet; andernfalls muß die Regelung „als willkürlich" betrachtet werden[143]. Vergleichsmaßstab für Willkürprüfungen ist somit in einem weiteren Sinne die „Sache", das sind alle vergleichsrelevanten, tatsächlichen Gesichtspunkte des betreffenden Regelungsbereichs[144]. Demgegenüber fordert das Gebot systemgerechter Konsequenz eine sachgesetzliche Fortschreibung bereits teilweise geregelter oder analog normierter Materien[145]. Vergleichsgröße ist ein bereits selbst gesetzlich vorgegebener, vergleichbarer normativer Regelungsgehalt[146]. Da der bereits kodifizierte Sachbereich seinerseits dem Willkürverbot genügen muß, verbürgt das systemkonsequente Gesetz letztlich auch Willkürfreiheit.

Die gesetzliche Ermächtigung zur Abwälzung der Straßenreinigungspflichten kann dann an dem Gebot der Systemkonsequenz gemessen werden, wenn eine normative Vergleichsmöglichkeit vorgegeben ist. Wie die systematische Analyse der Straßenreinigungspflicht gezeigt hat[147], nimmt sie unter den Naturallasten eine exponierte Stellung ein. Von daher fällt es schwer, geeignete Vergleichsmöglichkeiten mit anderen Naturallasten zu finden. Den Wegereinigungspflichten als Werkleistungspflichten am ehesten vergleichbar sind noch die gemeindlichen Hand- und Spanndienste. Jedoch zeigen sich gerade in dem problematischen Bereich einer ausgeglichenen Lastenverteilung maßgebliche Unterschiede.

Hand- und Spanndienste können nach § 68 PrKAG lediglich „Steuerpflichtigen" abverlangt werden. Das Problem der besonderen Belastung bestimmter Personenkreise stellt sich nicht. Hand- und Spanndienste sind Gemeinlasten, die Straßenreinigungspflicht ist hingegen Vorzugslast.

---

[143] BVerfGE 1,14 (52); BVerfG NJW 76,413 m. w. N.; *Ipsen* DVBl. 76,653 (657).

[144] Daß die Vergleichsgrößen nicht nur gegenständlich gesehen werden dürfen, betont *Dürig* (in: M-D-H, Art. 3 I Rdn. 310 f., 338) unter Hinweis auf A. Arndt.

[145] BVerfGE 13,331 (340: Eine steuergesetzliche Abweichung ist im Hinblick auf das Gleichbehandlungsgebot nur in einem Fall gerechtfertigt, „in dem das Steuergesetz die von ihm selbst statuierte Sachgesetzlichkeit" aus überzeugenden Gründen aufgibt); ähnlich: BVerfGE 15,313 (318); 18,366 (372 f.).

[146] Die jeweiligen Vergleichsgrößen werden in der Verfassungsrechtsprechung nicht konsequent geschieden: *Dürig* in: M-D-H, Art. 3 I Rdn. 311; *Kreussler* DÖV 76,109 (110).

[147] Vgl. 1. Teil.

Verfolgten Hand- und Spanndienste und die Straßenreinigungspflicht jedoch in ihrem objektiven Regelungsgehalt vergleichbare Ziele, so könnte sich möglicherweise für die Straßenreinigungspflicht auch vom Kreis der Pflichtadressaten her die notwendige Konsequenz ergeben, als Gemeinlast ausgestaltet zu werden. Hand- und Spanndienste sind deshalb Gemeinlasten und können nur steuerpflichtigen Bürgern auferlegt werden, weil sie gerade im Interesse dieser Bürger helfen sollen, die Gemeindeausgaben und damit die jeweilige Steuerbelastung gering zu halten. Bei den Straßenreinigungspflichten geht es hingegen darum, eine ausschließlich der Gemeinde dienende Lösung zu finden, die eigenen Straßenreinigungsaufgaben zu minimalisieren. Die Straßenreinigungspflichten der Gemeinde werden unbesehen des Adressatenkreises nach Praktikabilitätserwägungen abgewälzt. Diese unterschiedlichen Zielsetzungen zwischen Hand- und Spanndiensten und Straßenreinigungspflichten verbieten eine Gleichschaltung aus Gründen der Systemkonsequenz. Jede Pflichtenart untersteht ihren Eigengesetzlichkeiten. Eine tragfähige Basis für das Gleichheitsgebot der Systemkonsequenz ist nicht vorhanden.

Die gesetzliche Ermächtigung zur Abwälzung der Straßenreinigungspflicht muß sich daher grundsätzlich an der anderen Ausgestaltung der Rechtsetzungsgleichheit messen lassen, dem Willkürverbot. Es geht hierbei um die objektiv vergleichende Wertung korrespondierender Sachverhalte[148].

Die anhand der Gleichheitskautelen zu bewertenden Unterschiede, die sich bei der Abwälzung der Straßenreinigungspflicht zeigen, betreffen den Kreis der Pflichtadressaten. Die Straßenreinigungspflicht wird nicht gleichmäßig auf alle Gemeindeeinwohner übertragen, sondern kann von Gesetzes wegen nur bestimmten Personengruppen, d. i. Angrenzer, Hinterlieger und Anlieger, auferlegt werden. Selbst wenn in der Regel davon auszugehen ist, daß diese drei Personenkreise die Gesamtheit der Gemeindeeinwohner bilden[149], so sind unterschiedliche Straßenreinigungspflichten zwischen und innerhalb der jeweiligen Gruppen festzustellen. Beispielsweise können Hinterlieger in manchen Bundesländern von vornherein nicht zu Straßenreinigungsarbeiten herangezogen werden, da es an einer gesetzlichen Ermächtigungsgrundlage fehlt. Aber auch innerhalb einer Gruppe von Reinigungspflichtigen können die jeweiligen Belastungen schwanken. So ist es den nordrhein-westfälischen Gemeinden nach § 4 I 1 StrReinG NW in der Regel nur möglich, die Gehwegreinigung auf Anlieger abzuwälzen. Die Fahrbahnreinigung kann jedoch dann übertragen werden, „wenn die Straße ganz überwiegend der Erschließung der Grundstücke dient und die Reinigung

---

[148] BVerfGE 2,266 (281); 4,144 (155); *Dürig* in: M-D-H, Art. 3 I Rdn. 334.
[149] A. A. *Fecht* KStZ 68,113 (114).

durch die Gemeinde einen unverhältnismäßig hohen technischen oder finanziellen Aufwand erfordert", § 4 I 2 StrReinG NW. Die Straßenreinigungsaufgaben pendeln somit innerhalb der Gruppe der Anlieger zwischen Gehweg- und Fahrbahnreinigung.

Die tatsächlichen Unterschiede bei der Belastung mit Reinigungsaufgaben sind einem normativ-wertenden Vergleich zu unterziehen. Daß die Landesgesetze nur bestimmte Personenkreise zu Pflichtadressaten der Straßenreinigung machen, läßt sich mit dem Gleichheitsgebot einer willkürfreien Gesetzesregelung nur vereinbaren, wenn sich aus der Regelungsmaterie selbst vernünftige, „sachgerechte"[150] Argumente für die differenzierte Behandlung ergeben. Die Problematik der Straßenreinigungspflicht als Vorzugslast läßt sich in der Frage fassen, ob die unterschiedliche Abwälzung der Straßenreinigungspflicht auf vernünftigen, sachgerechten Gründen beruht, die sich aus den Aufgaben der Straßenreinigung selbst ergeben. Nur dann hat die Straßenreinigungspflicht in der derzeit praktizierten Form als Naturalvorzugslast vor dem Gleichheitsvorbehalt des Art. 12 II GG Bestand.

2. Verhältnis von „allgemeiner" und „für alle gleiche" Dienstleistungspflicht

Der Gleichheitsvorbehalt des Art. 12 II GG stellt im Bereich der Straßenreinigung das allgemeine Gebot auf, Reinigungspflichten nicht willkürlich auf bestimmte Personenkreise abzuwälzen. Die speziellen Schranken des Art. 12 II GG konkretisieren das Gleichheitserfordernis durch die Voraussetzung einer „allgemeinen, für alle gleichen" Dienstleistungspflicht.

Welche Bedeutung der Häufung der Tatbestandsmerkmale „allgemein" und „gleich" zukommt, zeigt ein Vergleich mit anderen Regelungsbereichen, in denen mehrere Gleichheitsnormen zusammentreffen.

Den klassischen Vergleichsfall, den das Grundgesetz selbst aufzeigt, bilden die Wahlrechtsgrundsätze der Art. 28 I 2, 38 I GG. Eine Wahl, die grundgesetzlichen Demokratievorstellungen genügen will, muß „allgemein" und „gleich" sein. Beide Merkmale sind nicht beliebig austauschbar, sondern umschreiben eigenständige Voraussetzungen. Während das Erfordernis der „allgemeinen" Wahl jedem Staatsbürger die Teilnahme an der Wahl ermöglicht[151], enthält das Postulat der „gleichen" Wahl in dem Grundsatz der Zählwertgleichheit[152] die unabdingbare Ergänzung, soll die Gleichheitsidee bei Wahlen verwirklicht werden. Die „gleiche" Wahl garantiert Gleichgewich-

[150] Damit ist keine „Verdinglichung" der Gleichheitsprüfung verbunden; — vgl. *Dürig* in: M-D-H, Art. 3 I Rdn. 308 ff.

[151] *Doehring*, Staatsrecht, S. 140 m. w. N.; *Maunz* in: M-D-H, Art. 38 Rdn. 39; *Seifert*, Bundeswahlrecht, Art. 38 GG Rdn. 5 ff.; BVerfGE 1,208 (237/242); 6,84 (91); 24,300 (340); 36,139 (141); 41,399 (413); w. Nachw.: *Leibholz/Rinck*, GG, Art. 38 Rdn. 4 a.

tigkeit jeder gültig abgegebenen Stimme. Mit dieser höchst bedeutsamen Ausformung der Wahlrechtsgrundsätze werden wirtschaftliche, gesellschaftliche und intellektuelle Unterschiede zugunsten schematisch gleicher demokratischer Legitimation nivelliert. „Allgemeinheit“ und „Gleichheit“ der Wohl garantieren somit Gleichheit bei der Auswahl des stimmberechtigten Personenkreises und Gleichwertigkeit der gültig abgegebenen Stimmen.

Ein weiteres verdeutlichendes Beispiel gefestigter Verfassungsrechtsprechung findet sich in der steuerrechtlichen Ausprägung des allgemeinen Gleichheitssatzes. Die „Allgemeinheit der Besteuerung“ fordert einen homogenen Kreis der Steuerpflichtigen, während die „Gleichmäßigkeit der Besteuerung“ sachfremde Unterschiede innerhalb dieses Kreises untersagt[153].

Die inhaltliche Zuordnung von „Allgemeinheit“ und „Gleichheit“, die den aufgezeigten Beispielen zugrunde liegt, läßt sich sinngemäß auch auf die Gleichheitskumulation des Art. 12 II GG übertragen. Eine Dienstleistungspflicht kann nur dann als „allgemein“ bezeichnet werden, wenn grundsätzlich alle Personen, die in einem vernünftigen Sachzusammenhang mit der geforderten Leistungspflicht stehen, herangezogen werden können[154]. Durch dieses Merkmal wird der persönliche Geltungsbereich abgesteckt[155]. Daneben fordert die „gleiche“ Dienstleistungspflicht eine grundsätzlich gleiche Belastung[156] derjenigen, die bereits als Mitglieder einer homogenen Gruppe zu Diensten herangezogen sind. Differenzierungen nach den Kriterien des Willkürverbots sind innerhalb der jeweiligen Adressatenkreise möglich.

Art. 12 II GG enthält somit in seinem Gleichheitsvorbehalt weder eine Tautologie, noch kommt einem Tatbestandsmerkmal lediglich deklaratorische Bedeutung zu[157]. „Allgemeinheit“ konstituiert den Adressatenkreis, „Gleichheit“ legt das Maß der individuellen Inpflichtnahme innerhalb einer homogenen, d. i. „allgemeinen“ Gruppe fest.

3. Straßenreinigungspflicht als „allgemeine“ Dienstleistungspflicht

Der verfassungsrechtliche Erlaubnisvorbehalt der „allgemeinen Dienstleistungspflicht bewirkt eine — auf den Adressatenkreis bezogen — gleichmäßige Verteilung der Naturallasten. Im Bereich der kommu-

[152] *Seifert*, Bundeswahlrecht, Art. 38 GG, Rdn. 21 ff.; BVerfGE 1,208 (246); 7,63 (70); 16,130 (138 f.); 34,81 (99); 41,399 (413); — w. Nachw.: *Leibholz/Rinck*, GG, Art. 3 Rdn. 4 b.

[153] *Tipke*, Steuerrecht, S. 35 ff.; BVerfGE 26,1 (8: Besteuerung bestimmter Berufsgruppen); BVerfGE 21,12 (26 ff.: Gleichmäßigkeit der Steuersätze).

[154] *Gubelt*, GG, Art. 12 Rdn. 83; *Klein* DÖV 61,844 (845); BVerfGE 26,1 (8: Auswahl muß auf „sachgerechten Erwägungen“ beruhen).

[155] So richtig: *v. Rosen-v. Hoewel*, Gebühren, S. 454 (472).

[156] *Bachof*, Grundrechte, S. 155 (261).

[157] So aber anscheinend die Interpretation von *v. Rosen-v. Hoewel*, Gebühren, S. 454 (472 f.).

nalen Straßenreinigung wäre diese Voraussetzung idealiter erfüllt, wenn grundsätzlich alle Gemeindeeinwohner zu Reinigungsarbeiten herangezogen würden. Da die Straßenreinigungspflicht aber lediglich auf Angrenzer, Hinterlieger oder Anlieger[158] abgewälzt wird, ist ein vernünftiger, sachgerechter Grund erforderlich, soll die Auswahl des reinigungspflichtigen Adressatenkreises nicht an dem Erfordernis der „allgemeinen" Dienstleistungspflicht scheitern.

a) Mitverursachung

Ein sachgerechter und damit gleichheitsstiftender Grund, die Straßenreinigungspflicht auf die Anlieger abzuwälzen, wird in der Behauptung gesehen, dieser Personenkreis habe die Verunreinigung der von ihm zu säubernden Straßen mitverursacht[159]. Dieser Aspekt ist insofern bedeutsam, als er polizeirechtliche Verantwortlichkeiten i. S. d. Handlungsstörung anspricht, die allgemein zu einer besonderen Pflichtigkeit führen können. Mit dieser rechtlichen Qualifizierung entlarvt sich das Argument, die Reinigungspflichtigen seien Verursacher der Straßenverschmutzung, zur Rechtfertigung der Abwälzung von Reinigungsarbeiten aber bereits als Scheinbegründung. Die Mitverursachung der Verschmutzung durch die Anlieger kann nur dort eigenständige Bedeutung erlangen, wo sie selbst quantifizierbar und damit polizeirechtlichen Kategorien zugänglich ist. Dies ist aber lediglich im Bereich der situationsbedingten Straßenreinigung möglich[160]. Wie bereits dargelegt[161], lassen sich hingegen die Pflichten aus der kommunalen Straßenreinigung nicht in polizeirechtliche Formen zwängen. Ihre dogmatische Grundlage wie ihre rechtliche Qualifizierung verbieten den Rückgriff auf das Polizeirecht.

b) Dingliche Last

Ein anderer Versuch, die Straßenreinigungspflicht der Anlieger vor dem Gleichheitserfordernis des Art. 12 II GG zu rechtfertigen, wird mit der These unternommen, die Straßenreinigungspflicht stelle eine „auf dem Grundstück ruhende öffentliche Last" dar[162]. Dieser Aussage läßt sich dann ein sachgerechter Grund entnehmen, wenn aus dem anliegenden Grundstück selbst eine spezielle Verantwortlichkeit für die Straßenreinigung herzuleiten ist. Eine solche Interpretation ist aber dogmatisch

---

[158] Im folgenden werden die „Anlieger" stellvertretend für diese drei Personenkreise zitiert, sofern keine Besonderheiten zu beachten sind.

[159] *Braun* BayVBl. 65,304 (305, insbes. FN 11); vorsichtiger: *Loberg* KStZ 74,41 (43); *ders.* DGStZ 76,162 (163).

[160] Vgl. 3. Teil, 1. Kapitel, III.

[161] Vgl. 4. Teil, 2. Kapitel, I.

[162] OVG Münster KStZ 72,154 (155); *Strickrodt,* HwStR II, „Last, öffentliche".

schwer einzuordnen. Es wäre allenfalls möglich, die dingliche Last als polizeirechtliche Verantwortlichkeit i. S. d. Zustandshaftung zu begreifen. In diesem Fall ergeben sich aber keine tauglichen Ansätze für eine Straßenreinigungspflicht. Die Reinigungsaufgaben erwachsen nicht aus einer Zustandsverantwortlichkeit der Eigentümer anliegender Grundstücke, sondern sind Folge eines gesetzlichen Schuldverhältnisses[163]. Wird die Straßenreinigungspflicht als öffentliche Last des anliegenden Grundstücks bezeichnet, so kann dieser Umschreibung nicht mehr als metaphorische Bedeutung beigemessen werden[164].

c) *Herkömmlichkeit*

Die Ausgestaltung der Straßenreinigungspflicht als Vorzugslast wird bisweilen auch damit erklärt, es entspreche einem „gewissen Herkommen", die Anlieger zur Reinigung der an ihr Grundstück angrenzenden Verkehrswege zu verpflichten[165].

Diese Auffassung verkennt jedoch einmal die Bedeutung der geschichtlichen Entwicklung. Gerade der fortschreitende Abbau von Naturallasten verbietet es, herkömmliche Bräuche in diesem Bereich ungesehen zu übernehmen. Obwohl sich die Straßenreinigungspflicht bis heute erhalten hat, unterliegt auch sie dem allgemeinen Wandel: von der Natural- zur Geldlast und der Vorzugs- zur Gemeinlast[166]. Angesichts dieser Entwicklung bedarf das „gewisse Herkommen" selbst der Überprüfung, ob nicht entscheidende Änderungen erforderlich sind.

Wichtiger sind aber die Aspekte, die Art. 12 II GG selbst aufzeigt. Wenn der Verfassunggeber in den Erlaubnisvorbehalt des Art. 12 II GG neben dem „herkömmlichen" eigens das Erfordernis der „allgemeinen" Dienstleistungspflicht aufnimmt, so kann dem Gleichheitsgebot nicht lediglich durch den Traditionshinweis genügt werden. Ansonsten wäre die weitere Voraussetzung der „allgemeinen" Dienstleistungspflicht überflüssig. Gerade die Kombination von „herkömmlicher" und „allgemeiner" Dienstleistungspflicht unterstreicht die jeweils eigenen Bedeutungsinhalte: „Herkömmlichkeit" verbürgt weitgehende persönliche Lastenfreiheit, „Allgemeinheit" garantiert sachgerechte Lastenverteilung. Grundrechtskonformität auf der Freiheitsebene präjudiziert noch keine Verfassungsmäßigkeit im Gleichheitsbereich. Beide Verfassungskautelen ergänzen sich gegenseitig. In keinem Fall aber rechtfertigt „ein gewisses Herkommen" bereits *besondere* Dienstleistungspflichten.

---

[163] Vgl. 4. Teil, 2. Kapitel, I.

[164] Ebenfalls ablehnend (allerdings für Straßenreingungsgebühr): *Hecht/Hellich,* Komm., Vorbem. S. 20; *Hurst,* Gemeindeeinrichtungen, S. 833 (869 f.).

[165] OVG Lüneburg KStZ 74,132; BVerwGE 22,26 (28); *Dietlmeier* BayVBl. 75,495 (496); *Lukas* BayVBl. 65,368 (371); a. A.: BVerwG NJW 74,1915.

[166] Vgl. 2. Teil.

d) Angrenzen

Dort, wo die Landesgesetze das bloße Angrenzen oder Anliegen eines Grundstücks an die reinigungsbedürftige Straße ausreichen lassen[167], müßte schon eine gemeinsame Grenze von Grundstück und Straße genügen, um die Straßenreinigungspflicht des Eigentümers zu begründen. Dieser Schluß trifft dann zu, wenn die geographische Lage des Grundstücks für sich einen vernünftigen Grund darstellt, um die besonderen Reinigungslasten sachlich zu legitimieren. Aufgrund des unmittelbaren Kontakts von Grundstück und Straße soll die Straßenreinigung den Angrenzern am ehesten zugemutet werden können[168]. Diese Erklärung beruht aber auf einer stillschweigenden Prämisse, der Voraussetzung nämlich, daß der Angrenzer einen Zugang zur Straße hat. Muß er erst einen ganzen Wohnblock umlaufen, eine hohe Böschung, Hecke oder Zaun überwinden, um auf die zu reinigende Straße zu gelangen, so ist ihm die Reinigung der Straße nicht eher zuzumuten als dem Nachbarn jenseits der Grenze, der möglicherweise nur die Straße überqueren muß.

Das Angrenzen allein kann somit nicht als sachgerechter Grund angesehen werden. Folgerichtig verbindet das Bundesverwaltungsgericht[169] im Sinne einer verfassungskonformen Interpretation mit dem „Angrenzen" auch die „Möglichkeit der wirtschaftlichen oder verkehrlichen Nutzung des Grundstücks, insbesondere der Schaffung eines Zugangs oder einer Zufahrt".

Damit löst sich auf dem Hintergrund des Gleichheitsvorbehalts in Art. 12 II GG auch die Problematik der „durchlaufenden Grundstücke"[170]. Besteht keine Verbindung zwischen angrenzendem Grundstück und zu reinigender Straße, so können die Grundstückseigentümer nicht zu Straßenreinigungsarbeiten herangezogen werden. Das Angrenzen allein bewahrt nicht vor dem Vorwurf der willkürlichen Abwälzung[171].

Wenn das Bundesverwaltungsgericht ein Angrenzen des Grundstücks an die reinigungspflichtige Straße nur dann als sachgerechten Grund zur Abwälzung der Reinigungslast anerkennt, wenn auch eine Zugangsmöglichkeit besteht, so wird ein neuer Gesichtspunkt angesprochen, um die Straßenreinigungspflicht zu begründen: die Nutzungsmöglichkeit.

---

167 § 5 I PrWRG; Art. 51 IV BayStrWG; § 52 IV 2 NdsStrG; § 45 III SHStrWG.

168 Vgl. BVerwG NJW 74,1915.

169 BVerwG KStZ 70,92; NJW 74,1915.

170 Vgl. 4. Teil, 1. Kapitel, IV.

171 A. A.: OVG Münster DVBl. 51,767; KStZ 72,154; *Steenbock* SKV 73,202 (203 f.).

e) *Nutzungsmöglichkeit*

Als ausreichendes Argument gegen den Vorwurf einer willkürlichen Abwälzung der Straßenreinigungspflicht auf die Anlieger wird vorgetragen, die Berührung mit der Straße ermögliche die wirtschaftliche oder verkehrliche Nutzung des Grundstücks; diese sei insbesondere dann gegeben, wenn das Grundstück über eine Zugangsmöglichkeit zur Straße verfüge[172]. Nach dieser Ansicht sind von vornherein die Angrenzer von der Straßenreinigungspflicht ausgeschlossen. Ihre Grundstücke sind von der zu reinigenden Straße aus nicht zu erreichen. Die Abwälzungsmöglichkeiten beschränken sich auf Anlieger und Hinterlieger.

Es erscheint zunächst überzeugend, daß Anlieger und Hinterlieger durch einen Verkehrsweg, der ihr Grundstück dem allgemeinen Straßennetz zugänglich macht, gegenüber anderen Verkehrsteilnehmern einen besonderen Nutzen erlangen. Dieser Vorteil besteht in einer materiellen Werterhöhung des erschlossenen Grundstücks. Dieser Gesichtspunkt rechtfertigt bereits den Erschließungsbeitrag[173]. Kann aber dasselbe Argument auch die Abwälzung der Straßenreinigungspflicht legitimieren?

Ein sachgerechter Ausgleich für die Abwälzung der Straßenreinigungspflicht kann sich nur aus der Sache selbst, d. h. aus dem unmittelbaren Zusammenhang mit der Straßenreinigung ergeben[174]. Der Anliegernutzen muß also in der gesäuberten Straße selbst liegen. Mag die Grundstückserschließung noch eine spürbare Werterhöhung für den Eigentümer mit sich bringen, so ist ein spezifischer Anliegervorteil mit der Straßenreinigung nicht ohne weiteres erkennbar. Zur Verdeutlichung ist zwischen Durchgangs- und reinen Anliegerstraßen zu unterscheiden.

aa) Bei Durchgangsstraßen kommt die kommunale Straßenreinigung, die in ihrer verkehrsmäßigen Ausgestaltung[175] der jederzeitigen gefahrlosen Straßenbenutzung dient, dem allgemeinen Verkehr ebenso zugute wie den Anliegern. Dies wird besonders beim Winterdienst deutlich, der zur Verkehrssicherung eingerichtet und durchgeführt wird. Verschneite oder vereiste Verkehrswege beeinträchtigen Passanten ebenso wie Anwohner. Gleiches gilt auch für den polizeirechtlichen Gehalt der Straßenreinigung. Mit der Reinigung der Straße werden gesundheitsgefährdende, zumeist aber unangenehme Geruchs- und

---

[172] BVerwG NJW 74,1915 f.; BVerwGE 22,26 (28); BGH NJW 53,383; *Braun* BayVBl. 65,304 (305); *Loberg* KStZ 74,41 (43); *Walprecht/Sander*, Komm., § 3 RZ 76.

[173] *Schmidt, Erschließungsrecht*, S. 92 f.; *Förster*, BBauG, § 127 Anm. 1; *Schütz/Frohberg*, BBauG, § 127 Anm. I 3 (o. B.).

[174] OVG Lüneburg KStZ 74,93 (94); 74,132 (134).

[175] Vgl. 3. Teil, 2. Kapitel, I.

Staubimmissionen beseitigt. Unterbleibt die Reinigung, so treffen diese Unannehmlichkeiten Anlieger, Hinterlieger und die übrigen Verkehrsteilnehmer in gleichem Maße[176]. Ein besonderer Nutzen der Anlieger und Hinterlieger gegenüber anderen Straßenbenutzern ist aus der Straßenreinigung nicht ersichtlich.

bb) Erhöhte Nutzungsmöglichkeiten könnten durch die Straßenreinigung jedoch für Bewohner reiner oder überwiegender Anliegerstraßen entstehen. Eine beispielsweise stark verschneite, nicht befahrbare Anliegerstraße bringt den dort lebenden Einwohnern erhebliche Nachteile. Umgekehrt ist mit der Straßenreinigung von Anliegerstraßen ein besonderer Nutzen für diesen Personenkreis verbunden.

Doch ist auch bei reinen Anliegerstraßen dieses Argument nur bedingt schlüssig. Der Gesichtspunkt der Nutzungsmöglichkeit deckt nämlich nur die Zwecke der verkehrsmäßigen Reinigung ab. Die Momente allgemeiner Gefahrenabwehr werden bei dieser Begründung vernachlässigt. Aber auch die allgemeinen polizeirechtlichen Aspekte sind Ziel jeder Straßenreinigung. Gesundheitsgefahren, die durch regelmäßige Straßenreinigungen verhindert werden, bestehen nicht nur für die Anlieger, sondern bedrohen die Öffentlichkeit schlechthin. Der Gesichtspunkt allgemeiner Gefahrenabwehr relativiert damit die Anliegervorteile, die durch die Nutzungsmöglichkeiten im überwiegenden Anliegerverkehr gegeben sind. Geht man davon aus, daß sich verkehrsmäßige und polizeimäßige Momente der kommunalen Straßenreinigung ebenbürtig sind, so müßten die Reinigungspflichten der Anlieger um die Hälfte vermindert werden. Ob eine derartige Aufteilung zwischen Anliegern und Gemeinde bei tatsächlichen Reinigungslasten aber sinnvoll oder überhaupt praktikabel ist, muß der Entscheidung der verantwortlichen Stellen vorbehalten bleiben.

Auch wenn der Anliegernutzen zumindest teilweise einen sachgerechten Grund für die Abwälzung der Straßenreinigungspflichten darstellt, so ist die Unterscheidung zwischen Anliegern und Hinterliegern, wie sie in diesem Zusammenhang in manchen Landesgesetzen vorsehen ist[177], nicht erklärlich. Den Hinterliegern werden dieselben Vorteile zuteil wie den Anliegern. Dennoch sollen sie von Straßenreinigungsarbeiten verschont bleiben. Das Argument, die Straßenreinigung bringe den Bewohnern von Anliegerbezirken einen besonderen Nutzen, ist auf dem Hintergrund der „allgemeinen" Dienstleistungspflicht nur dann schlüssig, wenn entweder auch die Hinterlieger zu Reinigungsarbeiten herangezogen werden oder, sofern dieses gesetzestechnisch nicht möglich ist[178],

---

[176] BVerwG NJW 74,1915 (1916).

[177] Z. B.: §§ 5 I PrWRG; 52 IV 1 NdsStrG; 4 I StrReinG NW.

[178] Amtl. Begründung des EStrReinG NW — Ltg.-Drucks. 7/2957 zu § 4 S. 8; Ltg.-Druchs 8/33 zu § 4 S. 9; *Doose* Der Städtetag 1976,275.

auch die Anlieger von den Reinigungsarbeiten freigestellt werden. Eine unterschiedliche Behandlung von Anliegern und Hinterliegern unter dem Gesichtspunkt des wirtschaftlichen oder verkehrlichen Nutzens ist jedenfalls nicht gerechtfertigt.

Fazit: Wegen der praktischen Schwierigkeit, alle maßgeblichen Gesichtspunkte angemessen zu berücksichtigen (verkehrsmäßige — polizeimäßige Gehalte der kommunalen Straßenreinigung; Angleichung der Regelungen für Anlieger und Hinterlieger) erscheint es ratsam, auf eine Abwälzung der Straßenreinigungspflichten auf die Anlieger gänzlich zu verzichten.

f) Praktikabilität

Die Diskussion um die Rechtfertigung der Straßenreinigungspflicht als Vorzugslast schwenkt von der normativen auf die pragmatische Ebene über: „Geeignet für die Übernahme der Reinigungspflicht sind in erster Linie die Eigentümer der an die zu reinigenden Gehwege grenzenden Grundstücke ...“[179]. Geeignetheit meint dabei nicht die subjektive Befähigung, sondern umschreibt die einfachste, beste und zweckmäßigste Art, Straßenreinigungsarbeiten auf Gemeindeeinwohner zu übertragen. Motivation für die Abwälzung der Straßenreinigungspflicht ist die Arbeitserleichterung für die Gemeinden. Das maßgebliche Kriterium bilden Praktikabilitätserwägungen. Es entspricht einer einfachen, effektiven und den Gemeinden kostenersparenden Lösung, die Eigentümer derjenigen Grundstücke mit Straßenreinigungsarbeiten zu betrauen, welche der zu reinigenden Straße am nächsten liegen[180]. Den Tenor all dieser Überlegungen faßt die Regelung des § 4 I 2 StrReinG NW zusammen. Danach kann die Reinigungspflicht (für Fahrbahnen) dann auf die Anlieger übertragen werden, „wenn die Straße ganz überwiegend der Erschließung der Grundstücke dient und die Reinigung durch die Gemeinde einen unverhältnismäßig hohen technischen und finanziellen Aufwand erfordert“. Die Frage bleibt, ob Praktikabilitätserwägungen gleichheitsstiftende Bedeutung zukommt, d. h. ob sie als sachgerechte, vernünftige Gründe unterschiedliche Belastungen kompensieren können.

aa) Praktikabilität als ausgleichendes Prinzip

Praktikabilität wird in ständiger Verfassungsrechtsprechung als möglicher Legitimationsgrund für gesetzliche Sonderbehandlungen im Bereich hoheitlicher Lastenverteilung und sozialer Mittelgewährung an-

---

[179] BVerwGE 22,26 (28).

[180] *Doose* Der Städtetag 76,275 (277); *Lukas* BayVBl. 65,368 (371); amtl. Begründung zum EStrReinG NW — Ltg.-Drucks. 7/2957 zu § 4 S. 8; Ltg.-Drucks. 8/33 zu § 4 S. 9; BayVerfGH U. v. 13. 4. 64 — Vf. 97/VII-61 — zitiert nach *Koenig* SKV 67,43; OVG Münster KStZ 72,154 (155); OVG Lüneburg DGStZ 74,162 f.

gesehen[181]. Dabei toleriert das Bundesverfassungsgericht Ungleichheiten, die mit schematischer Gleichbehandlung verbunden sind, um vor allem Massenerscheinungen bewältigen zu können, wie sie im Steuer- und Sozialrecht auftreten. Die Verfassungsrechtsprechung folgt letztlich einem praktischen Bedürfnis, wenn sie das Gebot der Einzelfallgerechtigkeit zugunsten der tatsächlichen Arbeitsbewältigung zurückstellt, indem sie Pauschbesteuerungen[182] zuläßt, Kilometerpauschale[183] und Steuerfreibeträge[184] einheitlich bemißt, Kindergeld[185] und Waisenrente[186] ohne Berücksichtigung der Lage im Einzelfall zufließen läßt oder schematisierende Gesetzesregelungen im Bereich des Lastenausgleichs[187] für mit dem Willkürverbot vereinbar erklärt.

Doch wird der Rückgriff auf typisierende Anwendungsschablonen dadurch begrenzt und mit dem Willkürverbot in Einklang gebracht, daß hinter allen Praktikabilitätserwägungen die maximale Verwirklichung materieller Gleichheit stehen muß: im Bereich der Hoheitsverwaltung ist es die Lastengleichheit[188], auf dem Gebiet der Leistungsverwaltung die soziale Gleichheit[189]. Selbst im Bereich gewährender Staatstätigkeiten, in dem das Bundesverfassungsgericht eine großzügigere Gestaltungsfreiheit des Gesetzgebers anerkennt[190], stellt das Gericht bei schematisierenden Regelungen, die ihren Grund in Praktikabilitätserwägungen haben, entscheidend auf die soziale Gerechtigkeit ab. So führt das Bundesverfassungsgericht[191] zu den gesetzlichen Bestimmungen der Kriegsopferversorgung aus: „Gerade in diesem Bereich sind zugunsten einer vom Sozialstaatsprinzip her zumindest in gleicher Weise gebotenen Praktikabilität und Übersichtlichkeit schematisierende und generalisierende Regelungen, selbst auf die Gefahr einer Vernachlässigung der Besonderheiten jedes einzelnen Falles hin, unumgänglich". Der Rekurs auf das Sozialstaatsprinzip macht die bloß flankierende Bedeutung der Praktikabilitätserwägungen deutlich: Nur auf dem Hintergrund eines materiellen Rechtsprinzips ist es gerechtfertigt, die Anforderungen an das Gleichheitserfordernis zu senken. Die Praktikabilität bleibt instrumentales Hilfsprinzip im Dienste eines materiellen

[181] BVerfGE 27,375 (386 f.); 28,324 (338/355); 31,1 (6); w. Nachw.: *Isensee*, Typisierung, S. 166 f.

[182] BVerfGE 14,76 (102); 18,186 (191).

[183] BVerfGE 27,58 (68 f.).

[184] BVerwGE 23,74 (82).

[185] BVerfGE 22,100 (103); 22,163 (169).

[186] BVerfGE 23,135 (144).

[187] BVerfGE 41,126 (187 f.); 41,193 (200 ff.).

[188] *Isensee*, Typisierung, S. 165.

[189] BVerfGE 26,16 (37).

[190] Nachw. oben N 135.

[191] BVerfGE 26,16 (37).

Rechts- und Ordnungsgrundsatzes[192]. Sie ist lediglich „Relationsbegriff“[193], der verschiedene Rechtsprinzipien koordiniert und optimiert.

Überträgt man diese Leitlinien auf die Gleichheitsproblematik, die mit der Abwälzung der Straßenreinigungspflicht auf bestimmte Personenkreise entsteht, so zeigt sich folgendes Bild: Die gesetzlichen Straßenreinigungsvorschriften ermächtigen die Gemeinden zu belastenden Eingriffen. Das Willkürverbot stellt damit erhöhte Anforderungen an die gesetzgeberischen Akte. Wenn aber bereits im Bereich der gewährenden Staatstätigkeit Praktikabilität als Vergleichsmaßstab nur im Lichte der Sozialstaatlichkeit Bedeutung erlangt, so muß erst recht für eingreifende Hoheitsakte eine normative Ergänzung gefordert werden. Die Gruppe der jeweils reinigungspflichtigen Personen kann sich daher nicht ausschließlich unter Gesichtspunkten konstituieren, die für die Gemeinden praktikable Lösungen bringen. Praktikabilitätserwägungen kompensieren Ungleichheiten lediglich innerhalb anderweitig bestimmter, homogener Pflichtadressatenkreise, begründen aber nicht selbst Gruppenhomogenität. Es ist daher nicht frei von Willkür, die Straßenreinigungspflicht allein deshalb auf Angrenzer, Hinterlieger oder Anlieger abzuwälzen, weil die räumliche Nähe zu der reinigungsbedürftigen Straße eine praktikable Lösung verspricht. Der sachgerechte Grund muß in Zusammenhang mit der Straßenreinigung stehen[194].

Folgerichtig stellt § 4 I 2 StrReinG NW neben den Praktikabilitätserwägungen auch darauf ab, ob die von den Anliegern zu reinigende Straße „ganz überwiegend der Erschließung der Grundstücke“ dient. Daß aber auch der Gesichtspunkt des Anliegernutzens letztlich nur sehr bedingt geeignet ist, die Abwälzung der Straßenreinigungspflicht auf die Anlieger vor dem Willkürverbot des Art. 12 II GG zu rechtfertigen, wurde bereits dargelegt[195].

bb) Praktikabilität als pflichtengestaltendes Prinzip

Können auch Praktikabilitätsgesichtspunkte allein die Abwälzung der Straßenreinigungspflicht auf Angrenzer, Hinterlieger oder Anlieger nicht vor dem Willkürverdikt bewahren, so ist damit noch nicht gleichzeitig ausgesprochen, daß Praktikabilitätserwägungen im Bereich der kommunalen Straßenreinigung überhaupt unerheblich sind.

---

[192] *Leisner*, Effizienz, S. 60; *Isensee*, Typisierung, S. 163; *Häberle* AöR 98 (1973), 625 (634); — vgl. zum Vorrang verfassungsrechtlicher Wertentscheidungen (insbes. Art. 6 I GG) vor der Praktikabilität: BVerfGE 6,55 (83 f.); 13,290 (316 f.); 26,321 (327); w. Nachw.: *Leibholz/Rinck*, GG, Art. 3 Rdn. 23.

[193] *Häberle* AöR 98 (1973), 625 (631).

[194] OVG Lüneburg KStZ 74,93 (94); 74,132 (134); — ähnlich: BVerwG NJW 74,1915; *Walprecht/Sander*, Komm., § 3 RZ 76.

[195] Vgl. 4. Teil, 3. Kapitel, 2. Abschnitt, I. 3 d, e).

Wenn die Gemeinden die Gehwegreinigung auf die Anlieger übertragen oder in reinen Anliegerbezirken sogar die Fahrbahnreinigung abwälzen, so wird hiermit den berechtigten Anliegen der Gemeinden Rechnung getragen, eigenen technischen und personellen Aufwand und damit die Kosten für die Straßenreinigung gering zu halten. Dieses Ziel kann dann erreicht werden, wenn die Straßenreinigungspflicht als Naturallast möglich ist, ohne als Vorzugslast an den Kautelen der „allgemeinen" Dienstleistungspflicht zu scheitern. Praktikabilitätserwägungen können somit die Ausgestaltung der jeweiligen Leistungspflicht beeinflussen.

Wollen die Gemeinden aus den genannten praktischen Erwägungen die Straßenreinigungspflicht als Naturallast beibehalten, so bleiben wegen des Gleichheitsvorbehalts des Art. 12 II GG grundsätzlich zwei Möglichkeiten: entweder wälzen die Gemeinden die Straßenreinigungspflicht prinzipiell auf alle Gemeindeeinwohner ab. Dies scheitert aber bereits an den gesetzlich vorgegebenen Gruppen potentiell reinigungspflichtiger Personen. Oder die Gemeinden kompensieren die Naturalvorzugslast der reinigungspflichtigen Einwohner durch vergleichbare Geldlasten der nicht reinigungspflichtigen Personenkreise. Letzterer Weg ist dann gangbar, wenn tatsächliche und finanzielle Straßenreinigungspflicht sich gegenseitig bedingen. Es müßte im Bereich der Straßenreinigung zwischen Natural- und Geldlast eine Interdependenz bestehen[196].

Zusammenfassung: Es sind keine sachgerechten, vernünftigen Gründe ersichtlich, die Straßenreinigungspflicht als Naturalvorzugslast vor dem Willkürverbot zu rechtfertigen. Die Abwälzung der Reinigungsarbeiten, die aus Praktikabilitätserwägungen erfolgt, läßt sich gegenüber dem Gleichheitsvorbehalt des Art. 12 II GG nur dann aufrechterhalten, wenn eine anderweitige Kompensation erfolgt. Einen Ausgleich könnte eine der Naturallast gleichwertige finanzielle Inanspruchnahme derjenigen Personen bringen, die nicht zu Straßenreinigungsarbeiten herangezogen werden. In diesem Fall könnte die Straßenreinigungspflicht als Naturalvorzugslast beibehalten werden.

4. Straßenreinigungspflicht als „gleiche" Dienstleistungspflicht

Die folgenden Überlegungen gehen von der — noch nicht bewiesenen — Prämisse aus, daß es sich bei der Straßenreinigungspflicht der Angrenzer, Hinterlieger oder Anlieger um „allgemeine" Dienstleistungspflichten handelt. In diesem Fall kann die homogene Gruppe der Pflichtadressaten durch das Komplementärgebot der „für alle gleichen"

[196] Vgl. Schlußbetrachtung.

Dienstleistungspflicht individuell modifiziert werden. „Gleichheit" bestimmt das Maß der individuellen Inpflichtnahme und kann sogar bei gerechtfertigten Ausnahmen im Einzelfall die ursprüngliche Lastenfreiheit wieder herstellen[197].

Der Verfassungsvorbehalt der „gleichen" Dienstleistungspflicht kann in zwei Anwendungsbereichen Bedeutung erlangen:

a) Bei höchstpersönlichen öffentlichen Dienstleistungspflichten kann es erforderlich sein, bestimmte Personen- oder Berufsgruppen aus sachgerechten Gründen von den „allgemeinen" Pflichten freizustellen. Derartige Dispense stehen mit dem Gleichheitsgebot grundsätzlich in Einklang. Diese Fallkonstellation hat jedoch für die Straßenreinigungspflicht keine Bedeutung. Reinigungsaufgaben obliegen dem Pflichtadressaten in seiner Eigenschaft als Grundstückseigentümer oder einer gesetzlich gleichgestellten Position, nicht aber als Angehöriger einer bestimmten Berufsgruppe.

b) Es kann bisweilen auch erforderlich sein, in besonderen persönlichen Umständen[198] sachgerechte Kriterien zu sehen, die eine Ausnahme von der „allgemeinen" Dienstleistungspflicht begründen können. Als bedeutsamstes Beispiel wird die körperliche Verfassung eines Dienstleistungspflichtigen genannt: ebenso wie Kinder grundsätzlich nicht mit Naturaldiensten zu belasten sind, müssen in der Regel auch Alter, Gebrechlichkeit etc. entsprechend berücksichtigt werden[199]. Fraglich ist der Grad der Gebrechlichkeit im Einzelfall; problematisch ist, ob bestimmte Altersgrenzen festgelegt werden können. Die Antwort kann nicht allgemein formuliert werden, sondern muß sich an der Art der geforderten Dienstleistungspflicht ausrichten.

Dieser Spielart einer möglichen Pflichtenfreistellung aus besonderen persönlichen Rücksichten kommt jedoch im Fall substituierbarer öffentlicher Dienstpflichten, zu denen auch die Straßenreinigungspflicht gehört, kaum Bedeutung zu. Reinigungspflichtige Personen, die etwa wegen Alter, Gebrechlichkeit oder dauernder Krankheit ihre Aufgabe nicht selbst wahrnehmen können, sind gehalten, sich eine Ersatzperson zu beschaffen[200]. Dem Erfordernis der „gleichen" Dienstleistungspflicht ist in jedem Fall genügt, wenn die Landesgesetzgeber es dem gemeindlichen Ermessen überlassen, in den Satzungen für besonders gelagerte Fälle möglicherweise einen Dispensvorbehalt[201] niederzulegen. Eine verfassungsrechtliche Notwendigkeit besteht hierzu jedoch nicht[202].

---

197 *Maunz* (in: M-D-H, Art. 12 Rdn. 131) spricht von „Befreiungen" der Herangezogenen.

198 *v. Rosen-v. Hoewel*, Gebühren, S. 454 ff. (473).

199 *Maunz* in: M-D-H, Art. 12 Rdn. 131; *Gubelt*, GG, Art. 12 Rdn. 84.

200 *Walprecht/Sander*, Komm., § 4 RZ 104.

II. Art. 3 I GG

Neben den besonderen Gleichheitsverbürgungen des Art. 12 II GG kommt dem allgemeinen Gleichheitssatz des Art. 3 I GG keine besondere Bedeutung mehr zu[203]. Art. 12 II G verdrängt als lex specialis den allgemeinen Gleichheitssatz.

III. Zusammenfassung

Die Ausgestaltung der Straßenreinigungspflicht als Naturalvorzugslast entspricht nicht dem Erfordernis der „allgemeinen, für alle gleichen" Dienstleistungspflicht. Die in Literatur und Rechtsprechung aufgezeigten Aspekte für eine sachgerechte, willkürfreie Handhabung, Angrenzer, Hinterlieger oder Anlieger mit Straßenreinigungsarbeiten zu belasten, sind nicht sachgerecht.. Das gilt insbesondere für das Argument, die Abwälzung der Reinigungspflichten stelle eine praktikable Lösung dar. Praktikabilitätserwägungen allein haben kein normativ ausgleichendes Gewicht. Ihnen kommt lediglich pflichtenausgestaltende Wirkung innerhalb einer materiell ausgeglichenen Gesamtbelastung zu. Für die kommunale Straßenreinigung heißt das: Werden alle Bürger mit Pflichten betraut, die aus der kommunalen Straßenreinigung herrühren, so ist es möglicherweise nicht willkürlich, den Anteil der Anlieger als Naturallast auszuformen, während die übrigen Gemeindeeinwohner finanzielle Leistungen erbringen. Voraussetzung ist eine Wechselwirkung von tatsächlicher und finanzieller Straßenreinigungspflicht[204]. Vereinfacht lautete dann die Gleichheitsmaxime: kehre oder zahle. — Straßenreinigungspflichten sind grundsätzlich als Naturalgemeinlast, nicht aber als Naturalvorzugslasten verfassungsrechtlich zulässig.

---

[201] Die Literatur spricht von einer rechtlichen Dispensmöglichkeit: *Maunz* in: M-D-H, Art. 12 Rdn. 131; *v. Rosen-v. Hoewel*, Gebühren, S. 454 ff. (473); *Klein* DÖV 61,844 (846).

[202] § 4 StrReinG NW räumt den Gemeinden beispielsweise ein solches Ermessen ein; die „Mustersatzung" (abgedr. bei *Walprecht/Sander*, Komm., Anhang I, S. 83 ff.) sieht jedoch Dispense für derartige Fälle nicht vor.

[203] Vgl. 4. Teil, 3. Kapitel. 2. Abschnitt, I. 1.; dies verkennt BVerwGE 22,26 (29 f.).

[204] Vgl. Schlußbetrachtung.

Fünfter Teil

Straßenreinigungspflicht als Geldlast

Auch die Straßenreinigungspflicht gerät, wie bereits dargestellt[1], zunehmend in den Sog der Geldlast. Ihre fast singuläre Bedeutung als Naturallast schwindet zusehends. Der rechtliche Grund für diese Erscheinung ist letztlich in den Grundrechten der Art. 12 II und Art. 2 II GG zu sehen, die angesichts wachsender Verkehrsdichte die Abwälzung der Straßenreinigungspflicht auf ein verhältnismäßiges, für den reinigungspflichtigen Gemeindeeinwohner erträgliches Maß beschränken. Damit nähert sich die tatsächliche Situation im Bereich der Straßenreinigung auch dem gesetzlichen Regelfall, wie ihn bereits das preußische Wegereinigungsgesetz vom 1. Juli 1912 in § 1 vorsieht: „Die ... Reinigung öffentlicher Wege ... liegt ... derjenigen Gemeinde ob, zu deren Bezirk der Weg gehört.“ Die Gemeinden führen die Straßenreinigung in eigener Regie aus.

Damit rückt die Frage in den Mittelpunkt, aus welchen Mitteln die Reinigungsunkosten der Gemeinden zu decken sind. Die Entscheidung ist den Gemeinden weitgehend vorgegeben. Lediglich die Durchführung obliegt ihnen. Die meisten Landesgesetze[2] ermächtigen die Gemeinden, bis zu 75 %[3] der Gesamtkosten anteilsmäßig als Benutzungsgebühren auf Angrenzer, Hinterlieger oder Anlieger umzulegen. Lediglich in Hessen und Rheinland-Pfalz[4] wird den Gemeinden im Rahmen des kommunalen Abgabenrechts freie Hand gelassen. Aber auch in diesen Bundesländern ist die Benutzungsgebühr bevorzugtes Finanzierungsmittel[5].

Jedoch ist die fast ausschließlich geübte Praxis, Angrenzer, Hinterlieger und Anlieger[6] zu Benutzungsgebühren für die Straßenreinigung

---

[1] Vgl. 2. Teil, 1. Kapitel.

[2] § 43 III BadWürttStrG; § 52 III NdsStrG; § 4 a PrWRG; § 3 StrReinG NW; § 45 III Nr. 3 SHStrWG.

[3] Ausdrücklich besteht diese Beschränkung nach §§ 4 a III PrWRG; 3 Str ReinG NW.

[4] §§ 10 V HessStrG; 17 III RhPfLStrG.

[5] Für Rheinland-Pfalz: *Steenbock* SKV 73,202 - 206; kritisch: *Reichert* KStZ 76,21 - 28; — für Hessen: *Krichbaum* Der Städtetag 1967,53 (54).

[6] *Angrenzer:* § 4 a II PrWRG; § 17 III 1. Alt. RhPfLStrG; § 45 III Nr. 3 1. Alt. SHStrWG; — *Anlieger:* § 43 II, III BadWürttStrG; § 10 V HessStrG;

heranzuziehen, nicht so problemlos, wie die einmütige Gesetzeslage in den Bundesländern dies vermuten läßt:

— Die kommunale Straßenreinigung dient den Erfordernissen des Straßenverkehrs und der allgemeinen Gefahrenabwehr. Im Vordergrund der Reinigungszwecke stehen Belange der Allgemeinheit. Wie ist es aber damit zu vereinbaren, daß nach den gesetzlichen Regelungen nur 25 % der gesamten Reinigungskosten aus allgemeinen Steuermitteln, 75 % hingegen aus Geldern bestimmter Personenkreise bestritten werden?

— Die Höhe der Straßenreinigungsgebühren im Einzelfall bemißt sich in der Regel nach Frontmeter, Straßenart und Häufigkeit der Straßenreinigung[7]. Die Straßenverschmutzung und damit die Anzahl der wöchentlichen Reinigungen hängt jedoch maßgeblich von der allgemeinen Verkehrsdichte ab. Folge davon ist, daß diejenigen Gemeindeeinwohner, die in verkehrsreichen Straßen leben — neben den dort üblichen Lärm- und Geruchsbelästigungen —, höhere Reinigungsgebühren entrichten müssen als die Anrainer in überwiegenden Wohnbezirken, in denen die Gemeinde nur einmal wöchentlich reinigt.

— Auch von Bürgern, die an breiten Ausfallstraßen mit geteilten, zweispurigen Fahrbahnen wohnen, werden erhöhte Zahlungen abverlangt. Die Gemeinde muß in derartigen Straßen die Reinigungsfahrten verdoppeln, was die Reinigungskosten für diese Strecken entsprechend anwachsen läßt. Obwohl die Straßenverbreiterung allein dem Verkehrsbedürfnis Rechnung trägt, werden die Anlieger mit — gegenüber sonstigen Gemeindeeinwohnern — erhöhten Gebühren belastet.

Diese Gesichtspunkte werfen die Frage auf, ob die Finanzierung der Straßenreinigung überwiegend aus Benutzungsgebühren nicht einer grundsätzlichen Revision bedarf. Wird die Allgemeinheit bei dieser Finanzierungsmethode nicht zum Kostgänger bestimmter Personenkreise? Die den Gemeinden vorgegebene Entscheidung des Gesetzgebers

---

§ 52 III NdsStrG; § 17 III 2. Alt. RhPfLStrG; § 45 III Nr. 3 2. Alt. SHStrWG; § 3 StrReinG NW; — *Hinterlieger:* § 10 V HessStrG; § 52 III NdsStrG; § 17 III RhPfLStrG; § 45 III Nr. 3 SHStrWG; § 3 StrReinG NW. — Vgl. auch 4. Teil, N 1 - 4.

[7] Vgl. § 6 der Mustersatzung — abgedr. bei *Walprecht/Sander,* Komm., Anhang I S. 83 ff. — Zu den verschiedenen Bemessungsgrundlagen: Reinigungszonen: OVG Lüneburg KStZ 74,93; — Geschoßzahl: BVerwG KStZ 74,132; — Art der Grundstücksnutzung: OVG Münster DVBl. 51,767; — Frontlänge: *Doose* Der Städtetag 1976, 275 (278); — einen Überblick über mögliche Bemessungskriterien geben: *Bauernfeind/Zimmermann,* Komm., § 6 Rdn. 39; *Eichhorn* KStZ 69,234 (236); *Fecht* KStZ 68,113; *Loberg* DGStZ 76,178 (179); *Reichert* KStZ 76,21 (27 f.); *Steenbock* SKV 72,202 (204 ff.).

allein legitimiert die Sonderlast noch nicht. Die Benutzungsgebühr selbst bedarf der materiell-rechtlichen Bestätigung[8].

Erstes Kapitel

Straßenreinigungsabgabe als Gebühr

I. Die Gesetzeslage

Die Ausgestaltung der Straßenreinigungsabgabe als Benutzungsgebühr kann auf einen langen Brauch zurückblicken.

Bereits 1893 mußte sich das preußische Oberverwaltungsgericht[1] mit der Frage befassen, ob eine Gemeinde die Kosten der polizeimäßigen Reinigung durch Benutzungsgebühren der Anlieger decken darf. Das Gericht verneinte diese Frage mit der Begründung, es fehle an einer „Benutzung" der Gemeindeveranstaltung. Dieser Rechtsprechung wollte die Kommunalkommission des Herrenhauses in Preußen 1911 in einem Gesetzentwurf dadurch Rechnung tragen, daß in § 5 die Anlieger zu Benutzern der gemeindlichen Reinigungsanstalt erklärt wurden[2]. Der Entwurf konnte jedoch keine Gesetzeskraft erlangen, da das Herrenhaus der Beschränkung des Gebührenanteils auf 50 % der Gesamtunkosten nicht zustimmte. Diese Limitierung hatte das Haus der Abgeordneten bereits beschlossen[3].

Erst im März 1933 fand die Kostenfrage der gemeindlichen Wegereinigung durch Aufnahme des § 4 a in das preußische Wegereinigungsgesetz[4] die Regelung, die bis heute im Grundsatz in allen Bundesländern fortgilt:

(1) Die Gemeinden können die ihnen aus der polizeimäßigen Reinigung öffentlicher Wege erwachsenen Kosten durch Gebühren, Beiträge oder Mehrbelastungen (§§ 4, 9, 20 des Kommunalabgabengesetzes) decken.

(2) Sofern die Gemeinden die polizeimäßige Reinigung durch eine im öffentlichen Interesse unterhaltene Veranstaltung durchführen, gelten für

---

[8] *Deus* KStZ 70,208 (210); *Ipsen* DVBl. 76,653; *Loberg* KStZ 74,41 (42); *v. Mutius* VerwArch. 66 (1975), 75 (79 f.); *Walprecht* SKV 69,338 (339); BVerfGE 7,244 (251—252).

[1] PrOVGE 26,43 (50); ebenso: PrOVG PrVBl. 20,474.

[2] § 5 II Entwurf 1911: „Sofern den Gemeinden die Verpflichtung zur polizeimäßigen Reinigung obliegt, gelten hinsichtlich der innerhalb der geschlossenen Ortslage belegenen Wege die Eigentümer der angrenzenden Grundstücke als Benutzer der Gemeindeveranstaltung im Sinne des § 4 des Kommunalabgabengesetzes." — abgedr. bei *Hecht/Hellich*, Komm., S. 16.

[3] *Hecht/Hellich*, Komm., S. 19.

[4] VO v. 17. 3. 1933, GS S. 43.

die der polizeimäßigen Reinigung nach § 1 unterliegenden Wege die Eigentümer der angrenzenden Grundstücke als Benutzer der Gemeindeverwaltung im Sinne des § 4 des Kommunalabgabengesetzes. Durch die Gebührenordnung können den Eigentümern die im § 5 Abs. 2 bezeichneten dinglich Berechtigten gleichgestellt werden.

(3) Im Falle der Erhebung von Gebühren sind die Gebührensätze so zu bemessen, daß höchstens 75 vom Hundert der Verwaltungs- und Unterhaltungskosten der zur Straßenreinigung getroffenen Veranstaltung einschließlich der Ausgaben für die Verzinsung und Tilgung des aufgewendeten Kapitals gedeckt werden. Die Gebührenordnung bedarf der Genehmigung der Aufsichtsbehörde.

Diese Regelung spiegelt die Ergebnisse von 1911 weitgehend wider. Sowohl die Möglichkeit, die polizeimäßige Wegereinigung durch Gebühren zu finanzieren, als auch die Vorstellung, die Anlieger als Benutzer der gemeindlichen Reinigungsanstalt zu fingieren, sind wörtlich übernommen. Damit wurde den Gemeinden ein praktikabler Weg gewiesen, den überwiegenden Kostenanteil der Wegereinigung umzulegen[5].

Bis zur Novellierung des preußischen Wegereinigungsgesetzes im Jahre 1933 mußten die Gemeinden die Straßenreinigungskosten durch Beiträge (§ 9 PrKAG) oder steuerliche Mehrbelastungen (§ 20 PrKAG) aufbringen. Wollten sie diese Wege nicht einschlagen[6], so behalfen sich die Gemeinden mit einem anderen Verfahren — nicht zuletzt, um der Rechtsprechung des preußischen Oberverwaltungsgerichts zu genügen: Die Gemeinden übertrugen die Wegereinigungspflicht zunächst durch Ortsstatut auf die Anlieger, um die Straßenreinigungspflicht mit einer weiteren Satzung nach den Vorschriften des Anschluß- und Benutzungszwanges wieder bei sich zu konzentrieren[7]. Damit waren die Anlieger Benutzer der gemeindlichen Reinigungsanstalt und zur Entrichtung von Benutzungsgebühren verpflichtet. Dieses Verfahren wurde trotz der Einfügung des § 4 a PrWRG bis in die jüngste Zeit praktiziert[8].

Seitdem jedoch die neueren Landesgesetze[9] die Benutzungsfiktion im Bereich der Straßenreinigung fast einheitlich übernommen haben, stüt-

---

[5] § 4 a PrWRG diente auch der Vereinfachung, Wegereinigungsabgaben zu erheben. — Vgl. RdErlaß v. 18. 3. 1933, abgedr. bei *Surén*, Gemeindeabgabenrecht, § 4 Anm. 29; hierzu: OVG Münster KStZ 72,116 (117). — Das PrOVG erkannte die Benutzungsfiktion an: OVGE 100,102; PrVBl. 59,407.

[6] *Hecht/Hellich* (Komm., S. 20 f.) erwähnen, daß die Finanzierungsmöglichkeiten nach §§ 9, 20 PrKAG insbesondere in größeren Gemeinden nicht besonders beliebt waren.

[7] *Hecht/Hellich*, Komm., S. 21 (kritisch).

[8] *Loberg* KStZ 74,41; *v. Mutius* VerwArch. 66 (1975), 75 (76); *Steenbock* SKV 73,202; *Wiethaup* DGStZ 69,97; OVG Lüneburg KStZ 74,93 m. kr. Anm. *Ullrich* KStZ 75, 5 - 7.

[9] § 52 III NdsStrG; § 17 III RhPfLStrG; § 45 III Nr. 3 SHStrWG; § 3 StrReinG NW.

zen sich die Gemeinden bei der Kostenfinanzierung meist auf diese Möglichkeit. Entweder *gelten* die Anlieger als Benutzer der gemeindlichen Reinigungsanstalt[10]. In diesem Fall müssen sie nach den Vorstellungen der Gesetzgeber für die Benutzung der Gemeindeeinrichtung eine Benutzungsgebühr abführen. Oder die Reinigungskosten werden durch ausdrückliche oder analoge Gesetzesverweisung als *Benutzungsgebühren* nach den Vorschriften der Kommunalabgabengesetze erhoben[11]. Bei beiden Alternativen entbinden Fiktion bzw. Gesetzesverweisung von dem Nachweis einer tatsächlichen Inanspruchnahme der gemeindlichen Reinigungsanstalt. Die Bezugnahme auf die Kommunalabgabengesetze stellt jedoch als Rechtsgrundverweisung — was durch die Analogieregelung in § 43 III 2 BadWürttStrG deutlich wird —, nicht von den allgemeinen Voraussetzungen einer Gebührenpflicht frei.

II. Straßenreinigungsabgabe als „Benutzungs-"Gebühr

Wenn die Landesgesetze die Gemeinden fast einmütig darauf festlegen, die Kosten der Straßenreinigung bis zu 75 % aus Benutzungsgebühren der Angrenzer, Hinterlieger und Anlieger[12] zu bestreiten, so fragt man sich nach dem Grund der Beschränkung auf diese Gebührenart. Als nächstliegende Erklärung bietet sich die Möglichkeit an, in der Benutzung der gemeindlichen Reinigungsanstalt eine materiell-rechtliche Legitimation für die Qualifizierung der Wegereinigungsabgabe als Straßenreinigungsgebühr zu sehen.

Nach den Vorschriften der Kommunalabgabengesetze werden Benutzungsgebühren für die „Benutzung"[13] bzw. „Inanspruchnahme"[14] öffentlicher Einrichtungen und Anstalten erhoben. Kann auch die Benutzung der Gemeindeeinrichtung mit entsprechender Gebührenfolge gegen den Willen des betroffenen Bürgers angeordnet werden — etwa im Rahmen des gemeindlichen „Anschluß- und Benutzungszwanges"[15] —, so ist andererseits grundsätzlich die tatsächliche Inanspruchnahme der ge-

[10] § 52 III NdsStrG; § 17 III RhPfLStrG; § 45 III SHStrWG.

[11] § 3 StrReinG NW (direkte Verweisung); § 43 III 2 BadWürttStrG (analoge Verweisung).

[12] Im folgenden wird auf diese gesetzestechnische Unterscheidung nur in Problemfällen zurückgegriffen. Ansonsten repräsentieren die „Anlieger" alle drei Gruppen.

[13] Z. B.: Art. 8 I BayKAG; § 7 I RhPfKAG; — Gesamtdarstellung: *Thiem* DVBl. 72,129.

[14] Z. B. § 10 I HessKAG; § 5 NdsKAG; § 4 II KAG NW; — der Ausdruck „Inanspruchnahme" soll umfassendere Bedeutung haben; vgl. *Bauernfeind/Zimmermann*, Komm., § 4 Rdn. 24; ähnl. *Dahmen/Küffmann*, Komm., § 4 Anm. 11.1 (S. 272).

[15] Zu „Anschluß- und Benutzungs*zwang*": vgl. 4. Teil, 2. Kapitel, III.

meindlichen Leistungen[16] erforderlich. Auch die bloße Benutzungsmöglichkeit löst die Gebührenpflicht noch nicht aus. Erwähnt seien etwa die typischen Benutzungsfälle auf dem Gebiet der gemeindlichen Kanalisation, Müllabfuhr, Schwimmbäder, Stadthallen etc.

Gerade bei der kommunalen Straßenreinigung fehlt es aber an einer tatsächlichen Benutzung. Die Gemeinden erfüllen mit der Straßenreinigung ihre eigenen Aufgaben. „Eine Benutzung (der gemeindlichen) Veranstaltung seitens der Anlieger in ihrem besonderen Interesse findet gar nicht statt[17].“ Dies beweist auch die Entstehungsgeschichte des § 4 a PrWRG[18]. Die gesetzliche Fiktion, die Anlieger als Benutzer der Gemeindeverwaltung anzusehen, sollte ja gerade die tatsächlich nicht vorliegende Benutzung ersetzen. Kann aber die Straßenreinigungsgebühr allein auf die Benutzungsfiktion gestützt werden?

Gebühren werden — vereinfacht[19] — als Entgelte, Gegenleistungen oder Preise[20] für eine besondere Verwaltungsleistung bezeichnet. Sie kompensieren individuelle Vorteile, besondere Interessen, persönlichen Nutzen[21]. Der Begriff „Benutzungsgebühr“ umschreibt dies anschaulich. Mit der Benutzungsgebühr werden Vorteile derjenigen ausgeglichen, die die gemeindliche Einrichtung in Anspruch nehmen. Ein besonderer Nutzen ist aber dann nicht ersichtlich, wenn die Benutzung lediglich gesetzlich fingiert wird. Die Fiktion erleichtert lediglich den Gemeinden die Finanzierung[22]. Sie ist Werkzeug der Praktikabilität. Die Fiktion kann als gesetzestechnisches Vereinfachungsmittel nicht allein ein besonderes Interesse des Gebührenschuldners begründen, sondern erlangt nur in Verbindung mit einem tatsächlichen Vorteil bzw. einem wirklich ausgleichenden Faktor normative Bedeutung[23]. Die gesetzliche

---

[16] *Bauernfeind/Zimmermann*, Komm., § 6 Rdn. 4 m. w. N.; *Surén*, Gemeindeabgabenrecht, § 4 Anm. 11; *Wilke*, S. 79 f.

[17] So bereits: PrOVGE PrVBl. 20,474; — *Dahmen/Küffmann*, Komm., § 4 Anm. 11.1; *v. Mutius*, VerwArch. 66 (1975) 75 (76); *Steenbock* SKV 73,202; *Dahmen* Der Städtetag 1973,631 (635); OVG Münster KStZ 69,160.

[18] Vgl. 5. Teil, 1. Kapitel, I.

[19] Näheres vgl. unter III.2.

[20] BVerwGE 12,162 (165) m. w. N.; 13,214 (219); OVG Lüneburg KStZ 74,93 (94); 74,132 (133); *Ehle* DÖV 62,45; *Gerloff*, HdF II, S. 203 (204); *Leisner*, Verwaltungspreis, S. 730; *Raecke*, Kostendeckungsprinzip, S. 5 f. — Gegenleistung; BVerwGE 4,342 (346); *Bauernfeind/Zimmermann*, Komm., § 4 Rdn. 13 — Entgelt: *Leisner*, Verwaltungspreis, S. 730 (742); *Loberg* DGStZ 76,178 (180) — Preis; w. Nachw.: *Wilke*, S. 16 - 23.

[21] *Bauernfeind/Zimmermann*, Komm., § 5 Rdn. 22; § 7 Rdn. 6; *Reichert* KStZ 76,21 (25); OVG Münster DVBl. 51,767 — Vorteil; *Loberg* DGStZ 76,162 (163); OVG Münster KStZ 72,154; OVG Lüneburg KStZ 74,132 (133); — Interesse; BVerwGE 26,305 (310) — Nutzen; w. Nachw.: *Wilke*, S. 66 ff.

[22] OVG Münster KStZ 72,116 (117).

[23] *v. Mutius* VerwArch. 66 (1975), 75 (80); *Wilke*, S. 74; — zur Praktikabilität vgl. 4. Teil, 3. Kapitel, 2. Abschnitt, I.3 f).

Benutzungsfiktion entbindet somit nicht von dem Nachweis eines besonderen Vorteils, wie immer dieser zu definieren und bestimmen ist. Andernfalls ließe sich auch nicht erklären, weshalb die bloße Bezeichnung einer Abgabe als Gebühr für ihre materiell-rechtliche Legitimation nicht ausreichen[24], die Benutzungsfiktion aber über diese Hürde hinweghelfen soll.

Wenn die Anlieger lediglich von Gesetzes wegen als Benutzer der gemeindlichen Straßenreinigungsanstalt gelten, ohne jedoch durch die Straßenreinigung einen — wie immer zu verstehenden — Vorteil zu erlangen, so entsteht keine Pflicht, die Straßenreinigungsgebühren an die Gemeinde abzuführen. Der Benutzungsfiktion kommt keine selbständige Bedeutung zu. Sie erklärt sich allenfalls daraus, die Straßenreinigungsgebühr[25] in die Gebührenkategorien der Kommunalabgabengesetze (Verwaltungs-, Benutzungsgebühren) einordnen zu können.

III. Straßenreinigungsabgabe als Gebühr

Die Straßenreinigungsabgabe wird von den Landesgesetzen zwar meist als Benutzungsgebühr qualifiziert. Doch kommt dieser Beschränkung, die lediglich auf einer gesetzlichen Fiktion beruht, keine selbständige Bedeutung zu. Hält man für die Straßenreinigungsabgabe dennoch an dem Begriff „Benutzungsgebühr" fest, so sollte man vor Augen haben, daß die abgabenrechtliche Problematik ausschließlich in der zweiten Worthälfte ihren Standort hat: der Gebühr.

Damit stellt sich die Frage nach dem „Schmerzenskind (nicht nur) des Finanzrechts"[26]. Denn obgleich sich neuere Monographien und Abhandlungen[27] bemühen, Schneisen in den Gebührendschungel[28] zu schlagen,

[24] BVerfGE 7,244, (251 - 252); BVerwGE 12,162 (164 m. w. N.); 39,5 (6); *Ipsen* DVBl. 76,653; *Loberg* KStZ 74,41 (42); *v. Mutius* VerwArch. 66 (1975), 75 (80); *Strickrodt,* Finanzrecht, S. 132; *Wilke,* S. 135 (unklar: S. 286, wonach „die rechtliche Qualifizierung einer konkreten Abgabe allein von ihrer gesetzestechnischen Gestalt abhängt und nicht von irgendwelchen verborgenen Eigenschaften"); — bereits *A. Wagner* warnt davor, sich durch die Erhebungsform der öffentlichen Abgabe über ihren Charakter täuschen zu lassen (Finanzwissenschaft II, S. 26).

[25] *Lambert* (Diss., S. 111) bezeichnet die Straßenreinigungsgebühr als „uneigentliche Benutzungsgebühr".

[26] *Schmölders,* S. 298; a. A. *Wilke,* S. 287.

[27] Willkürliche Beispiele: *Beckmann,* Verfassungsfragen im Grenzbereich zwischen Steuern und besonderen Abgaben, 1976; *Friauf,* Sonderlasten, 1974, S. 45 - 66; *Isensee,* Umverteilung durch Sozialversicherungsbeiträge, 1973; *Kloepfer* AöR 97 (1972), 232 - 275; *Knies,* Steuerzweck und Steuerbegriff, 1976; *Kreft,* Die begriffliche Abgrenzung von Steuer und Gebühr, 1968; *Lambert,* Die Grundzüge eines modernen Rechts der gemeindlichen Gebühren und Beiträge, 1967; *Leisner,* Verwaltungspreis, 1967, S. 730 - 747; *Mußgnug,* FS-Forsthoff, 1972, S. 259 - 301; *Richtsteig,* Allgemeine Gebührenprinzipien,

ist es noch verfrüht, von einem gefestigten rechtsdogmatischen Fundament zu sprechen. Dies wird immer wieder in den schwierigen Grenzbereichen zwischen Steuern und Gebühren deutlich. Eine dogmatisch abgesicherte Gebührendefinition muß aber auch in diesen Grenzzonen Orientierungsmaßstäbe setzen.

Gerade im Bereich der Straßenreinigung ist der gemeindlichen Praxis bei den Finanzierungsschwierigkeiten jedoch wenig rechtsdogmatische Hilfestellung geleistet worden. Auch die Landesparlamente geraten in große Schwierigkeiten, wenn sie den Kommunen einen Finanzierungsweg weisen sollen[29]. Die fast stereotypen inhaltlichen Wiederholungen der preußischen Praxis belegen dies[30]. Will man das Problem der Straßenreinigungsabgabe an der Wurzel packen, so hilft nur der Rückgriff auf allgemeine abgabenrechtliche Grundsätze. Entwicklung und Stand der abgabenrechtlichen Diskussion können erste aufschlußreiche Daten setzen, an denen sich die Rechtmäßigkeit der Straßenreinigungsgebühr nachprüfen läßt.

1. Die gebührenrechtliche Diskussion

Die dogmatische Erfassung der außersteuerlichen Abgaben wurde lange Zeit lediglich als notwendiges Annex zur Diskussion um den Steuerbegriff betrieben. Beispielhaft ist die Entstehungsgeschichte des § 1 RAO zu nennen. Bereits Otto Mayer[31] umschrieb 1914 den Steuerbegriff als Abgrenzungsdeterminante gegenüber Geldstrafen, Kostenansatzgebühr und Beitrag. Diese Funktion maß auch Enno Becker dem Steuerbegriff bei seinem Entwurf des späteren § 1 RAO bei[32], der in den Jahren 1918/19 entstand[33]. Während sich § 1 RAO um eine positive Umschreibung der Steuern bemüht, werden Gebühren und Beiträge lediglich als Negativbeispiele für die Gemeinlast erwähnt. Eine selbständige Definition der Vorzugslasten unterbleibt. — Allerdings nahmen seinerzeit die literarischen Äußerungen zu Gebühr und Beitrag einen eigenständigen Raum ein[34]. Doch stand von da an die Diskussion

1975; *Stephan* JurA 1970, 867 - 878; *Uffhausen*, Die Benutzungsgebühr, 1970; *Wilke*, Gebührenrecht und Grundgesetz, 1973.

[28] *Wilke* (S. 284) spricht von einem „chaotischen Wildwuchs im Abgabenrecht“.

[29] Vgl. zur Diskussion anläßlich des StrReinG NW: *Doose* Der Städtetag 1976,275 (277 f.); *Loberg* KStZ 74,41 - 44; ders. DGStZ 76,178.

[30] *Doose* Der Städtetag 1976,275 (277).

[31] Dt. VerwR I, ²1914, S. 330 ff.; — prägnante Darstellung der Dogmengeschichte des Gebührenbegriffs bei *Hansmeyer/Fürst*, Gebühren, S. 9 - 31.

[32] Nachw.: *Knies*, Steuerzweck, S. 57 - 60.

[33] *Tipke*, Steuerrecht, S. 13.

[34] Z. B.: *O. Mayer*, Dt. VerwR II, ³1924, S. 230 - 236; selbständige Gebührendefinition bereits in Bd. I der 1. Aufl. 1895, S. 387; *Fleiner*, Institutionen S. 372 - 374.

um die Abgabentrias des § 1 RAO weitgehend unter dem Leitmotiv der Steuer[35]. Eine Ausnahme machten allerdings die finanzwissenschaftlichen Äußerungen zu dem Problembereich der „intermediären Finanzgewalten“[36]. In den Mittelpunkt trat das Einnahmegebaren des Nebenfiskus.

Das Schattendasein der außersteuerlichen Abgaben wird auch durch gesetzgeberische Passivität belegt. Immerhin überlebte das preußische Kommunalabgabengesetz vom 14. 7. 1893 unterschiedlichste Staatsformen, bis sich die Landesgesetzgeber in jüngster Zeit an seine (meist nur formelle) Ablösung machten[37]. Die Vernachlässigung außersteuerlicher Abgaben ist um so erstaunlicher, als den Staatseinnahmen staatsbildende, um nicht zu sagen staatsqualifizierende Bedeutung beigemessen wird[38].

War nach Inkrafttreten der Reichsabgabenordnung im Jahre 1919 das wissenschaftliche Interesse an Steuern und anderen Abgaben lange Zeit Finanzpolitik und Finanzwissenschaft vorbehalten, so setzt in diesem Jahrzehnt die Diskussion auch von rechtswissenschaftlicher Seite wieder ein. Man ist bemüht, dogmatische Grundlagen für Steuern und Sonderabgaben insbesondere aus verfassungsrechtlicher Sicht zu legen. Damit entwickelt sich einmal eine eigenständige Erforschung der außersteuerlichen Abgaben, die nicht allein vom steuerrechtlichen Ansatz ausgeht[39]. Zum anderen entstehen Untersuchungen über die verfassungsrechtlichen Grundlagen des Steuerrechts[40].

Dennoch ist es bislang nur in Ansätzen gelungen, die Gebührenmerkmale zu umschreiben und damit Abgrenzungskriterien für den Kollisionsbereich von Steuern und Gebühren zu entwickeln. Diese Ergebnisse gilt es für die rechtliche Analyse der Straßenreinigungsgebühr nutzbar zu machen.

---

[35] *Büchner*, HdF II, S. 225 (227).

[36] *Herrmann*, Intermediäre Finanzgewalten, 1936; *F. K. Mann*, Dt. Finanzwissenschaft, 1929; *ders.*, Steuerpolitische Ideale, 1937; — w. Nachw.: *Isensee*, Umverteilung, S. 11 FN 7.

[37] *Pagenkopf* HwStR I, „Gemeindeabgabenrecht“, Anm. 3; — eine Übersicht über die neuen Kommunalabgabengesetze der Bundesländer gibt *Thiem* DVBl. 72,129 - 136.

[38] Grundlegend: *Schumpeter*, Die Krise des Steuerstaates, 1918; — ferner: Ossenbühl, Die gerechte Steuerlast, 1972; *Wachenhausen*, Staatsausgabe und Öffentliches Interesse in den Steuerrechtfertigungslehren des naturrechtlichen Rationalismus, 1972.

[39] Insbes.: *Wilke*, Gebührenrecht und Grundgesetz, 1973; w. Nachw. N 27.

[40] Beispiele: *Isensee*, Die typisierende Verwaltung, 1976; *Knies*, Steuerzweck und Steuerbegriff, 1976; *Selmer*, Steuerinterventionismus und Verfassungsrecht, 1972.

2. Entgelt- oder Zurechnungsabgabe

Die Diskussion um das „Wesen der Gebühr", die ihr Hauptaugenmerk auf die Suche nach begriffskonstituierenden Merkmalen richtet, läßt sich grundsätzlich in zwei Meinungslager aufteilen: in schlagwortartiger Vergröberung kann die Gebühr entweder als „Entgeltabgabe" oder als „Zurechnungsabgabe" bezeichnet werden.

Die herrschende Auffassung begreift die Gebühr als Entgeltabgabe. Sie umschreibt die Gebühr als „eine öffentliche Abgabe, die eine Gegenleistung für eine besondere Inanspruchnahme oder Leistung der Verwaltung darstellt"[41]. Dieses Gebührenverständnis findet seinen Niederschlag nicht nur in den Kommunalabgabengesetzen[42], sondern genießt auch interdisziplinäre Anerkennung[43].

In jüngster Zeit hat sich insbesondere in der rechtswissenschaftlichen Literatur eine Meinung artikuliert, welche Gebühren als eine Art „Zurechnungsabgaben" betrachtet. „Die Gebühr ist eine — einseitig auferlegte — Abgabe, die an eine individuell zurechenbare öffentliche Leistung anknüpft und die Kosten dieser Leistung ganz oder teilweise decken soll[44]." Die bislang für das Wesen der Gebühr entscheidenden Kriterien der „Gegenleistung" oder des „Entgelts" werden zu bloßen „Etikettierungen"[45] gestempelt. Auch dieses Gebührenverständnis kann auf finanzwissenschaftliche Vorläufer zurückblicken[46].

Damit sind zwei unterschiedliche Wege aufgezeigt, die konstituierenden Gebührenelemente festzulegen. Die Untersuchung wendet sich der Frage zu, ob aus den skizzierten Ansätzen Maßstäbe für die abgabenrechtliche Bewertung der Straßenreinigungsgebühr gewonnen werden können.

a) Entgeltabgabe

Nach herrschender Auffassung[47] ist die Gebühr wesentlich Entgelt für eine besondere Inanspruchnahme der Verwaltung. Diese Umschreibung hat sich in ihren wesentlichen Aussagen auch in den Kommunal-

---

[41] Zitat: BVerwGE 12,162 (165 m. w. N.); — 13,214 (219); 26,305 (308 f.); *Bauernfeind/Zimmermann*, Komm., § 4 Rdn. 13; *Dahmen/Küffmann*, Komm., § 4 Anm. 1; *Kloepfer* AöR 97 (1972), 232 (238); *Leisner*, Verwaltungspreis, S. 730; *Stephan* JurA 1970,867 (869); *Vogel/Walter* in: BK, Art. 105 Rdn. 40,44; *Wolff/Bachof*, VerwR I, § 42 II a 2; — w. Nachw.: *Wilke*, S. 16 ff.

[42] Z. B.: § 10 I HessKAG; § 4 II KAG NW; § 5 I NdsKAG.

[43] Finanzwissenschaft: *A. Wagner*, Finanzwissenschaft II, S. 5,25; *Gerloff*, HdF II, S. 204; — Finanzpolitik: *Schmölders*, S. 298 f.

[44] *Wilke*, S. 89.

[45] *Wilke*, S. 105.

[46] *Amonn*, Finanzwissenschaft I, S. 168; *Blumenstein*, HdF I, S. 99 (116); *Neumark*, FS-Stucken, S. 7 (8); *Hansmeyer/Fürst*, Gebühren, S. 34 f.

[47] Nachw. N 41.

abgabengesetzen der Länder niedergeschlagen. So heißt es etwa in § 4 II KAG NW:

> „Gebühren sind Geldleistungen, die als Gegenleistung für eine besondere Leistung — Amtshandlung oder sonstige Tätigkeit — der Verwaltung (Verwaltungsgebühren) oder für die Inanspruchnahme öffentlicher Einrichtungen und Anlagen (Benutzungsgebühren) erhoben werden.“

Die Gebühr ist Gegenleistung. Das literarische Interesse konzentriert sich auf das wechselseitige Verhältnis von Verwaltungsleistung und Gebührengegenleistung. Auf dieser Grundlage entwickeln sich die kontroversen Auffassungen über die Möglichkeiten, das gebührenrechtliche „do ut des“ zu bestimmen. Der Streit entzündet sich daran, welche Rolle Kostendeckungs- und Äquivalenzprinzip als Maßstäbe des gebührenrechtlichen Synallagmas[48] spielen.

aa) Kostendeckungsprinzip

Der Grundsatz der Kostendeckung verlangt in vereinfachter Form die Finanzierung der gebührenpflichtigen Verwaltungsleistung aus dem Gebührenaufkommen[49]. Es sollen im Idealfall weder aus gebührenfremden Geldquellen für die fragliche Verwaltungsleistung investiert, noch Gebührenüberschüsse erzielt werden. Diese Forderung läßt sich am ehesten dann verwirklichen, wenn der für jede einzelne Verwaltungstätigkeit erforderliche Aufwand an personellen und sachlichen Mitteln mathematisch genau festgelegt wird[50]. Daß es sich hierbei um ein tönernes, praktisch nicht zu verwirklichendes Postulat handelt, versteht sich angesichts der heutigen Massenverwaltung von selbst. Auch die weit verbreitete und allgemein anerkannte Praxis der Wahrscheinlichkeitsmaßstäbe ließe sich mit einem derartigen Grundsatz der „Einzelkostendeckung“[51] nicht vereinbaren. Dieses Prinzip duldet keine falltypische Gebührenbemessung, keine Pauschalierungen. So hat auch die Interpretation des Kostendeckungsprinzips als Grundsatz der individuellen Kostendeckung im Einzelfall kaum Resonanz gefunden[52].

Ganz überwiegend wird mit dem Kostendeckungsprinzip die Vorstellung verbunden, das gesamte Gebührenaufkommen solle die Unkosten der Verwaltung, die mit der zu entgeltenden Tätigkeit befaßt ist, nicht

---

[48] Vgl. bereits PrOVGE 3,77 (80); 13,229 (231); 18,23 (28 f.); 50,69 (72); PrVBl. 16,359 (360); — *Isensee*, Umverteilung, S. 14.

[49] BVerwGE 13,214 (222 f.); *Bauernfeind/Zimmermann*, Komm., § 6 Rdn. 9 f.; *Leisner*, Verwaltungspreis, S. 730 (735); *Ehle* DÖV 62,45; — w. Nachweis: *Wilke*, S. 271 ff.

[50] Zu dieser Ausgestaltung: *Raecke*, S. 14, 19; *Wilke*, S. 279; ähnlich: *A. Wagner*, Finanzwissenschaft II, S. 25.

[51] *Wilke*, S. 279.

[52] *Ehle* DÖV 62,45 f.

übersteigen[53]. Auf die Bemessung der einzelnen Gebührenhöhe hat es unmittelbar keinen Einfluß[54].

Mit dieser allgemeinen Ausformung ist aber bereits der Grundstein für weitere Problembereiche gelegt: werden die Gesamtkosten nach den tatsächlichen Verwaltungs- und Unterhaltskosten[55], den betriebswirtschaftlichen Kosten[56] oder dem Nutzen der Leistungsempfänger[57] errechnet? Bildet der Aufwand der einzelnen Verwaltungszweige oder der gesamten Vewaltungseinheit die Bemessungsgrundlage? Ein Schulbeispiel für den letzten Problemkreis liefern die Gebührenpolitik der Deutschen Bundespost. Wenn die Deutsche Bundespost in den Jahren 1963 bis 1968 im Fernmeldedienst Überschüsse von etwa 5,5 Milliarden DM erzielt, mit denen u. a. der stark defizitäre Postbankdienst subventioniert wurde[58], so liegt dieser Umverteilung ein sehr extensives Verständnis von Kostendeckung zugrunde[59]. Erwartet die Deutsche Bundespost 1976 in ihrem gesamten Dienstleistungsbereich gar einen Gewinn von 800 Millionen DM und errechnet sie für 1977 ihren Überschuß sogar mit 912 Millionen DM[60], so steht es schlecht um das Kostendeckungsprinzip.

Diese Probleme bedürfen jedoch nur dann der Vertiefung, wenn das Kostendeckungsprinzip auch eine Antwort auf die Frage nach den wesentlichen Gebührenmerkmalen bereithält, d. h. insbesondere Kriterien zur Abgrenzung gegenüber anderen Abgabenarten aufzeigt. Allein in diesem Fall läßt sich die Qualifizierung der Straßenreinigungsabgabe als Gebühr an ihm überprüfen.

Kehrt man zu der allgemeinen Aussage des Kostendeckungsprinzips zurück, so formuliert es für den Gebührengläubiger das relative Gebot, mit der Summe der Einzelgebühren die Gesamtunkosten nicht zu übersteigen. Das Kostendeckungsprinzip ist „Veranschlagungsmaxime“[61] im Rahmen der Gesamtkalkulation. Für den einzelnen Gebührenschuldner erlangt es damit lediglich mittelbar Bedeutung[62]. Ob sich beispielsweise die Höhe der Müllabfuhrgebühren im Einzelfall nach der Zahl der Hausbewohner, Größe und Anzahl der Mülltonnen, Häufigkeit der

---

[53] *Leisner*, Verwaltungspreis, S. 730 (735); *Wilke*, S. 279 m. w. N. in FN 39.

[54] BVerwGE 12,162 (167); 13,214 (222 f.); a. A.: *Rupp*, Postgebühren, S. 22.

[55] So die Kostentheorie §§ 4 II, 6 III PrKAG; *Gerloff*, HdF II, S. 207; *Kreft*, Diss., S. 76 ff.; *Leisner*, Verwaltungspreis, S. 730 (735).

[56] § 6 II KAG NW; Art. 8 II BayKAG; *Bauernfeind/Zimmermann*, Komm., § 6 Rdn. 14 - 16; *Thiem* DVBl. 72,129 (133); *Wilke*, S. 276 f.

[57] *Gerloff*, HdF II, S. 207; vgl. auch *Ehle* DÖV 62,45.

[58] Zahlen bei *Rupp*, Postgebühren, S. 7.

[59] Zu den verfassungsrechtlichen Bedenken dieser Gebührenpolitik: *Rupp*, Postgebühren, S. 46 These 6; kritisch auch: *Wilke*, S. 280; *Raecke*, S. 53 ff. m. w. N.

[60] FAZ v. 21. 12. 1976, S. 1.

[61] BVerwGE 13,214 (223); — *Leisner*, Verwaltungspreis, S. 730 (738); *Wilke*, S. 298 m. w. N.; *Raecke*, S. 69; — a. A.: *Ehle* DÖV 62,45 (48); *Rupp*, Postgebühren, S. 22 f.; *Stephan* JurA 1970,867 (870 f.).

[62] *Leisner*, Verwaltungspreis, S. 730 (738).

wöchentlichen Leerungen oder Entfernung der Wohnung zur Mülldeponie richtet, ist keine Frage der Kostendeckung. Dagegen sind etwa die Kosten für das Anlegen einer Müllhalde, technischer und personeller Aufwand der Müllabfuhr maßgebliche Faktoren für die Gesamtkalkulation der gemeindlichen Müllabfuhr und fließen damit unter dem Aspekt der Kostendeckung in die Bemessung des Gesamtgebührenaufkommens ein. Damit ist aber bei der verantwortlichen Behörde noch keine Entscheidung darüber getroffen, ob die Kosten der Müllabfuhr aus Gebühren oder etwa (Zweck — Steuern) bestritten werden. Zur Bestimmung der Abgabenart ist das Kostendeckungsprinzip ungeeignet. Diese Entscheidung orientiert sich an anderen Kriterien. Erst wenn die Wahl der Abgabenform auf die Gebühr gefallen ist, gewinnt das Kostendeckungsprinzip bei Bestimmung der Gesamtunkosten als flexible Obergrenze Bedeutung. Der Grundsatz der Kostendeckung präjudiziert somit nicht die Abgabenart, sondern setzt eine diesbezügliche Entscheidung voraus. Es dient als globale Bemessungsgrundlage[63], wenn die Abgabenform als solche, nämlich die Gebühr, bereits feststeht.

Für die Straßenreinigungsgebühr heißt das: Erst wenn die Rechtmäßigkeit der gebührenrechtlichen Ausgestaltung an sich festliegt, setzt der Kostendeckungsgrundsatz Bemessungsmaßstäbe zur Bestimmung der gesamten Gebührenhöhe. So kann er beispielsweise eine Rolle spielen, wenn es darum geht, ob die schwer kalkulierbaren Kosten für den Winterdienst, die Anschaffung neuer Reinigungsgeräte nach betriebswirtschaftlichen Gesichtspunkten oder am Nutzen der Leistungsempfänger zu orientieren sind. Für die Entscheidung, die Unkosten der gemeindlichen Straßenreinigung durch Gebühren auszugleichen, kommt dem Grundsatz der Kostendeckung jedoch keine Bedeutung zu.

bb) Äquivalenzprinzip

Wenn die Gebühr im wesentlichen als Entgelt für eine besondere Verwaltungsleistung umschrieben wird, so ist damit noch nicht näher bestimmt, wie sich Verwaltungsleistung und Gebührengegenleistung gegenüberstehen. Diese Lücke füllt das Äquivalenzprinzip, wenn es Verwaltungsleistung und Gebührenentgelt in ein „angemessenes Verhältnis" setzt[64]. Damit bleibt einerseits genügend gesetzgeberische Gestaltungsfreiheit auch für schematisierte und pauschalierte Gebühren[65],

---

[63] BVerwGE 13,214 (222 f.); *Wilke,* S. 298.

[64] OVG Lüneburg KStZ 74,93 (94); BVerwGE 12,162 (166); 13,214 (222); 26,305 (308); BVerfGE 20,257 (270: „in keinem Mißverhältnis"); *Bauernfeind/Zimmermann,* Komm., § 5 Rdn. 24 ff., § 6 Rdn. 29; *Leisner,* Verwaltungspreis, S. 730 (740); *Lambert,* Diss., S. 160 f.; *v. Mutius* VerwArch. 66 (1975), 75 (82); *Wilke,* S. 244 ff. m. w. N.

[65] Z. B.: Wahrscheinlichkeitsmaßstab: BVerwGE 26,317 (320); BVerwG KStZ 69,77; OVG Lüneburg KStZ 74,132 (135); w. Nachw.: *Wilke,* S. 208 - 225.

andererseits werden aber mit dem Erfordernis einer „angemessenen" Relation auch normative Ermessensgrenzen gesetzt. Daß zwischen Verwaltungsleistung und Gebühr ein ausgewogenes Verhältnis bestehen muß, folgt bereits aus dem Begriff „Gegenleistung". Ein Mißverhältnis zwischen beiden Parametern ist schwerlich mit einem (synallagmatischen) Austauschverhältnis i. S. einer Gegen-Leistung in Einklang zu bringen. Es setzt zwar keine deckungsgleiche, wohl aber eine ausgewogene Beziehung zwischen zwei Leistungsgrößen voraus. Aus diesem Grund muß das Äquivalenzverhältnis „begriffsnotwendig zum Wesen der Gebühr" gerechnet werden[66].

Der Angemessenheitsgrundsatz scheint damit prädestiniert, geeignete, gebührenspezifische Merkmale aufzuzeigen, die insbesondere die Grenze zwischen Gebühren und Steuern klar markieren: Ist die Steuer kompensationslos zu leisten, so muß die Verwaltung eine angemessene Leistung erbringen, will sie Gebühren erheben. Selbst wenn dieser These im Ergebnis zugestimmt werden kann, so ist es doch übereilt, dem Angemessenheitsgrundsatz Kriterien dafür zu entnehmen, wann eine Gegenleistung gerechtfertigt ist. Leicht werden ansonsten Ursache und Wirkung, Tatbestand und Rechtsfolge vertauscht. Wer die Gebühr als „Gegen-Leistung" begreift, setzt damit begriffslogisch eine Leistung voraus[67]. Die Gebühr knüpft an eine konkrete Verwaltungsleistung an. Erst wenn feststeht, daß dem künftigen Gebührenschuldner eine „besondere", d. h. grundsätzlich nicht jedermann zustehende Verwaltungsleistung zuteil wird, ist die Voraussetzung für eine Gebührengegenleistung geschaffen. Die Sonderkosten sind m. a. W. erst Folge einer vorgegebenen, individualisierten Verwaltungsleistung. Zwischen Verwaltungsleistung und Gebühr besteht somit ein kausales Abhängigkeitsverhältnis. Die „besondere" Verwaltungsleistung wird nicht erbracht, weil der Bürger bereits eine Gebühr entrichtet hat, sondern er schuldet als „Gegen-Leistung" eine Gebühr, weil er eine „besondere" Verwaltungsleistung erhalten hat. Erst wenn die individualisierte Verwaltungsleistung fixiert ist, kann eine hierzu „angemessene" Gebühr erhoben werden.

---

[66] *Leisner*, Verwaltungspreis, S. 730 (740); BVerwGE 12,162 (166); 13,214 (222); BVerfGE 20,257 (270) — w. Rechtsprechungsnachw.: *Wilke*, S. 245 ff. — Die dogmatische Herleitung des Äquivalenzprinzips ist umstritten; daneben werden auch Verhältnismäßigkeitsgrundsatz [BVerwGE 26,305 (309); *Bauernfeind/Zimmermann*, Komm., § 6 Rdn. 29; *Wilke*, S. 301 f.], Freiheitsgrundrechte i. V. m. Art. 19 II GG sowie das Rechtsstaatsprinzip genannt [vgl. v. *Mutius* VerwArch. 66 (1975), 75 (82)] — zum Meinungsstand: *Kreft*, Diss., S. 72 ff.; *Wilke*, S. 244 ff.

[67] Ähnlich *Wilke*, S. 87: „Die öffentliche Leistung ist Bedingung der Abgabe, die Abgabe somit Folge der öffentlichen Leistung". — Vgl. auch *Hansmeyer/Fürst*, Gebühren, S. 34 f.; *Gerloff*, HdF II, S. 203 (205).

Daß der Gesetzgeber bei der Anordnung von Gebührenpflichten die Regel von Ursache und Wirkung nicht immer beachtet, belegen besonders deutlich Genese und Praxis der Straßenreinigungsgebühr.

Wie bereits erwähnt[68], hat das preußische Oberverwaltungsgericht der Wegereinigungsgebühr deshalb die Gefolgschaft versagt, weil seiner Ansicht nach die gebührenpflichtigen Personen die gemeindliche Reinigungsanstalt nicht „benutzen“. Um den Gemeinden aber die Finanzierungsquelle der Wegereinigungsgebühr zu erhalten, die wegen ihrer praktischen Verwirklichung sehr geschätzt war, hat der Gesetzgeber — nachträglich! — die fehlende Benutzung fingiert. Die Gebührenpraxis war vorgegeben, die „besondere“ Verwaltungsleistung, d. i. die Benutzung, wurde später fingiert.

Doch gehört dieser Brauch nicht allein der preußischen Rechtsgeschichte an. Selbst wenn die neueren Kommunalabgabengesetze meist den Terminus „Gegenleistung“ ausdrücklich in ihre Gebührenvorschriften aufgenommen haben[69], halten die Landesgesetzgeber unbeirrt an der Methode fest, erst die Wirkung, die Rechtsfolge, d. i. die Straßenreinigungsgebühr festzuschreiben, ehe Klarheit über die Ursache, den Tatbestand, d. i. die „besondere“ Verwaltungsleistung besteht. Besonders deutlich wird dies dort, wo die Regeln über die Benutzungsgebühren nicht lediglich analog[70], sondern unmittelbar[71] für anwendbar erklärt werden. Es obliegt den Gerichten, in der Straßenreinigung eine „besondere“ Verwaltungsleistung zu entdecken.

Das Äquivalenzprinzip gewinnt somit — selbst als dem Gebührenbegriff wesenhaft verbundener Grundsatz — erst Bedeutung, wenn die „besondere“ Verwaltungsleistung als notwendige Entstehensvoraussetzung der Gebührenpflicht bestimmt ist. Die Diskussion um Kostendeckungs- und Äquivalenzprinzip unterstellt somit, daß die Wahl der Finanzierungsform bereits zugunsten der Gebühr gefallen ist. Erst dann setzen beide Grundsätze Maßstäbe für weitere Konkretisierungen.

b) Zurechnungsabgabe

Während sich die herrschende Meinung in den Gegenleistungsbegriff vertieft und die grundsätzlichen Voraussetzungen wenig beachtet, welche die Gebührenpflicht erst auslösen, konzentriert sich die Mindermeinung auf die „besondere“ Verwaltungsleistung. Sie sieht das Charakteristische der Gebühr darin, daß diese Abgabe „an eine individuell

---

[68] Vgl. 5. Teil, 1. Kapitel, II.

[69] Z. B.: § 9 I HessKAG; § 5 NdsKAG; § 4 II KAG NW.

[70] § 43 III BadWürttStrG.

[71] § 3 StrReinG NW.

zurechenbare öffentliche Leistung anknüpft"[72]. — Ausgangspunkt ihrer Überlegungen ist der „Grundsatz der Vorteilsneutralität"[73]. Dieser besagt, daß gebührenpflichtige Verwaltungsleistungen dem Empfänger nicht nur nützlich, sondern auch nachteilig oder gleichgültig sein können. Als noch immer überzeugendstes Beispiel wird der (bald legendäre) Brunnen auf dem Grundstück des an die gemeindliche Wasserleitung zwangsweise angeschlossenen Eigentümers zitiert[74]. Nach dieser Ansicht ist auch die Vielfalt der Leistungen, die Gebührenpflichten auslösen können, für die Neufassung des Gebührenbegriffs entscheidend: „Teils sind sie (d. i. die Leistungen) vorteilhaft, teils nachteilig, viele werden von den Gebührenschuldnern provoziert, andere diesen oktroyiert; häufig knüpfen sie an leistungsbezogene Handlungen an, aber auch leistungsneutrales und passives Verhalten kann Leistungen auslösen; die einen werden auf Antrag gewährt, die anderen von Amts wegen erbracht; ...[75]." Wegen dieser Mannigfaltigkeit seien die genannten Kriterien ungeeignet, die Gebührenpflicht zu begründen[76]. Eine Gebühr setze notwendig eine „besondere" Leistung voraus; eine Leistung also, die nicht allen, sondern einem bestimmten Personenkreis zugute komme. Andernfalls sei die Steuer die geeignete Abgabenform[77]. Nach dieser Auffassung ist somit für eine Gebührenpflicht allein die „individuell zurechenbare öffentliche Leistung"[78] maßgeblich.

Diese Gebührendefinition setzt bei dem Punkt an, den die herrschende Meinung bislang vernachlässigt hat: der „besonderen" Verwaltungsleistung als unumgängliche Voraussetzung einer Gebührenpflicht schlechthin. Damit wird die allgemein anerkannte Umschreibung der Gebühr als „Gegenleistung" in einer wichtigen Hinsicht ergänzt[79]. Die „individuell zurechenbare öffentliche Leistung" konkretisiert die „besondere" Verwaltungsleistung herkömmlicher Begrifflichkeit, indem sie die „Besonderheit" näher charakterisiert: entscheidend ist der Kreis der Leistungsempfänger; dieser muß sich von der „Allgemeinheit" abheben. Ist dieser Tatbestand gegeben, so kann eine „Gegen-Leistung", d. h. eine angemessene Gebühr erhoben werden. Die Gebühr ist somit Synthese aus Entgelt- und Zurechnungsabgabe; sie ist angemessene Gegenleistung für eine individuell zurechenbare Verwaltungsleistung[80].

---

[72] *Wilke*, S. 89; aus finanzwissenschaftlicher Sicht: *Hansmeyer/Fürst*, Gebühren, S. 34 f.
[73] *Wilke*, S. 67 ff.
[74] *Wilke*, S. 67.
[75] *Wilke*, S. 82.
[76] *Wilke*, S. 86 f.
[77] *Wilke*, S. 86.
[78] *Wilke*, S. 89.
[79] A. A.: *Wilke*, S. 105, der die „Gegenleistung" für entbehrlich hält.
[80] Dem Aspekt der Zurechnung trägt der Art. 8 I BayKAG in etwa Rechnung, wenn Benutzungsgebühren erhoben werden sollen, „soweit eine Ein-

Die Frage bleibt aber: Wann liegt eine „individuell zurechenbare Leistung“ vor? Die Antwort muß eindeutige Kriterien nennen, nach denen sich der Anknüpfungspunkt für eine gebührenpflichtige Verwaltungsleistung bestimmen läßt: „Diejenigen Leistungen sind individuell zurechenbar, die er (d. i. der Gesetzgeber) individuell zurechnet.“ Das gesetzgeberische Ermessen soll seine Grenze erst dort finden, „wo keine spezifische Beziehung zwischen Leistung und Gebührenschuldner mehr erkennbar ist, die Abgabenpflicht somit nicht mehr durch die Gewährung einer besonderen Staatsleistung bedingt ist“[81].

Die Straßenreinigung müßte, an diesen Maßstäben gemessen, eine den Angrenzern, Hinterliegern oder Anliegern individuell zurechenbare Leistung sein, um für diese Personenkreise eine Gebührenpflicht auslösen zu können. Gibt man sich nach dieser Umschreibung mit der positivistischen Feststellung zufrieden, der Gesetzgeber habe im Rahmen seiner Dispositionsfreiheit die Leistungen der Straßenreinigung eben diesen Personen „individuell zugerechnet“, so ist jede weitere Diskussion über die Form der Straßenreinigungsabgabe überflüssig[82]. Die Straßenreinigungsabgabe ist Gebühr, weil der Gesetzgeber dies bestimmt hat. Die offenen Fragen beschränken sich auf die gebührenrechtlichen Einzelheiten: z. B. die Gebührenmaßstäbe. Allenfalls kann man auf das Merkmal der Erkennbarkeit als Grenze des gesetzgeberischen Ermessens zurückgreifen. Die Dispositionsfreiheit ist dann überschritten, wenn zwischen Straßenreinigung und Gebührenpflicht keine „spezifische Beziehung mehr erkennbar“ ist. Dieser Aspekt ist aber nicht nur in tatsächlicher Hinsicht schwer mit Inhalt zu füllen, sondern ist auch rechtlich zu unbestimmt, um den gesetzgeberischen Entscheidungsfreiraum ausreichend bestimmt zu limitieren.

Dies wird deutlich, wenn man den Blick auf die verfassungsrechtlichen Folgen lenkt, die eine unklare Grenzziehung zwischen Gebühren und Steuern hervorrufen. Mit einer „Flucht aus der Steuergewalt in die Gebührenhoheit“[83] werden vor allem rechtsstaatliche Kautelen tangiert. So genügt für die Gebührenerhebung ein einfacher Gesetzesvorbehalt[84], um der „Eigentums- und Freiheitsklausel“ gerecht zu werden. Die Steuerpflicht hingegen ist mit dem Grundsatz der Tatbestandsmäßigkeit

richtung überwiegend dem Vorteil einzelner Personen oder Personengruppen dient“.

[81] *Wilke*, S. 88; allerdings als „überspitzt“ (verbal) eingeschränkt.

[82] Bezeichnend ist, daß *Wilke* die Wegereinigungsabgabe bisweilen an den kritischen Stellen erwähnt und als „Gebühr“ klassifiziert, ohne jedoch auf die Problematik dieser abgabenmäßigen Ausgestaltung einzugehen (z. B.: S. 79,81 — Straßenreinigung als „oktroyierter Vorteil“; S. 122 — „Regelwidrigkeit der Straßenreinigungsgebühren“; S. 224 f. — Straßenreinigungsgebühr nach Reinigungsklassen).

[83] *Leisner*, Verwaltungspreis, S. 730 (734).

[84] *Wilke*, S. 46 f. m. w. N.

der Besteuerung[85] an förmliche Legalität gebunden, die der Freiheitsverbürgung durch das Habeas-corpus-Grundrecht in Art. 104 GG nicht nachsteht. Beide Rechtsgarantien fordern, daß Art und Umfang der Freiheitsbeschränkung unmittelbar dem förmlichen Gesetz zu entnehmen sind. — Auch die grundgesetzliche Kompetenzordnung wird mit einer bloß vagen Trennung von Steuer und Gebühr in Frage gestellt. Die strengen Zuständigkeitsaufteilungen zwischen Bund und Ländern, wie sie die Finanzverfassung insbesondere in Art. 105 GG vorsieht, werden aufgeweicht, wenn die Gebietskörperschaften ihre primären Finanzquellen auf Gebührenerhebungen konzentrieren. Ist doch die Gebührenkompetenz als Annex zur Sachhoheit definiert und damit der Kompetenzaufteilung des Art. 105 GG ausgegliedert[86]. So könnte etwa die örtliche Schankerlaubnissteuer als Schankerlaubnisgebühr[87] über Art. 74 Nr. 11, 12 GG von der Landes- in die Bundeszuständigkeit fallen. Ebenso könnte die gemeindliche Hundesteuer in Gestalt einer Meldegebühr aus Gründen des Tierschutzes (Art. 74 Nr. 20 GG) bundesgesetzlich geregelt werden. Eine Gebührenerhebung dort, wo eine Steuer gefordert ist, bringt die strengen Kompetenzregeln der Finanzverfassung um ihre Geltungskraft. — Auch die mit dem Gleichheitssatz und dem Entgeltcharakter der Gebühr nicht zu vereinbarende Staffelung der Gebührenhöhe nach wirtschaftlichen oder sozialen Aspekten verlangt eine klare Abgrenzung zur Steuer. Allein im Rahmen der sozialstaatlich legitimierten Steuerprogression[88] können soziale Unterschiede finanziell aufgefangen werden[89].

Ein klar umrissener Gebührenbegriff ist daher aus verfassungsrechtlichen Gründen unabdingbar. Die gesetzgeberische Dispositionsfreiheit bei der Wahl der Abgabenform findet ihre Grenzen in den rechtsstaatlichen Kautelen sowie der grundgesetzlichen Kompetenzordnung. Den Anforderungen, die sich hieraus für die Beschränkung des legislativen Ermessens ergeben, genügt nicht, daß eine „spezifische Beziehung zwischen Leistung und Gebührenschuldner ... (noch) erkennbar“ ist. Die Umschreibung der Gebühr als Zurechnungsabgabe setzt zwar richtige Akzente, um die Wahl der Abgabenart überprüfen zu können; die Interpretation liefert aber bislang keine ausreichend bestimmten Maßstäbe,

[85] *Isensee*, Typisierung, S. 125 f.; *Tipke*, Steuerrecht, S. 25 ff.

[86] *Friauf*, Sonderlasten, S. 45 (52); *Isensee*, Umverteilung, S. 29; *Knies*, Steuerzweck, S. 125, 128, 133, *Leisner*, Verwaltungspreis, S. 730 (732); *Wilke*, S. 162; BVerfGE 4,7 (13).

[87] Vgl. *Wilke*, S. 283 ff.; — auf diese grundsätzlichen Fragen gehen BVerwGE 22,66; 39,311 nicht ein.

[88] *Tipke*, Steuerrecht, S. 39; a. A.: BVerfGE 9,51 (68 f.: Forderung der „verhältnismäßigen Gleichheit“).

[89] *Isensee*, Umverteilung, S. 34 ff.; *Leisner*, Verwaltungspreis, S. 730 (745 ff.); VGH Kassel NJW 77,452 (454) m. zust. Anm. *Vogel*, ebd., S. 454 f.; — Gegenmeinung: *Kloepfer* AöR 97 (1972), 232 (257 ff.); *Wilke*, S. 304 f.

wie die „individuell zurechenbare Leistung“ zu definieren ist. Solange diese Kriterien durch fast freies Ermessen des Gesetzgebers ersetzt werden, bleibt dieser Gebührenbegriff als Rechtsbegriff zu unbestimmt.

c) Zusammenfassung

Die gebührenrechtliche Diskussion hat bislang keine ausreichend genauen Maßstäbe geliefert, nach denen die Charakterisierung einer Abgabe als Gebühr möglich wäre. Bislang steht die Umschreibung der Gebühr als Entgeltabgabe im Vordergrund, womit meist eine Beschränkung auf Kostendeckungs- und Äquivalenzprinzip verbunden ist. Diese Grundsätze liefern jedoch lediglich Kriterien, die Gebührenhöhe festzulegen. Die grundsätzlichen (logischen) Voraussetzungen einer Gebühren-Gegen-Leistung schlechthin, die „besondere“ Verwaltungsleistung, werden dagegen literarisch wenig beachtet. Erst eine Mindermeinung wendet sich intensiver diesem Problemkreis zu. Sie umschreibt die Verwaltungsleistung, an welche die Gebührenpflicht anknüpft, als „individuell zurechenbare öffentliche Leistung“. Wenn sie jedoch gleichzeitig die Entscheidung darüber, wann eine solche Leistung vorliegt, dem (fast) freien Ermessen des Gesetzgebers überläßt, sind damit Grundprinzipien der Rechtsstaatlichkeit und grundgesetzlichen Kompetenzordnung verletzt.

3. Die „besondere“ Verwaltungsleistung

Nach den bisherigen Ergebnissen läßt sich die Straßenreinigungsabgabe dann als Gebühr umschreiben, wenn die Straßenreinigung für die gebührenpflichtigen Personen eine „besondere“, d. h. „individuell zurechenbare“ Leistung darstellt. Die Straßenreinigungsgebühr ist in diesem Fall die „angemessene Gegenleistung“. Ungeklärt ist bislang, nach welchen Maßstäben sich die individualisierte Verwaltungsleistung bemißt. Das Problem stellt sich vorrangig als Abgrenzungsfrage zur Steuer. Da die Entscheidung über die Abgabenform, die Wahl zwischen Vorzugs- und Gemeinlast, auf der Rechtssetzungsebene fällt, ist das Problem der Abgabenform gleichzeitig die Frage nach den Schranken gesetzgeberischen Ermessens. Es geht um klare Leitlinien, nach denen sich die legislative Dispositionsfreiheit zu richten hat. Die Lösung kann nur auf der Verfassungsebene liegen.

a) Spezielle Verfassungsaussagen

Das Grundgesetz erwähnt den Begriff „Gebühr“ an zwei Stellen. Nach Art. 80 II GG bedürfen Rechtsverordnungen „über Grundsätze und Gebühren für die Benutzung der Einrichtungen der Bundeseisenbahnen und des Post- und Fernmeldewesens, ...“ der Zustimmung des Bundesrates. Art. 74 Nr. 22 GG gibt dem Bund die konkurrierende Gesetzgebungszuständigkeit, „die Erhebung und Verteilung von Gebühren für die Benutzung öffentlicher Straßen mit Fahrzeugen“ zu regeln. Beide Vorschriften setzen den Inhalt des Gebührenbegriffs voraus. Ihr Regelungsanliegen ist nicht die Fixierung der Abgabenart, sondern, wie die systematische Stellung im Kapitel über die „Gesetzgebung des Bundes“ zeigt, die bundesstaatlich bedingte Aufteilung der Rechtssetzungskompetenzen zwischen Bund und Ländern[90].

Auch die Finanzverfassung vermittelt keine Aufschlüsse über die Voraussetzungen einer gebührenpflichtigen Leistung, was durch gegensätzliche Begrifflichkeit zur Steuer erfolgen könnte. Der finanzverfassungsrechtliche Steuerbegriff übernimmt die einfachgesetzlichen Umschreibungen der Abgabenordnung[91]. Um eigene begriffliche Klärung bemüht er sich nicht. Dies ist deshalb verständlich, weil im Mittelpunkt der Art. 104 a - 108 GG, die von den öffentlichen Abgaben handeln, die Aufteilung von Steuergesetzgebungskompetenz und Steueraufkommen zwischen Bund, Ländern und Gemeinden steht, nicht aber die materiellrechtliche Trennung verschiedener Abgabenarten. Die Verfassung übernimmt auch hier die einfachgesetzlich vorgegebenen Abgabenarten, ohne sie selbst zu erläutern.

b) Art. 3 I GG: Grundsatz der Lastengleichheit

Wenn die Gebührenpflicht an eine „individuell zurechenbare“ Verwaltungsleistung anknüpft, an eine Verwaltungstätigkeit also, die lediglich einem bestimmten, besonderen Adressatenkreis zukommt, der Allgemeinheit aber vorenthalten wird, so liegt es nahe, die Kategorien „allgemeine“ und „besondere“ Leistung an den Maßstäben der Gleichheit zu messen. Die Gebühr wäre Kompensationsabgabe für eine „besondere“ Verwaltungsleistung.

Im Abgabenrecht werden verschiedene Funktionen des allgemeinen Gleichheitssatzes, Art. 3 I GG, anerkannt:

— Der Grundsatz der Steuergerechtigkeit[92], der die finanzwissenschaftlichen Gleichheitspostulate[93] in Art. 3 I GG verfassungsrechtlich verankert, bindet den Gesetzgeber bei der Auswahl von Sachverhalten, welche Steuerpflichten begründen, an das Gebot, die Steuerlast nach

---

[90] *Wilke*, S. 151 ff.

[91] *Knies*, Steuerzweck, S. 42 ff., 136 m. w. N.; *Mattern* BB 70, 1405; *Müller* BB 70,1105 (kritisch).

[92] BVerfGE 6,55 (70); 13,290 (295); 21,12 (26 f.); 23,242 (253) — w. Nachw.: *Leibholz/Rinck*, GG, Art. 3 Rdn. 23; VGH Kassel NJW 77,452 (453 f.); *Friauf*, Sonderlasten, S. 45; *Isensee*, Typisierung, S. 137; *Knies*, Steuerzweck, S. 149 f.

[93] Nachw.: *Isensee*, Typisierung, S. 133 FN 1.

sachgerechten Erwägungen gleichmäßig zu verteilen[94]. Als Prinzip der „Allgemeinheit der Besteuerung" gebietet der Gleichheitsgrundsatz, alle steuerlich leistungsfähigen Bürger zu besteuern[95]. Steuerprivilegien einzelner Personengruppen (z. B.: Beamte, Abgeordnete[96] etc.) bedürfen einer sachgerechten Begründung. Diese Ausformung der Steuergerechtigkeit wird bereits mit dem Verfassungsgebot des „allgemeinen" Gesetzes verwirklicht[97]. Eben dieses Kriterium meint auch Otto Mayer, wenn er bereits 1895 die Steuer als eine Geldzahlung umschreibt, „welche dem Unterthanen durch die Finanzgewalt nach einem allgemeinen Maßstabe auferlegt ist"[98]. — Die Steuergleichheit fordert darüber hinaus die Gleichbehandlung der Steuerpflichtigen im Einzelfall[99]. Ziel dieser Gleichheitsmaxime ist die Ebene der Rechtsanwendung. Die Steuerrechtspraxis als Steuerrichtlinienpraxis liefert zahllose Beispiele für derartige Gleichheitsprobleme[100].

— Auch im Beitragsrecht kommt dem allgemeinen Gleichheitssatz in zweifacher Hinsicht Bedeutung zu: bei der Ausgrenzung des Kreises der Beitragspflichtigen wie bei der Bemessung der Beitragshöhe. Ein Beispiel gibt die Entscheidung des Bundesverfassungsgerichts zu der Frage, ob die Beiträge an die Familienausgleichskassen nach dem Bundeskindergeldgesetz den Arbeitgebern allein auferlegt werden dürfen. Das Gericht orientiert sich sowohl bei der Überprüfung der Gruppe der Beitragspflichtigen als auch bei der Bemessung der einzelnen Beitragslast an dem allgemeinen Gleichheitsgebot des Art. 3 I GG[101].

— Im Gebührenrecht ist der allgemeine Gleichheitssatz vor allem als Richtschnur für die Zulässigkeit des Wahrscheinlichkeitsmaßstabs anerkannt[102]. Bis zu welchem Grad Pauschalierungen in der Gebührenhöhe rechtlich zulässig sind, bestimmt sich nach sachgerechten, gleichheitsstiftenden Kriterien. Darüber hinaus muß sich bereits die Wahl zwischen Wirklichkeits- und Wahrscheinlichkeitsmaßstab an den Erfordernissen der Gleichheit orientieren[103].

[94] BVerfGE 21,12 (26 - 28).

[95] *Tipke*, Steuerrecht, S. 35 f.

[96] BVerfGE 40,296 (318).

[97] *Isensee*, Typisierung, S. 133.

[98] Dt. VerwR I, [1]1895, S. 386 f.

[99] „Gleichmäßigkeit der Besteuerung": BVerwGE 8,329 (333); KStZ 71,76 (78); *Tipke*, Steuerrecht, S. 37 f.

[100] *Isensee*, Typisierung, S. 35 f.

[101] BVerfGE 11,105 (114 ff., 123).

[102] OVG Lüneburg KStZ 74,132 (135); BVerwGE 26,317 (320); *Bauernfeind/Zimmermann*, Komm., § 6 Rdn. 29; *Wilke*, S. 238 ff.

[103] *Wilke*, S. 240.

Für die im Gebührenrecht entscheidende Vorfrage nach einer „besonderen“ Verwaltungsleistung, die eine Gebührenpflicht erst auslösen kann, ist ein Rückgriff auf den allgemeinen Gleichheitssatz jedoch nur vereinzelt erkennbar.

(a) Erste, sinngemäße Ansätze finden sich in der Finanzwissenschaft. Gestützt auf die These, alle Tätigkeiten des Staates seien nur durch ein öffentliches Interesse gerechtfertigt, führt Adolph Wagner bereits 1880 aus: „Viele solche Thätigkeiten berühren aber *zugleich Privat*interessen, kommen Privaten in *besonderem* Maasse zu Gute oder werden *einzeln* von diesen *speciell* verursacht. Insofern und in diesem Umfang sind *Gebühren* als *Entgelte* principiell gerechtfertigt und nach den Forderungen der vertheilenden Gerechtigkeit zu *verlangen*[104].“ Die Gleichheitsidee wird hier als Gebot materieller Gerechtigkeit ausdrücklich nicht nur für die Gebührenhöhe, sonderen bereits für die Wahl der Gebühr als Abgabenform nutzbar gemacht.

Diesen Gedanken greift Otto Mayer[105] mehr als eine Generation später auf, wenn er das Wesen der Vorzugslast vor dem Hintergrund erläutert, „an sich sollen alle öffentlichen Lasten gleich verteilt sein“. „Die öffentliche Vorzugslast bewährt den besonderen Zusammenhang des Pflichtigen mit dem Unternehmen durch den inneren Grund, der seine Belastung rechtfertigen soll, die justa causa ...“ Der gerechte Grund liege in dem Vorteil, an dem öffentlichen Unternehmen „besonders beteiligt“ zu sein. Die Gegenleistung (Vorzugslast) sei kein besonderes Opfer, das ihm die Allgemeinheit zumute, „sondern ist im Gegenteil selbst eine Forderung ausgleichender Gerechtigkeit“[106].

Ebenso entschieden formuliert Leisner[107] die Gleichheitsproblematik im Gebührenrecht: „Gebühr als Preis ... ist eine Forderung der Gleichheit.“ Allerdings leitet Leisner diese Folge über das Äquivalenzprinzip her, womit der Gleichheitsansatz erst auf der (zweiten) Stufe der Gebührenbemessung bedeutsam wird, nicht aber unmittelbar für die Gebührenpflicht. Die erste Ebene spricht aber Kloepfer[108] an, wenn er in Art. 3 I GG den Grundsatz der Gleichmäßigkeit der Gebührenerhebung verankert sieht, der „zunächst“ fordert, „daß jeder, der durch eine besondere Inanspruchnahme der Verwaltung einen Gebührentatbestand erfüllt, gebührenpflichtig wird“. Eine Präzisierung unterbleibt jedoch.

Einen wesentlichen Impuls erfahren diese Ansätze durch Friauf. Im Anschluß an die These, daß Steuergesetze eine möglichst gleichmäßige

---

[104] Finanzwissenschaft II, S. 7 (Hervorhebungen im Original).

[105] Dt. VerwR II, [3]1924, S. 230.

[106] *O. Mayer*, Dt. VerwR II, [3]1924, S. 321.

[107] Verwaltungspreis, S. 730 (744).

[108] AöR 97 (1972), S. 232 (268).

Belastung aller Steuerpflichtigen beinhalten müßten, sieht Friauf jede Umgehung dieses Prinzips durch Vorzugslasten als Gleichheitsbruch an. Folge davon ist, daß jede außersteuerliche Abgabe „sich auf einen *spezifischen Zurechnungsgrund* stützen lassen (muß), der vor dem fundamentalen Gebot der Gleichheit aller Bürger Bestand hat“[109].

Art. 3 I GG bindet somit das Ermessen des Gesetzgebers bei der Abgabenwahl an das Gebot, die Geldlasten gleichmäßig zu verteilen. Der Grundsatz der Lastengleichheit[110] erlangt aber nicht nur innerhalb einer bestimmten Abgabenart Bedeutung, um den Kreis der Abgabenpflichtigen oder die Abgabenhöhe zu egalisieren, sondern setzt bereits bei der Wahl der jeweiligen Abgabe Maßstäbe. Für die Gebühr heißt das: Die „besondere“ Verwaltungsleistung muß sich an den Maßstäben des allgemeinen Gleichheitssatzes messen lassen, soll sie die Vorzugslast „Gebühr“ rechtfertigen.

(b) Auch in der (Verfassungs-)Rechtsprechung lassen sich vereinzelt Ansätze nachweisen, den Gleichheitssatz im Sinne der Lastengleichheit als Kriterium zu verwenden, um Vorzugslasten gegenüber Gemeinlasten abzugrenzen. Während die Verfassungsrechtsprechung bei abgabenrechtlichen Problemen meist mit dem Grundsatz der Steuergerechtigkeit befaßt ist[111], erwähnt das Bundesverfassungsgericht in der bereits zitierten Entscheidung über die Beitragszahlungen zu den Familienausgleichskassen ausdrücklich das „Prinzip der Lastengleichheit im Sinne von Art. 3 I GG“[112]. Bemerkenswert ist in diesem Zusammenhang vor allem die Ansicht des Gerichts[113], daß Mittelaufbringungen in Gestalt von Beiträgen durch einen begrenzten Personenkreis „statt aus allgemeinen Haushaltsmitteln mit dem Gleichheitssatz zu vereinbaren“, d. h. in Einklang zu bringen seien. Gerade dieser Ansatz bestätigt über seinen konkreten Anlaß hinaus den Stellenwert des Art. 3 I GG für die Vorzugslast schlechthin. — Ähnliche Überlegungen stellte das Bundesverfassungsgericht bereits an, als es der baden-württembergischen Feuerwehrabgabe deshalb die Qualifizierung als Beitrag versagte, weil Beiträge von dem Gedanken des „Ausgleichs von Vorteilen und Lasten“ des beitragspflichtigen Personenkreises getragen würden; der mit diesen Abgaben finanzierte Feuerwehrschutz komme aber nicht nur „beitragspflichtigen“ Männern vom 18. bis zum 60. Lebensjahr zugute, sondern jedem Gemeindeeinwohner. Daß das Gericht sich auch bei der Bestim-

---

[109] *Friauf*, Sonderlasten, S. 45 ff. (50) (Hervorhebung im Original).

[110] *Friauf*, Sonderlasten, S. 45 (46 ff.); *Isensee*, Typisierung, S. 136 f.; *ders.*, Umverteilung, S. 62 f.; *Ipsen*, Gleichheit, S. 111 (131 — im Hinblick auf Art. 14 III GG).

[111] Nachw. N 92.

[112] BVerfGE 11,105 (119).

[113] BVerfGE 11,105 (115).

mung der die Beitragspflicht auslösenden Momente auf den Gleichheitssatz stützt, wird in einer Zusammenfassung bestätigt: Der Kreis der gesetzlich Beitragspflichtigen „widerspricht somit bei jeder möglichen Deutung des Feuerwehrbeitrags dem Gleichheitssatz: als abgabenrechtlicher Beitrag müßte er auf die beschränkt bleiben, die einen besonderen Vorteil von der Feuerwehr haben“[114]. Die individuell zurechenbare Verwaltungsleistung ist somit nach dem Richtmaß des Gleichheitssatzes zu bestimmen. — Als deutlicher Hinweis, allgemeine Aufgaben aus Steuermitteln zu finanzieren, ist ein obiter dictum des Bundesverfassungsgerichts[115] anläßlich einer Entscheidung über die Verteilung der Altrentenlast der Bergbauberufsgenossenschaft auf spartenfremde Genossenschaften zu verstehen: „... führt jedoch nicht dazu, daß solche Maßnahmen notwendigerweise zu einer öffentlichen Angelegenheit werden, deren Lasten nur die Allgemeinheit treffen und die deshalb nur mit öffentlichen Mitteln durchgeführt werden darf“. Hier klingt das grundsätzliche Verbot an, allgemeine Aufgaben aus besonderen Einnahmen zu finanzieren. In der Sache geht es um den Grundsatz der Lastengleichheit, auch wenn dies nicht ausdrücklich gesagt wird[116].

Bemerkenswerterweise im Hinblick auf die Pflicht zur Zahlung von Straßenreinigungsgebühren hat das Bundesverwaltungsgericht[117] mittelbar Ausführungen zur Lastengleichheit gemacht: Art. 3 I GG verlange eine vernünftige, objektive Beziehung des Grundstücks zur Straße, die es sachlich rechtfertige, die Eigentümer der angrenzenden Grundstücke zu Straßenreinigungsgebühren heranzuziehen. Der allgemeine Gleichheitssatz wird nach Auffassung des Gerichts zum Prüfstein für einen Sachverhalt, der geeignet ist, Gebührenpflichten auszulösen.

Es gibt somit auch in der höchstrichterlichen Rechtsprechung Ansätze, die „besondere“, „individuell zurechenbare“ Verwaltungsleistung nach Kriterien des allgemeinen Gleichheitssatzes zu bestimmen. Die Gebühr hat sich als Kompensationsabgabe bestätigt.

Daß der grundgesetzlichen Verfassungsordnung das Prinzip der Lastengleichheit nicht aufgepfropft, sondern immanent ist, belegen andere Verfassungsnormen. Als Beispiel ist Art. 12 II GG zu nennen, der nur herkömmliche, allgemeine und gleiche Dienstleistungspflichten als Ausnahme vom Verbot des Arbeitszwangs zuläßt. Das Erfordernis der Allgemeinheit ist Garant der Lastengleichheit im Bereich der Naturallasten[118].

---

[114] BVerfGE 9,291 (302).

[115] BVerfGE 23,12 (23).

[116] Hierzu: *Friauf*, Sonderlasten, S. 45 (49).

[117] BVerwG NJW 74,1915; — hierzu: *v. Mutius* VerwArch. 66 (1975), 75 (77 ff.); *Walprecht/Sander*, Komm., § 3 RZ 76; vgl. auch BVerwG KStZ 71,76 (78).

[118] Vgl. 4. Teil, 3. Kapitel, 2. Abschnitt.

Nicht nur Ausdruck persönlicher Freiheitsgewährung, sondern auch Garantie einer gleichmäßigen Lastenverteilung ist die Regelung des Art. 14 III GG, Enteignungen ausschließlich gegen Entschädigung zu dulden. Bezeichnend ist, daß die Rechtsprechung[119] die Grenze zwischen kompensationsloser Sozialpflichtigkeit des Eigentums und entschädigungspflichtiger Enteignung anhand des Gleichheitssatzes zieht. Die besondere Last der Enteignung „zum Wohle der Allgemeinheit" wird durch die Entschädigung ausgeglichen. Art. 14 III GG ist Ausdruck der Lastengleichheit[120].

Fazit: Dem Gleichheitssatz kommt in Abgabenrecht nicht nur abgabeninterne Bedeutung zu — etwa bei der Festlegung des jeweiligen Pflichtadressatenkreises oder der individuellen Abgabenhöhe —. Vielmehr nimmt Art. 3 I GG auch die Aufgabe wahr, die einzelnen Tatbestände daraufhin zu überprüfen, welche Abgabenfolge sie auslösen können. Dies gilt auch für eine gebührenpflichtige Verwaltungsmaßnahme. Wann eine „besondere", „individuell zurechenbare" Verwaltungsleistung mit entsprechenden Gebührenfolgen anzunehmen ist, bestimmt sich grundsätzlich nach dem Gebot der Lastengleichheit (Art. 3 I GG).

c) „Sachgerechtigkeit" als Maßstab für Gebühr und Steuer

Wenn Art. 3 I GG das normative Instrumentarium bereithält, um die „besondere", „individuell zurechenbare" Verwaltungsleistung als Anknüpfungspunkt einer Gebührenpflicht zu bestimmen, so ist damit noch nicht gesagt, nach welchen konkreten Gleichheitskriterien die Wahl zwischen Gebühr und Steuer erfolgen soll. Hierzu finden sich zwei Vorschläge:

— Abgrenzungsmaßstäbe liefert das Willkürverbot[121]; die Wahl der Abgabenform muß zwar — aus gerichtlicher Sicht — nicht die jeweils „zweckmäßigste, vernünftigste oder sachgerechteste Lösung" sein, aber von „sachgerechten, vernünftigen" Gründen getragen werden.

— Die außersteuerliche Sonderabgabe legitimiert sich aus der „Sachnähe" zwischen der Abgabenpflicht und den zu finanzierenden Maßnahmen[122]. Damit sollen strengere Anforderungen an die Auswahlkriterien gestellt werden, als dies nach der Willkürrechtsprechung des Bundesverfassungsgerichts der Fall ist[123].

---

[119] Grundlegend: BGHZ 6,270; hierzu: *Bender*, Staatshaftungsrecht, Rdn. 20 ff.; *Ossenbühl*, Staatshaftungsrecht, S. 119 ff.

[120] *Ipsen*, Gleichheit, S. 111 (131); *Friauf*, Sonderlasten, S. 45 (60 ff.); — im Vergleich mit der Aufopferung: *Isensee*, Umverteilung, S. 35.

[121] BVerwG NJW 74,1915; KStZ 70,92.

[122] *Friauf*, Sonderlasten, S. 45 (54).

[123] *Friauf*, Sonderlasten, S. 45 (50).

Ob es sich hierbei jedoch um unterschiedliche Maßstäbe handelt, steht zu bezweifeln. „Sachgerechtigkeit" wie „Sachnähe" sind Begriffe, die nicht aus sich heraus interpretiert werden können, sondern die Art einer Beziehung zweier Sachverhalte umschreiben. Es sind ausfüllungsbedürftige Termini, die erst in der konkreten Situation Substanz erhalten. So soll beispielsweise zwischen der mit außersteuerlichen Abgaben belasteten Gruppe und der zu finanzierenden Aufgabe eine „spezifische Sachnähe" bestehen, was mit Gruppenbezogenheit oder Gruppennützigkeit der Sonderabgabe umschrieben wird[124]. Oder zwischen dem Grundstück des Gebührenpflichtigen und der von der Gemeinde gereinigten Straße muß eine „ausreichende sachliche Beziehung vorliegen, um die Gebührenpflicht zu rechtfertigen[125]. Diese wird nach Ansicht des Bundesverwaltungsgerichts zur Legitimierung der Straßenreinigungsgebühr „grundsätzlich durch das Angrenzen geschaffen"[126]. Ob man von „Sachgerechtigkeit" oder „Sachnähe" spricht, ist eine terminologische Frage. Entscheidend ist, daß die Verwaltungsleistung, welche die Gebührenpflicht auslöst, in einer vernünftigen, sachgerechten Beziehung zu einem bestimmten Personenkreis, den Gebührenpflichtigen, steht. Nur wenn sich die Verwaltungsleistung in dieser Form individualisieren läßt, genügt sie als „besondere" Verwaltungsleistung den Erfordernissen der Lastengleichheit und kann eine Gebührenpflicht auslösen.

d) Zusammenfassung

Der Grundsatz der Lastengleichheit, in Art. 3 I GG verfassungsrechtlich verankert, fordert nicht nur die grundsätzlich gleichmäßige Belastung aller steuer-, beitrags- oder gebührenpflichtigen Personen. Zentrale Bedeutung erlangt er auch bei der abgabenrechtlichen Vorfrage, welche Art von Abgaben (Vorzugs- oder Gemeinlasten) erhoben werden sollen. Ob Steuern oder Gebühren zu entrichten sind, ist nicht eine freie Ermessensentscheidung des Gesetzgebers, sondern muß durch sachgerechte, gleichheitsstiftende Gründe legitimiert sein: die „besondere" oder „allgemeine" Verwaltungsleistung.

4. Straßenreinigung als „individuell zurechenbare" Verwaltungsleistung

Die Straßenreinigungsgebühr genügt als Vorzugslast den Erfordernissen der Lastengleichheit, wenn sich die Straßenreinigung einem bestimmten Personenkreis als individuelle Verwaltungsleistung zurech-

---

[124] *Friauf*, Sonderlasten, S. 45 (56).

[125] BVerwG NJW 74,1915.

[126] BVerwG NJW 74,1915.

nen läßt. Erforderlich ist ein vernünftiger, sachgerechter Zusammenhang zwischen kommunaler Straßenreinigung und den gebührenpflichtigen Anliegern.

Damit hat die Fragestellung den gleichen Ausgangspunkt erreicht wie im Falle der Ausgestaltung der Straßenreinigungspflicht als Naturalvorzugslast[127]. Soweit bereits dort die Erörterung der verschiedenen Ansätze zeigte, daß die Straßenreinigung den Gleichheitsanforderungen nicht gerecht wird, können diese Legitimationsversuche auch für die Belastung mit Straßenreinigungsgebühren keine anderen Ergebnisse zeitigen. Das gilt insbesondere für die Aspekte der „Mitverursachung", „Dinglichen Last", „Herkömmlichkeit" und des „Angrenzens"[128]. Für eine sachgerechte Erklärung der Straßenreinigungsgebühren ist somit das Augenmerk auf die in Literatur und Rechtsprechung erörterten Gesichtspunkte zu lenken, welche spezielle Bedeutung für die Sonderbelastung der Anlieger mit Straßenreinigungsabgaben haben können.

a) Ablösung der Naturallast

Ein sachgerechter Anknüpfungspunkt für die Gebührenpflicht der Anlieger ließe sich folgendermaßen herleiten: Haben die Gemeinden die Straßenreinigungspflicht zunächst auf die Anlieger übertragen und übernehmen sie die Reinhaltungsaufgaben nachträglich wieder selbst, so liegt in der Ablösung der Reinigungsarbeiten ein sachgerechter Grund, den freigestellten Anliegern entsprechende Gebühren abzuverlangen[129]. Belegt wird diese Argumentation nicht nur durch die Praxis in den Anfängen des preußischen Wegereinigungsgesetzes, wo die Gebührenpflicht mit den Mitteln des Anschluß- und Benutzungszwanges begründet wurde[130], sondern — vordergründig — auch durch die Regelung des § 43 III BadWürttStrG. Danach kann eine Gemeinde, erfüllt sie die Reinigungsaufgaben selbst, „von den Straßenanliegern insoweit Gebühren erheben, als sie ... berechtigt ist, ihre Verpflichtungen den Straßenanliegern aufzuerlegen". Die Gebühr wird zum Surrogat der tatsächlichen Reinigungspflicht.

Die auf den ersten Blick stimmige Argumentation begegnet jedoch bei näherer Betrachtung erheblichen Einwänden. Einen Vorteil bringt die Ablösung der Straßenreinigungspflicht nämlich nur dann mit sich, wenn bereits die Abwälzung der Reinigungspflicht auf die Anlieger den Erfordernissen der Lastengleichheit genügt. Die Pflichtenfreistellung setzt notwendig eine rechtmäßige Inpflichtnahme voraus. Damit ver-

---

[127] Vgl. 4. Teil, 3. Kapitel, 2. Abschnitt, I.3.

[128] Vgl. 4. Teil, 3. Kapitel, 2. Abschnitt, I.3.

[129] Im Ansatz: *v. Mutius* VerwArch. 66 (1975), 75 (81).

[130] Vgl. 5. Teil, 1. Kapitel, I.

lagert sich das Gleichheitsproblem aber lediglich von der finanziellen auf die naturale Ebene, ohne daß es einer Lösung näher gebracht wird[131]. Nur wenn die Übertragung der Reinigungspflicht dem Gebot gleichmäßiger Lastenverteilung genügt, surrogiert die Straßenreinigungsgebühr die tatsächliche Reinigungspflicht der Anlieger. Wie dargelegt[132], widerspricht aber bereits die Straßenreinigung als Naturalvorzugslast dem Verfassungsgebot der „allgemeinen" Dienstleistungspflicht. Das Ablösungsargument wird daher zu Recht auch überwiegend abgelehnt[133].

Darüberhinaus steht die Behauptung, die Pflichtenablösung sei der individuelle Zurechnungsgrund, auch zu der Abgabenpraxis in Widerspruch. Die konsequente Fortsetzung dieser These führte nämlich dazu, daß den Anliegern nur insoweit Gebühren abverlangt werden können, als ihnen auch die Reinigungspflicht obliegt. In der Regel müßten damit aber die Kosten der Fahrbahnreinigung von der Gebührenbemessung ausgenommen werden. Meist ist die Übertragung der Fahrbahnreinigung auf die Anlieger wegen des hohen Verkehrsaufkommens unverhältnismäßig[134]. Einige Landesgesetze tragen diesem Umstand auch bereits dadurch Rechnung, daß sie die Gemeinden nur zur Abwälzung der Gehwegreinigung ermächtigen[135].

Aber auch die Heranziehung der Hinterlieger wäre nur selten möglich, da nur wenige Landesgesetze die Übertragung der Reinigungsarbeiten auf diesen Personenkreis ermöglichen[136]. Eine Abhängigkeit der Gebührenpflicht von der Möglichkeit tatsächlicher Inanspruchnahme zu Straßenreinigungsarbeiten sehen aber weder Rechtsprechung und Lehre[137] noch die neuere Gesetzgebung[138] vor. Nach herrschender Praxis werden die gesamten Straßenreinigungskosten der Gebührenberechnung zugrunde gelegt und grundsätzlich auch die Hinterlieger zu Straßenreinigungsgebühren herangezogen.

Die Straßenreinigungsgebühr rechtfertigt sich somit nicht als Surrogat der tatsächlichen Straßenreinigungspflicht.

---

131 *v. Mutius* VerwArch. 66 (1975), 75 (81 f.).

132 Vgl. 4. Teil, 3. Kapitel, 2. Abschnitt, I.3.

133 *Eichhorn* KStZ 69,234 (236); *v. Mutius* VerwArch. 66 (1975), 75 (81 f.); *Ullrich* KStZ 75,5; OVG Lüneburg KStZ 74,132 (133); OVG Koblenz KStZ 68,30.

134 Vgl. 4. Teil, 3. Kapitel, 1. Abschnitt, III.3.

135 Z. B.: § 43 II 1 BadWürttStrG; Art. 51 V BayStrWG; § 10 BremStrO; § 4 I, II BerlStrG; § 4 I StrReinG NW.

136 Art. 51 IV BayStrWG; § 10 V HessStrG; § 17 III RhPfLStrG.

137 OVG Lüneburg KStZ 74,132 (133); OVG Koblenz VerwRspr. 23,751; *Hatopp* DGStZ 74,162; *Steenbock* SKV 73,202 (203).

138 Z. B.: §§ 52 III NdsStrG; 3,4 StrReinG NW.

b) Umlegung auf Mieter

In Literatur und Rechtsprechung wird als sachlicher Zurechnungsgrund auch die Möglichkeit des Anliegers genannt, die Straßenreinigungsgebühren auf die Mieter abzuwälzen[139]. Darin kann jedoch keine sachgerechte Rechtfertigung für eine Vorzugslast liegen. Abgesehen davon, daß dieses Argument bei wohnungsmäßigem Eigenbedarf bereits ins Leere geht, liegt es auf einer anderen Problemebene. Ob die Vermieter die Straßenreinigungsgebühren den Mietern in Rechnung stellen, ist eine Frage der mietvertraglichen Pflichtenverteilung. Privatrechtliche Gestaltungsmöglichkeiten können nicht zur Legitimation besonderer öffentlicher Pflichten herangezogen werden. Auch die Grundsteuer wird weitgehend auf die Mieter umgelegt, ohne daß dies Einfluß auf den Typus der öffentlichen Abgabe als Gemeinlast hätte. Zwischen der verwaltungsrechtlichen und der privatrechtlichen Ebene besteht keine Beziehung, welche die Straßenreinigungsgebühr vor dem Grundsatz der Lastengleichheit rechtfertigen könnte[140].

c) Besonderes Interesse

Bisweilen wird auch das „besondere Interesse" der Anlieger an der Straßenreinigung als sachgerechter Anknüpfungspunkt für die Gebührenpflicht angesehen[141]. Ein solches Interesse wird unwiderlegbar vermutet[142]. Dieser Gesichtspunkt kann sich jedoch lediglich auf eine Behauptung stützen, die weder die tatsächlichen Verkehrsverhältnisse noch den Zweck der kommunalen Straßenreinigung in ihrer verkehrsmäßigen und polizeimäßigen Dimension berücksichtigt. Ein gesteigertes Interesse der Anlieger an einer gereinigten Straße könnte allenfalls bei Verkehrswegen bestehen, die ausschließlich oder zumindest überwiegend dem Anliegerverkehr dienen. Aber selbst in diesem Fall würden lediglich die Aspekte der „verkehrsmäßigen" Reinigung zum Tragen kommen. Daß die Straßenreinigung gleichermachen der allgemeinen Gefahrenabwehr dient und damit der Allgemeinheit zugute kommt, bleibt unberücksichtigt. Das — unwiderlegbar vermutete — Anliegerinteressse beschränkte sich dann auf die verbesserte Nutzungsmöglichkeit der Straße. Dieser Gesichtspunkt erlangt aber eigenständige Bedeutung.

---

[139] *Lukas* BayVBl. 65,368 (371); BayVerfGH 17,19 (28); BayVerfGH U. v. 13. 4. 64 — Vf. 97/VII-61 — zit. nach *Koenig* SKV 67,43 .

[140] Im Ergebnis: *Dahmen* Der Städtetag 1973,631 (634); *Ullrich* KStZ 75,5 (6).

[141] BayVerfGH 17,19 (27); OVG Lüneburg KStZ 74,93 (94); *Loberg* KStZ 74,41 (43: einschränkend: Interesse als „Vorteil . . ., der dem einzelnen zugute kommt"); a. A.: OVG Münster KStZ 72,116; 72,154 (155); *v. Mutius* VerwArch. 66 (1975), 75 (79 f.).

[142] OVG Lüneburg KStZ 74,93 (94); hierzu kritisch: *Ullrich* KStZ 75,5 - 7.

d) Nutzungswert

Die kommunale Straßenreinigung sei für die Anlieger besonders vorteilhaft, da hierdurch der Nutzungswert ihrer Grundstücke steige[143]. Eine gereinigte Straße verbessere die wirtschaftliche und verkehrsmäßige Nutzung der anliegenden Grundstücke. Allerdings beschränke sich der Vorteil auf die Eigentümer derjenigen Grundstücke, die über einen Zugang zur reinigungsbedürftigen Straße verfügten[144]. — Dieses Argument findet die größte Resonanz, wenn es darum geht, einen sachgerechten Anknüpfungspunkt für die Straßenreinigungsgebühr der Anlieger zu nennen.

Der Sache nach ist dieser Gesichtspunkt bereits bei der Legitimation der Straßenreinigungspflicht als Naturalvorzugslast erörtert worden[145]. Die Diskussion um die Straßenreinigungsgebühr muß von den dort gefundenen Ergebnissen ausgehen.

Wenn ein sachgerechter Anknüpfungspunkt für die Straßenreinigungsgebühr in der Werterhöhung der anliegenden Grundstücke gesehen wird, so ist zunächst nicht die Konkurrenz zum Erschließungsbeitrag aus dem Auge zu verlieren. Dieser kompensiert Werterhöhungen, die durch die Nutzbarmachung des Grundstücks schlechthin entstehen[146]. Daß ein Grundstück u. a. vom öffentlichen Verkehrsnetz überhaupt zugänglich ist, wird bereits mit dem Erschließungsbeitrag abgedeckt. Umstände, welche die Straßenreinigungsgebühr auslösen können, müssen aus der sachlichen Zweckbestimmung der Wegereinigung selbst folgen[147]. Die Werterhöhung muß somit allein auf Maßnahmen der Straßenreinigung zurückzuführen sein, soll nicht *ein* Tatbestand unterschiedliche Vorzuglasten rechtfertigen.

Daß den Eigentümern anliegender Grundstücke mit der kommunalen Straßenreinigung ein besonderer Dienst erwiesen wird, läßt sich zum anderen nur für ausschließliche oder überwiegende Anliegerbezirke darlegen. Hinsichtlich der sonstigen innerörtlichen Verkehrswege verteilen sich die „Wohltaten" einer gereinigten Straße auf alle Verkehrsteilnehmer und Gemeindeeinwohner gleichmäßig[148]. Verzögert sich bei-

---

[143] *Loberg* KStZ 74,41 (43); *ders.* DGStZ 76,162 (163); *Reichert* KStZ 76,21 (26); *Ullrich* KStZ 75,5 (6); OVG Lüneburg KStZ 74,132 (133).

[144] BVerwG KStZ 70,92; NJW 74,1915; amtl. Begründung zu § 3 StrReinG NW, Ltg.-Drucks. 7/2957, S. 7; 8/33, S. 8; *Walprecht/Sander*, Komm., § 3 RZ 76; *Steenbock* SKV 73,202 (203).

[145] Vgl. 4. Teil, 3. Kapitel, 2. Abschnitt, I.3 e).

[146] *Schmidt*, Erschließungsrecht, S. 92 f.; *Förster*, BBauG, § 127 Anm. 1; *Schütz/Frohberg*, BBauG, § 127 Anm. I 3 (o. B.).

[147] OVG Lüneburg KStZ 74,132 (134); BVerwG NJW 74,1915; — allg.: BVerfGE 9,291 (298).

[148] *Dahmen* Der Städtetag 1973,631 (634); *Deus* KStZ 70,208 (211); *v. Mutius* VerwArch. 66 (1975), 75 (80).

spielsweise der Streudienst bei einer vereisten Fahrbahn, so werden davon alle Straßenbenutzer betroffen. Ein besonderer Nutzen der Straßenreinigung für die Anlieger kann daher allenfalls in reinen oder überwiegenden Anliegerbezirken festgestellt werden.

Dem Umstand, daß innerörtliche Straßen meist dem allgemeinen Verkehr dienen und die Straßenreinigung damit jedermann zugute kommt, versucht man dadurch gerecht zu werden, daß der Gebührenanteil an den Gesamtunkosten eingeschränkt wird. So soll mit wachsendem Allgemeininteresse an der Straßenreinigung die Finanzierung aus Gebührenmitteln entsprechend gesenkt werden[149]. Dieser Auffassung ist in dem Bemühen beizupflichten, eine angemessene Relation zwischen Allgemein- und Sonderinteresse an der Straßenreinigung herzustellen. Doch stößt der Ansatz auf Kritik. Die graduelle Abstufung der Gebührenhöhe nach den Regeln des Äquivalenzprinzips setzt bereits die Entscheidung zugunsten der Abgabenform „Gebühr" voraus[150]. Allgemeine Vorzüge der Straßenreinigung führen jedoch dazu, die Straßenreinigungsgebühr bereits dem Grunde nach in Frage zu stellen. Solche Gesichtspunkte müssen bereits bei der „besonderen" Verwaltungsleistung, nicht aber erst bei der Gebührengegenleistung berücksichtigt werden. Bezogen auf den erhöhten Nutzungswert der Anliegergrundstücke bedeutet das: Erst wenn die Straßenreinigung — in Form einer Werterhöhung — dem Anliegergrundstück in besonderem Maße zugute kommt, die Gebühr sich somit als sachgerechte Abgabenform erweist, kann über die Gebührenhöhe diskutiert werden.

Geht man davon aus, daß die Straßenreinigung allenfalls in bestimmten Gemeindebezirken den Anliegern in besonderem Maße zugute kommt, also eine „individuell zurechenbare" Verwaltungsleistung darstellt, so ist für die Bemessung des Gebührenanteils an den Gesamtunkosten ein weiterer Aspekt zu beachten: Die Wertsteigerung erfolgt lediglich durch die verkehrsmäßige Anbindung des Grundstücks an die Straße. Damit kann der besondere Nutzen nur durch die verkehrsmäßige Reinigung hervorgerufen werden. Gleichzeitig trifft die kommunale Straßenreinigung aber auch gegen allgemeine Gefahren Vorsorge, die durch Straßenverschmutzungen entstehen: Gesundheitsgefährdung, Geruchs- und Staubimmissionen etc. Diese Kriterien liegen aber nicht im Anlieger-, sondern in erster Linie im Allgemeininteresse[151]. Bei einer Straßenreinigungsgebühr in Anliegerbezirken dürfen somit die Momente allgemeine Gefahrenabwehr nicht in Ansatz gebracht werden.

---

[149] OVG Münster KStZ 69,97; BVerwG KStZ 71,76 (77 — Mehrbelastungen); *Deus* KStZ 70,208 (211); *Loberg* DGStZ 76,162 (165); amtl. Begründung zu § 3 StrReinG NW, Ltg.-Drucks. 7/2957, S. 7; 8/33, S. 8.

[150] Vgl. 5. Teil, 1. Kapitel, III.2.

[151] *v. Mutius* VerwArch. 66 (1975), 70 (80).

Schließlich sind die Schwierigkeiten zu nennen, welche die Heranziehung der Hinterlieger zu Straßenreinigungsgebühren aufwirft. Ist es richtig, daß durch die Straßenreinigung der Nutzungswert der anliegenden Grundstücke erhöht wird, so muß dasselbe auch für die Hinterliegergrundstücke gelten. Obgleich die meisten Landesgesetze auch die Gebührenpflicht der Hinterlieger ermöglichen[152], ist es schwierig, einen Modus zu finden, der den Umfang der jeweiligen Gebühr festlegt. Nicht ganz ohne Grund ist deshalb auch die ausreichende Bestimmtheit etwa des § 52 III 2 NdsStrG angezweifelt worden[153], der die Eigentümer der „durch die Straße erschlossenen Grundstücke" als mögliche Gebührenschuldner nennt, ohne jedoch Maßstäbe für die Gebührenumlegung zu fixieren. Ist beispielsweise ein Reihenhaus von zwei Straßen erschlossen, so müßten doppelte Straßenreinigungsgebühren erhoben werden. Bemißt sich die Straßenreinigungsgebühr nach Frontmeter, so wird entweder ein einzelner Anlieger gegenüber mehreren Hinterliegern bei gleicher Frontlänge ungleich stärker belastet oder die Hinterlieger zahlen für die gleiche Reinigungsfläche einen mit der Anzahl der Hinterliegerhäuser multiplizierten Betrag. Derartige Konstellationen[154] verlangen den Gemeinden einigen Erfindungsgeist und Einfallsreichtum ab, um eine möglichst hohe Gebührengerechtigkeit zu erreichen. Allerdings kommt ihnen — zumindest in Niedersachsen — die Rechtsprechung dadurch entgegen, daß sie aus Praktikabilitätserwägungen „grobe Klassifizierungen" nach Eigenart der Bebauung, mittlerer Grundstücksbreite u. ä. ausreichen läßt[155]. Doch können diese Versuche die Fragwürdigkeit der gebührenrechtlichen Lösung nur unterstreichen.

Damit ist ein Tatbestand festgestellt, welcher der Straßenreinigungsgebühr nur einen bescheidenen Stellenwert im Rahmen der Gesamtkosten zuweist. Soll die Gebührenpraxis in dem rechtlich zulässigen Umfang beibehalten werden, so sind die Gemeinden gezwungen, die als Vorzugslasten umlegbaren Reinigungskosten für Anliegerbezirke getrennt zu veranschlagen. Auf diese Weise kündigt sich allerdings ein wenig praktikables Einnahmegebaren im Bereich der Straßenreinigung an. Es ist daher die Frage zu stellen, ob die Reinigungskosten für Anliegerstraßen nicht ebenfalls aus allgemeinen Haushaltsmitteln zu finanzieren sind, sofern nicht doch noch eine Kostendeckung aus Sonderabgaben möglich ist. Rückhalt findet diese These bereits in der frühen Rechtsprechung des Bundesverfassungsgerichts[156], wonach sich Maß-

[152] Vgl. 5. Teil, N 6.

[153] *Fecht* KStZ 68,113 - 114; *Otto* DWW 68,114.

[154] Weitere Beispiele: *Fecht* KStZ 68,113; *Hatopp* DGStZ 74,162 ff.

[155] OVG Lüneburg U. v. 10. 3. 1973 — III OVG A 138/73 — und U. v. 29. 8. 1973 — III OVG A 99/72 — zitiert nach *Hatopp* DGStZ 74,162 (163 f.); VG Braunschweig DWW 67,113.

[156] BVerfGE 4,157 (169 f.); w. Nachw.: *Isensee,* Typisierung, S. 173 FN 5.

nahmen der öffentlichen Gewalt in größtmöglicher Nähe zur Verfassung halten müssen, sofern volle Verfassungskongruenz nicht zu erreichen ist. Gerade die (resignierende) Erkenntnis[157], daß „eine lupenreine Scheidung der Abgabenarten ... angesichts des chaotischen Wildwuchses im Abgabenrecht mit keiner noch so ausgeklügelten ‚Theorie' zu erreichen" ist, legt es in Grenzfällen nahe, eine möglichst sachgerechte Lösung zu wählen. Diese ist in der Abgabenform zu suchen, die den Grundsatz der Lastengleichheit am ehesten verwirklicht.

e) *Zusammenfassung*

Die Straßenreinigungsgebühr ist grundsätzlich mit dem Verfassungsgebot der Lastengleichheit nicht zu vereinbaren. Vor allem das häufige Argument, die Straßenreinigung erhöhe den Nutzungswert der Anliegergrundstücke, trifft allenfalls für bestimmte Anliegerbezirke zu. Dabei muß bei der Gebührenbemessung jedoch dem Umstand Rechnung getragen werden, daß die „polizeimäßigen" Aspekte der kommunalen Straßenreinigung auch in diesen Gemeindegebieten allein der Allgemeinheit zugute kommen. Der Nutzungswert kann sich lediglich durch die „verkehrsmäßige" Reinigung erhöhen. Angesichts der geringen Bedeutung, welche der Straßenreinigungsgebühr nach diesen Beschränkungen verbleibt, empfiehlt es sich, nach dem Prinzip der größtmöglichen Verfassungskonformität auch die Reinigungskosten für Anliegerbezirke aus allgemeinen Mitteln zu decken.

Zweites Kapitel

Straßenreinigungsabgabe als Beitrag

Eine andere Möglichkeit, die Straßenreinigungsabgabe als Vorzugslast der Anlieger auszugestalten, eröffnet der Straßenreinigungsbeitrag. Diese Abgabe wurde vom preußischen Oberverwaltungsgericht zunächst für unzulässig gehalten, später jedoch als mögliche Finanzierungsform gebilligt[1]. In jüngster Zeit finden sich in der Literatur Stimmen, welche die gebührenrechtliche Lösung ablehnen, den Straßenreinigungsbeitrag jedoch für rechtlich zulässig halten[2].

---

157 *Wilke*, S. 284.

1 Unzulässigkeit: PrOVG PrVBl. 20,474; a. A.: PrOVGE 55,134.

2 *Reichert* KStZ 76,21 (25 f.); vorsichtiger: *Dahmen* Der Städtetag 1973, 631 (635).

I. Die Gesetzeslage

Die Anlieger mit Straßenreinigungsbeiträgen zu belegen, war nach Erlaß des Preußischen Wegereinigungsgesetzes vom 1. Juli 1912 bei den Gemeinden die am meisten verbreitete Art, die Kosten der Straßenreinigung auf die Gemeindeeinwohner umzulegen[3]. Allerdings stieß die Erhebung von Beiträgen zunehmend auf erhebliche praktische Schwierigkeiten, was letztlich zu einem Durchbruch der gebührenrechtlichen Regelung führte[4]. So ist es erklärlich, daß die heutige Gesetzeslage die Erhebung von Straßenreinigungsbeiträgen nur vereinzelt ermöglicht. § 10 V 2 HessStrG bestimmt beispielsweise: „Die Heranziehung zu den Kosten (sc. Reinigungskosten) regelt sich nach den Vorschriften des kommunalen Abgabenrechts." Eine vergleichbare Regelung findet sich in § 17 III RhPfLStrG. Diese Globalverweisungen eröffnen von Gesetzes wegen grundsätzlich auch den Weg zur beitragsmäßigen Regelung[5].

II. Straßenreinigungsabgabe als Beitrag

Aus der Diskussion über die Zulässigkeit eines Straßenreinigungsbeitrags kann von vornherein der korporative Beitrag (Verbandslast) ausgeklammert werden[6]. Dieser knüpft ausschließlich an die Mitgliedschaft zu einer homogenen Gruppe an. Beispiele sind die Mitgliedschaftsbeiträge zu berufsständischen Organisationen. Die Wegereinigungsabgabe leitet sich hingegen grundsätzlich aus der Straßenreinigung selbst ab. Sie kann somit allenfalls als finanzrechtlicher Beitrag (Vorzugslast) auftreten.

Ist der Straßenreinigungsbeitrag Vorzugslast, so sind mit dieser Einordnung entscheidende Weichen gestellt. Auch einer Beitragspflicht liegt daher „der Gedanke des Ausgleichs von Vorteilen und Lasten zugrunde"[7]. Beide kompensieren „besondere wirtschaftliche Vorteile".

---

[3] *Hecht/Hellich*, Komm., S. 19 f.

[4] *Hecht/Hellich*, Komm., S. 21.

[5] § 11 HessKAG sieht die Möglichkeit der Gemeinden vor, „zur Deckung des Aufwands für die Anschaffung, Erweiterung und Erneuerung öffentlicher Einrichtungen Beiträge von den Grundstückseigentümern (zu) erheben, denen die Möglichkeit der Inanspruchnahme dieser öffentlichen Einrichtungen nicht nur vorübergehend Vorteile bietet". — § 8 RhPfKAG: „Die Gemeinden ... können zur Deckung der Kosten für die Herstellung, den Ausbau und die Unterhaltung öffentlicher Einrichtungen von den Grundstückseigentümern, ..., denen die Einrichtungen in besonderem Maße zum Vorteil gereichen, Beiträge erheben."

[6] Zur Unterscheidung zwischen Vorzugs- und Verbandslast: *Isensee*, Umverteilung, S. 31 f. m. w. N.; *Vogel/Walter* in: BK, Art. 105 Rdn. 40.

[7] *Büchner*, HdF II, S. 225 (229); ähnlich: *Selmer*, Steuerinterventionismus, S. 101.

Aus diesem Grund sind sie gleich den Gebühren als „Entgeltabgaben“[8] anzusehen. Der verfassungsrechtliche Grundsatz der Lastengleichheit fordert auch für den Beitrag als Entstehensvoraussetzung eine individualisierbare Verwaltungsleistung. Gebühr und Beitrag unterscheiden sich lediglich „durch die Art der Gegenleistung“[9], genauer gesagt, in dem Grad der Konkretisierung der individuell zurechenbaren Verwaltungsleistung. Damit ist die Erhebung von Straßenreinigungsbeiträgen nur dann möglich, wenn an den Anknüpfungspunkt der Beitragspflicht, die individuell zurechenbare Verwaltungsleistung, geringere sachliche Anforderungen zu stellen sind, als dies vonnöten ist, um eine Gebührenpflicht auszulösen. Andernfalls gelten die Untersuchungen zur Straßenreinigungsgebühr für die Form des Beitrags sinngemäß: er läßt sich mit dem Prinzip der Lastengleichheit nicht vereinbaren.

Es ist daher nach den wesenhaften Unterschieden zwischen Gebühr und Beitrag zu fragen. Hier lassen sich zwei Ansätze unterscheiden, eindeutige Grenzlinien zwischen beiden Entgeltabgaben zu setzen: Zum einen werden beide Abgaben danach unterschieden, ob die zu entgeltende Verwaltungsleistung einen tatsächlichen oder einen bloß möglichen Vorteil für die Zahlungspflichten mit sich bringt. Wird die besondere Verwaltungstätigkeit tatsächlich in Anspruch genommen, so besteht der Ausgleich in einer Gebührenpflicht; bleibt es bei der Möglichkeit, sich der Verwaltung in besonderem Maße zu bedienen, so ist der Beitrag die angemessene Abgabenform[10]. — Eine andere Unterscheidung orientiert sich an den Finanzierungszwecken: Die Errichtung und Erweiterung öffentlicher Einrichtungen soll aus Beiträgen, ihre laufende Unterhaltung aus Gebühren bestritten werden. Diese Differenzierung liegt vor allem den neueren Abgabengesetzen der Länder zugrunde[11]. Ob beide Auffassungen den Kautelen der Lastengleichheit genügen[12], wird erst erheblich, wenn die einzelnen Ansätze an sich einen Straßenreinigungsbeitrag ermöglichen.

Folgt man letzterer Auffassung, so ist im Bereich der Straßenreinigung für eine Beitragserhebung in diesem Zusammenhang wenig Raum. Mit der Wegereinigungsabgabe soll nicht die Grundausstattung einer Reinigungsanstalt, sei es die Neueinrichtung oder auch Erweiterung,

---

[8] *Gerloff*, HdF II, S. 203 (204); *Hansmeyer/Fürst*, Gebühren, S. 35; *Raecke*, Kostendeckungsprinzip, S. 4; *Wolff/Bachof*, VerwR I, § 42 II 2 ß; — umfassende Nachw. zum Meinungsstand: *Wilke*, S. 120 f.

[9] *Hansmeyer/Fürst*, Gebühren, S. 35.

[10] BVerwGE 25,149; VGH Kassel NJW 77,452; *Gerloff*, HdF II, S. 203 (204); *Leisner*, Verwaltungspreis, S. 730 (731); *Wolff/Bachof*, VerwR I, § 42 II a; — w. Nachw.: *Wilke*, S. 123 - 126.

[11] Z. B.: §§ 9, 10 I BadWürttKAG; Art. 5,8 BayKAG; §§ 10, 11 HessKAG; §§ 4 - 6, 8 KAG NW.

[12] Kritisch gegenüber beiden Ansätzen: *Wilke*, S. 121 ff.

finanziert werden. Es geht um die Deckung der laufenden Reinigungskosten. Diese können aber grundsätzlich nicht als Beiträge, sondern nur in Gestalt von Gebühren umgelegt werden, sofern überhaupt Vorzugslasten in Betracht kommen.

Anders ist die Rechtslage lediglich in Rheinland-Pfalz, wo nach § 8 I RhPfKAG auch die Unterhaltung öffentlicher Einrichtungen aus Beiträgen finanziert werden kann. Beitragspflichtig ist jedoch nur derjenige, dem die Einrichtung in „besonderem Maße zum Vorteil" gereicht. Hierin liegt die Parallele zur gebührenrechtlichen Voraussetzung der „besonderen" Verwaltungsleistung. Da die Straßenreinigung aber nicht „individuell zurechenbar" ist, kann sie auch keine Vorzugslast auslösen, weder als Gebühr noch als Beitrag.

Sieht man hingegen den Hauptunterschied zwischen Gebühr und Beitrag in der tatsächlichen bzw. möglichen Inanspruchnahme der Verwaltungsleistung, so wäre ein Straßenreinigungsbeitrag dann möglich, wenn sich diese Differenzierung auch für die Wegereinigungsabgabe bemerkbar machte: die ungelösten Probleme der Straßenreinigungsgebühr müßten in einer angebotenen, aber nicht angenommenen, einer potentiellen, aber nicht für den Pflichtigen aktualisierten besonderen Verwaltungsleistung liegen. Für Beitrag wie Gebühr muß jeweils gleichermaßen eine bestimmte, individuell zurechenbare Verwaltungsleistung vorhanden sein; beide sind Kompensationsabgaben auf dem Hintergrund der verfassungsrechtlichen Lastengleichheit. Der Unterschied zwischen beiden Abgabenformen besteht nur in der jeweiligen Inanspruchnahme. Auch ein Straßenreinigungsbeitrag muß somit durch eine „individuell zurechenbare" (mögliche) Verwaltungsleistung ausgelöst sein, die den Erfordernissen allgemeiner Lastenverteilung genügt. Hieran fehlt es aber[13]. Bezeichnend ist, daß auch die literarische Ansicht, die sich für einen Straßenreinigungsbeitrag einsetzt, auf die Erhöhung des Nutzungswertes des Grundstücks als sachlichen Anknüpfungspunkt der Beitragspflicht zurückgreift[14]. Dabei werden jedoch die skizzierten, wesentlichen Unterschiede zwischen Gebühr und Beitrag verkannt.

III. Zusammenfassung

Die Straßenreinigungsabgabe läßt sich nicht als (finanzrechtlicher) Beitrag qualifizieren. Der maßgebliche Unterschied zur Gebühr besteht lediglich darin, daß der Beitrag nicht an die tatsächliche, sondern allein an die mögliche „besondere" Verwaltungsleistung anknüpft. Auf dem Hintergrund der Lastengleichheit bedürfen jedoch beide Abgaben

[13] Vgl. 5. Teil, 1. Kapitel, III.4.

[14] *Reichert* KStZ 76,21 (26).

gleichermaßen der „individuell zurechenbaren“ Verwaltungsleistung. Da es bei der Straßenreinigung aber hieran fehlt, muß auch die Legitimation eines Straßenreinigungsbeitrags gegenüber dem Grundsatz der Lastengleichheit mißlingen. — Auch die neuere Tendenz, den spezifischen Unterschied zwischen Gebühr und Beitrag in dem Finanzierungszweck (Unterhaltung — Investition) zu sehen, bringt für die Wegereinigungsabgabe keine andere Qualifizierung. Ein Straßenreinigungsbeitrag muß verneint werden, da es nicht um Investitions-, sondern Unterhaltungskosten geht.

Drittes Kapitel

Straßenreinigungsabgabe als Ersatzgeld

Die letzte Möglichkeit, die Straßenreinigungsabgabe in ihrer gesetzlich vorgegebenen Form als Sonderlast zu erhalten, besteht darin, sie als Ersatzgeld zu interpretieren. Dieser rechtlich wenig klare Begriff[1] gewinnt am ehesten in seiner ursprünglichen Bedeutung Konturen. § 68 IV des Preußischen Kommunalabgabengesetzes vom 14. Juli 1893 stellt den Gemeinden anheim, zu „gestatten, daß anstelle des Naturaldienstes ein angemessener Geldbetrag geleistet wird“. Das Charakteristische dieser Abgabe, eine „Eigentümlichkeit des Preußischen Rechts“[2], besteht in der geldlichen Ablösung primär geschuldeter Naturaldienste. Dabei muß es dem Pflichtigen überlassen bleiben, ob er Naturaldienste erbringen oder Ersatzgelder zahlen möchte[3].

Die ursprüngliche Bedeutung des Ersatzgeldes birgt erhebliche Schwierigkeiten, das Straßenreinigungsgeld dieser Abgabenart zuzurechnen. Die Wegereinigungsabgabe versteht sich nicht als freiwillige Ablösung primär geschuldeter Straßenreinigungsarbeiten. Die Straßenreinigungsabgaben sind sowohl hinsichtlich des zahlungspflichtigen Personenkreises als auch bezüglich der Höhe des Wegereinigungsgeldes unabhängig von einer tatsächlichen Reinigungspflicht[4]. Die Straßenreinigungsabgabe dient vielmehr als selbständige Einnahmequelle allein der Finanzierung der gemeindlichen Straßenreinigung, nicht aber der Ablösung eigentlich geschuldeter Naturaldienste. Auch fehlt es an der

---

[1] BVerfGE 9,291 (299).

[2] BVerwG DGStZ 59,135 (138).

[3] PrOVGE 62,507 (508); 84,153 (154); BVerwG DGStZ 59,135 (138); BVerfGE 9,291 (299); 13,167 (170, 172); *Lullies* KStZ 53,1 (7/8); *Surén*, Gemeindeabgaberecht, § 68 KAG, Anm. 9 (S. 127); *Klein* DÖV 61,844 (847); *v. Rosen-v. Hoewel*, Gebühren, S. 454 (479).

[4] Vgl. 5. Teil, 1. Kapitel, III.4 a).

obligatorischen Wahlmöglichkeit der Pflichtigen zwischen Natural- und Geldlast. Die Gemeinde setzt die Geldlast einseitig fest.

Daß es sich bei der Straßenreinigungspflicht um vertretbare Naturaldienste handelt[5], spricht dagegen nicht von vornherein gegen eine Qualifizierung der Reinigungsabgabe als Ersatzgeld. Zwar hat das Bundesverfassungsgericht[6] bei einer vergleichbaren Analyse des baden-württembergischen Feuerwehrbeitrags auf die Ablösung einer „eigentlich und in erster Linie geschuldeten Dienstleistung bei der Feuerwehr" abgestellt. Dieses Erfordernis liegt dem preußischen Kommunalabgabengesetz aber nicht zugrunde. Das Gegenteil läßt sich nachweisen. Nach § 68 III PrKAG sind — von Notfällen abgesehen — die Naturaldienste auch durch taugliche Vertreter erfüllbar. Die geldliche Ablösung besteht daneben. Eine Kopplung des Ersatzgeldes mit unvertretbaren Dienstleistungen wäre aber mit dem Wahlrecht des Pflichtigen zwischen einem tauglichen Vertreter und der geldlichen Ablösung nicht in Einklang zu bringen. Die Art der Dienstpflicht spielt somit für das Ersatzgeld keine Rolle.

Die ursprünglichen Voraussetzungen des Ersatzgeldes sind allerdings zwischenzeitlich mit Zustimmung des Bundesverfassungsgerichts[7] gelockert worden. Das Ersatzgeld ist dadurch zur Ausgleichsabgabe geworden, daß man dem Pflichtigen die Möglichkeit genommen hat, zwischen Natural- und Geldlast zu wählen. Selbst in dieser modifizierten Gestalt bleibt jedoch die Verbindung zwischen Natural- und Geldlast bestehen. Die Ausgleichsabgabe versteht sich als Kompensation für nicht geleistete Dienstpflichten; sie ist geldliche Alternative innerhalb einer einheitlichen Dienstpflicht. So ermächtigt beispielsweise § 38 des baden-württembergischen Feuerwehrgesetzes[8] die Gemeinden, grundsätzlich von feuerwehrdienstpflichtigen Personen, die keinen aktiven Dienst leisten, eine Feuerwehrabgabe zu erheben. Anknüpfungspunkt bleibt der Naturaldienst, die Feuerwehrdienstpflicht. Die Ausgleichsabgabe dient somit nicht als Einnahmequelle der öffentlichen Hände. Ihre Aufgabe und Bedeutung erschöpft sich darin, dem Grundsatz der Lastengleichheit durch heteronome Pflichten gerecht zu werden[9]. Die Freistellung von Naturaldiensten soll durch angemessene Geldlasten ausgeglichen werden. Hierum geht es jedoch bei der Wegereinigungsabgabe nicht. Sie dient allein dazu, Geldmittel für die gemeindliche Straßenreinigung zu beschaffen. Das Straßenreinigungsgeld läßt sich somit weder als Ersatzgeld noch als Ausgleichsabgabe begreifen.

[5] Vgl. 4. Teil, 3. Kapitel, 1. Abschnitt, III. 3 a).

[6] BVerfGE 9,291 (299).

[7] BVerfGE 13,167 (170); — zur Ausgleichsabgabe: *Klein* DÖV 61,844 (847); *Jakob*, Diss., S. 22 f.

[8] I. d. F. v. 9. 2. 1960, GBl. S. 12.

[9] BVerfGE 13,167 (171: „gleiche Belastung aller Dienstpflichtigen, nur in verschiedenen Formen").

Viertes Kapitel

Straßenreinigungsabgabe als Steuer

Die Verlagerung der Straßenreinigungsabgabe aus dem Bereich der Entgeltabgaben in die Domäne der Gemeinlasten und damit der Steuern führt allenthalben zu Ratlosigkeit. Bezeichnend dafür ist, daß die „steuerrechtliche" Lösung bisweilen pauschal gefordert, ohne daß aber der Weg ihrer Durchführung genauer aufgezeigt wird[1]. Freilich könnte es sein Bewenden haben, Landesgesetzgeber und Gemeinden auf die Verfassungswidrigkeit der Straßenreinigungsgebühr hinzuweisen. Doch brächte dies die Gemeinden in die Lage, ihre chronische Verschuldung durch die gemeindliche Straßenreinigung weiter vergrößern zu müssen. Um den angespannten Gemeindehaushalten zusätzliche belastende Ausgaben zu ersparen, soll versucht werden, steuerrechtliche Alternativen aufzuzeigen, damit die Kosten der gemeindlichen Straßenreinigung zusätzlich auf die Allgemeinheit umgelegt werden können. Dabei verstehen sich die folgenden Überlegungen lediglich als ergänzungsbedürftige Diskussionsansätze.

I. Grundsteuer

1. Die einfachste Möglichkeit, die Kosten der gemeindlichen Straßenreinigung aus zusätzlichen Steuermitteln zu decken, bietet die Grundsteuer. Diese Steuerquelle ist aller Kritik zum Trotz als für die Gemeinden unverzichtbar beibehalten und anläßlich der allgemeinen Steuerreform 1973 sogar vorrangig novelliert worden[2].

§ 25 GrStG ermächtigt die Gemeinden, der Verfassungsgarantie des Art. 106 VI 2 GG entsprechend, den Hebesatz der Grundsteuer selbständig festzulegen und damit die absolute Höhe des Grundsteuergesamtaufkommens zu bestimmen. Die beiden anderen Faktoren, die selbständige Rechnungsgrößen der Grundsteuer sind, Einheitswert und Steuermeßbetrag (§ 13 GrStG), sind den Gemeinden vorgegeben[3]. Hierauf haben die Kommunen keinen Einfluß. Sollen die Kosten der Straßenreinigung aus Grundsteuermitteln gedeckt werden, so können die Gemeinden in einer Satzung den Hebesatz um den Prozentsatz erhöhen, der erforderlich ist, um die finanziellen Belastungen aus der Straßenreinigung aufzufangen[4].

---

[1] *v. Mutius* VerwArch. 66 (1975), 75 (81,84).
[2] Grundsteuergesetz v. 7. 8. 1973, BGBl. I, S. 965.
[3] Vgl. *Troll*, Grundsteuergesetz, § 13 Rdn. 10.
[4] *Troll*, Grundsteuergesetz, § 25 Rdn. 2.

Gegen dieses ebenso einfache wie grundsätzlich rechtlich unbedenkliche Verfahren werden abgabenpolitische Einwände erhoben. Die Gemeinden befürchten einen erhöhten Steuerwiderstand, wenn diese Steuerquelle verstärkt angezapft wird, nachdem erst die Berichtigung der Einheitswerte zu größeren Grundsteuerbelastungen führte[5]. Jedoch wird dieses Bedenken dadurch relativiert, daß es sich nicht um eine echte Mehrbelastung der Gemeindeeinwohner handelt. Entfällt doch in den meisten Fällen die Straßenreinigungsgebühr. Die grundsteuerrechtliche Lösung bringt lediglich eine gleichmäßigere und damit prinzipiell gerechtere Lastenverteilung. Allerdings muß auf das abgabenpsychologische Moment verzichtet werden, das mit der Gebühr verbunden ist[6]. Eine größere Zahlungsbereitschaft kann bei der Grundsteuererhöhung nicht erwartet werden, da diese nicht einer individuell zurechenbaren Verwaltungsleistung gewidmet ist. Als finanzpsychologisch geschickter erweist sich daher die traditionelle Finanzierungsmethode über Vorzugslasten.

Allerdings trägt die Erhöhung der Hebesätze, die nur einheitlich erfolgen kann, nicht dem Umstand Rechnung, daß den Bewohnern bestimmter Anliegerbezirke die kommunale Straßenreinigung hinsichtlich ihrer verkehrsmäßigen Ausgestaltung in besonderem Maße zugute kommt[7]. Auch eine Abgabenstaffelung nach verschiedenen Reinigungsbezirken ist nicht möglich, da der Hebesatz nur schematisch für das ganze Gemeindegebiet festgesetzt werden kann. Dadurch ergeben sich in diesen Fällen Nivellierungen, die zu ungleichen Belastungen führen. Diese Unterschiede sollten jedoch im Interesse einer insgesamt größeren Lastengleichheit unter dem Gesichtspunkt einer verfassungsnäheren Lösung[8] in Kauf genommen werden[9].

2. In Anlehnung an die grundsteuerrechtliche Lösung bestand bis zum 31. 12. 1973 nach § 3 EinfGRealStG[10] für die Gemeinden die Möglichkeit, einen Teil des Gemeindebezirks oder eine Gruppe von Steuergegenständen mit höheren als allgemein üblichen Hebesätzen zu belegen. Grundsteuermehrbelastungen sind Steuern[11], die Abstufungen der Steuerhöhe erlauben, wenn beispielsweise den Bewohnern bestimmter Gemeindebezirke Gemeindeeinrichtungen „ausschließlich oder in

---

5 *Loberg* KStZ 74,41 (44); zu den Grenzen einer Grundsteueranhebung: BayVerfGH DÖV 76,751 (754: „Gebot sozialer Steuerpolitik").

6 *Wilke*, S. 134 f.

7 Vgl. 5. Teil, 1. Kapitel, III.4 d).

8 Vgl. N 6 ebd.

9 A. A.: *Dahmen* Der Städtetag 1973,631 (635).

10 § 3 EinfGRealStG (Einführungsgesetz zu den Realsteuergesetzen v. 1. 12. 1936, RGBl. I S. 961, aufgehoben durch Art. 5 des Gesetzes zur Reform des Grundsteuerrechts v. 7. 8. 1973, BGBl. I S. 965).

11 BVerwGE 15,149 (150 f.); 36,346 f. = KStZ 71,76.

besonders hervorragendem Maße" zustatten kommen[12]. Für die kommunale Straßenreinigung bietet diese Finanzierungsart die Möglichkeit, die Mehrbelastungen nach Reinigungsbezirken zu staffeln. So könnte etwa der Hebesatz für reine Anliegerbezirke in der Weise erhöht werden, daß damit der „besonderen" Reinigungsleistung für die dortigen Bewohner Rechnung getragen wird. Finanzielle Abstufungen sind mit geringstem Verwaltungsaufwand möglich[13]. Die grundsteuerlichen Mehrbelastungen ersetzen das „Alles-oder-Nichts" der rein grundsteuermäßigen Lösung durch eine flexible Abgabenbemessung. Sie stehen dem Verfassungsprinzip der Lastengleichheit näher.

Die gesetzliche Grundlage für Grundsteuermehrbelastungen ist jedoch beseitigt worden, um Ungleichheiten zu beheben, die mit Grundsteuerbefreiungen oder Grundsteuervergünstigungen verbunden waren[14]. Derartige Vergünstigungen galten nämlich auch für Grundsteuermehrbelastungen. Die „besonderen Vorteile der Gemeindeeinrichtungen" konnten somit in diesen Fällen nicht kompensiert werden. Derartige Ungleichheiten ließen sich aber dadurch vermeiden, daß die Mehrbelastungen von den Grundsteuerbefreiungen gelöst würden[15]. Damit wären insbesondere für die Straßenreinigungsabgabe sachgerechtere Ergebnisse zu erzielen als mit der rein grundsteuerrechtlichen Lösung oder gar einer Straßenreinigungsgebühr[16].

II. Straßenreinigungssteuer

Eine letzte Möglichkeit soll diskutiert werden, die Straßenreinigungsabgabe de lege ferenda als Steuer zu erheben: die örtliche Straßenreinigungssteuer. Können die Gemeinden eine derartige Abgabe als örtliche Steuer einführen?

1. Steuersubsidiarität

Gegen eine Straßenreinigungssteuer könnte bereits der Grundsatz der Subsidiarität von Gemeindesteuern sprechen. Dieses Prinzip zeigt sich in zwei Ausgestaltungen. Als „vertikale" Steuersubsidiarität läßt sich die gesetzliche Weisung an die Gemeinden umschreiben, eigene Ein-

---

[12] *v. Rosen-v. Hoewel*, Gebühren, S. 454 (463).

[13] *Czapski* DGStZ 72,161 (162).

[14] So die amtl. Begründung, abgedr. bei *Troll*, Grundsteuergesetz, § 25 Rdn. 6 (S. 270); — dagegen: *Czapski* DGStZ 72,161 f. — zu den Grenzen: BVerwG KStZ 71,76 (78).

[15] *Czapski* DGStZ 72,161 f.

[16] *Hatopp* DGStZ 74,162 (163); *Otto* DGStZ 74,101 (der allerdings übersieht, daß diese Möglichkeit de lege lata nicht mehr besteht).

nahmequellen erst dann zu erschließen, wenn „vom Staate" zugewiesene Gelder oder sonstiges Gemeindevermögen nicht ausreichen[17]. Diese Ausformung betrifft die Nachrangigkeit neuer Gemeindesteuern gegenüber bereits vorhandenen oder zu erwartenden Finanzmitteln. Für die Straßenreinigungssteuer ist die vertikale Steuersubsidiarität ohne Bedeutung, da es an Mitteln zur Finanzierung der gemeindlichen Straßenreinigung schlechthin fehlt. Einer Straßenreinigungssteuer könnte jedoch das Prinzip der „horizontalen" Steuersubsidiarität entgegenstehen. Seine Aussage besteht darin, den Gemeindesteuern erst hinter Gebühr und Beitrag einen Platz zuzuweisen[18]. „Horizontale" Steuersubsidiarität bezeichnet den Vorrang der Entgeltabgaben gegenüber Gemeindesteuern im kommunalen Bereich. In dieser Gestalt könnte der Nachrangsatz eine Straßenreinigungssteuer hindern.

Die zahlreichen Regelungen in den Kommunalabgabengesetzen und den Gemeindeordnungen, die sich der „horizontalen" Steuersubsidiarität widmen, täuschen jedoch über ihre rechtliche Tragweite: Der Gehalt erschöpft sich in einer programmatischen, fast finanzpolitischen Aussage; normative Relevanz kommt der „horizontalen" Steuersubsidiarität nicht zu. Das ergibt sich nicht erst aus der ständigen Verminderung ihres rechtlichen Regelungsgehalts: Spricht das preußische Kommunalabgabengesetz von 1893 in § 2 noch von einem gemeindlichen „Dürfen" unter beschränkten Voraussetzungen, umschreibt § 3 III des nordrhein-westfälischen Kommunalabgabengesetzes von 1969 mit einem „Sollen" lediglich noch eine gesetzliche Empfehlung an die Gemeinden, so sucht man im bayerischen Kommunalabgabengesetz von 1974[19] überhaupt vergeblich nach einer vergleichbaren Subsidiaritätsregel. Die Rechtsprechung des preußischen Oberverwaltungsgerichts[20] deutet die vorrangig einnahmepolitische Bedeutung bereits dadurch an, daß es die Möglichkeit einer gerichtlichen Nachprüfbarkeit dieser Maxime verneint. Folgerichtig wird die nordrhein-westfälische Regelung lediglich noch als „programmatische Finanzierungsregel" angesehen[21].

---

17 Z. B.: § 2 PrKAG: „Die Gemeinden dürfen von der Befugnis, Steuern zu erheben, nur insoweit Gebrauch machen, als die sonstigen Einnahmen, insbesondere ... vom Staate oder von weiteren Kommunalverbänden den Gemeinden überwiesene Mittel zur Deckung ihrer Ausgaben nicht ausreichen ...".

18 Z. B.: § 78 II BadWürttGemO; § 93 HessGemO; § 3 III NdsKAG; §§ 3 III KAG NW, 63 II GemO NW; § 5 RhPfKAG.

19 BayKAG v. 26. 3. 1974, GVBl. S. 109.

20 PrOVGE 75,39 (43); PrVBl. 36,759; 38,425; 46,53; — hierzu: *Surén*, Gemeindeabgabenrecht, § 3 Anm. 2: „Richtschnur für die Wirtschaftsgebarung der Gemeinden".

21 *Bauernfeind/Zimmermann*, Komm., § 3 Rdn. 16; ähnlich: *Jakob*, Diss., S. 166 f.

Die skizzierte Entwicklung erfährt auf dem Hintergrund rechtsstaatlicher Lastengleichheit auch materielle Bestätigung. Der Grundsatz „horizontaler“ Steuersubsidiarität, wie er in den einfachgesetzlichen Regelungen seinen Niederschlag gefunden hat, erlangt seine Aussagekraft nur in den Grenzen der Lastengleichheit. Die rechtsstaatliche Egalität erlaubt aber nur dort Entgeltabgaben, wo eine „besondere“ Verwaltungsleistung finanzielle Kompensation fordert. Allein hieran hat sich die Wahl der Abgabenform zu orientieren. Der Grundsatz „horizontaler“ Steuersubsidiarität wird Makulatur.

2. Gemeindliches Steuererfindungsrecht

Die Subsidiarität von Gemeindesteuern gegenüber Entgeltabgaben nach den Kommunalabgabengesetzen bzw. Gemeindeordnungen der Länder[22] hat sich als bloß vermeintliches Hindernis auf dem Weg zu einer gemeindlichen Straßenreinigungssteuer erwiesen. Das Hauptproblem besteht jedoch darin, ob die Gemeinden überhaupt eine solche Steuer erfinden dürfen.

Das gemeindliche Steuererfindungsrecht ist grundsätzlich anerkannt[23]. Streit besteht lediglich darüber, ob es unmittelbar aus der Selbstverwaltungsgarantie des Art. 28 II GG herzuleiten ist oder den Gemeinden lediglich bundesgesetzlich eingeräumt wird[24]. Letztere Auffassung hat sich insbesondere seit der Reform der Finanzverfassung von 1969 durchgesetzt[25]. Art. 105 GG teilt die Zuständigkeiten zum Erlaß von Steuergesetzen, was nach dem Grundsatz der Tatbestandsmäßigkeit der Besteuerung mit dem Recht zur Steuererfindung identisch ist[26], ausschließlich zwischen Bund und Ländern auf. Insbesondere wird den Ländern die alleinige[27] Zuständigkeit über die örtlichen Verbrauch- und Aufwandsteuern in Art. 105 II a GG zugewiesen. Damit ist es den Gemeinden nur im Rahmen landesgesetzlicher Ermächtigung möglich, selbst Steuern zu erheben[28]. Die erforderlichen Ermächtigungsgrundlagen enthalten die Kommunalabgabengesetze[29]. Die verfassungsrechtliche Selbstver-

[22] Nachw.: 5. Teil, 4. Kapitel, II.1.

[23] *Fromm* KStZ 72,1 - 4; *Jakob*, Das Steuererfindungsrecht der Gemeinden und die kommunale Selbstverwaltung, 1966; *Tipke*, Steuerrecht, S. 65; VG Schleswig DÖV 75,538.

[24] Streitstand: *Fromm* KStZ 72,1 (3).

[25] *Fromm* KStZ 72,1 (3 f.); *Tipke*, Steuerrecht, S. 65; a. A.: *Jakob*, Diss., S. 87 ff.

[26] *Fromm* KStZ 72,1.

[27] *Maunz* in: M-D-H, Art. 105 Rdn. 26; *Tipke*, Steuerrecht, S. 65; BVerfG DÖV 76,237.

[28] Das delegierte Steuererfindungsrecht der Gemeinden bestätigt die These, Gemeindegewalt sei abgeleitete öffentliche Staatsgewalt; — allg.: *Dürig* in: M-D-H, Art. 19 III Rdn. 38.

[29] Z. B.: § 6 I BadWürttKAG; § 3 I NdsKAG; § 3 KAG NW.

waltungsgarantie der Gemeinden ist durch ein bloß derivatives Steuererfindungsrecht so lange nicht berührt, wie durch finanzielle Abhängigkeit von Bund oder Ländern keine Pression auf die gemeindliche Selbstverwaltung ausgeübt wird[30]. Nicht zuletzt die Verfassungsgarantie des Art. 106 VI GG sichert die finanzielle Autonomie der Gemeinden.

Um eine Doppelbesteuerung bei konkurrierenden Steuerhoheiten zu vermeiden, dürfen neue Steuern jedoch nur eingeführt werden, sofern sie bereits bestehenden nicht „gleichartig" sind. Das Verbot gleichartiger Steuern erlangt für die „örtlichen Verbrauch- und Aufwandsteuern" gegenüber „bundesgesetzlich geregelten Steuern" in Art. 105 II a GG Verfassungsrang. Darüber hinaus ist es aber auf sämtliche örtlichen Steuern auszudehnen[31]. Eine gemeindliche Straßenreinigungssteuer ist somit nur dann „erfindbar", wenn sie im Rahmen der landesgesetzlichen Ermächtigung keiner bereits bestehenden Steuer „gleichartig" ist.

Rechtsprechung und Lehre bestimmen den Begriff der Gleichartigkeit von Steuern vor allem nach Steuergegenstand und Steuermaßstab[32]. Diese steuertechnischen Kriterien werden materiell durch das Verbot ergänzt, „dieselbe Quelle wirtschaftlicher Leistungsfähigkeit" nicht zweimal auszuschöpfen[33].

Ist Steuererfindung prinzipiell Steuergegenstandserfindung[34], so setzt die Überprüfung einer möglichen Kollisionslage voraus, daß der Steuergegenstand einer Straßenreinigungssteuer fixiert ist. Die Markierung des Steuerobjekts einer Straßenreinigungssteuer hat von folgenden Überlegungen auszugehen: Die Finanzierung der gemeindlichen Straßenreinigung aus Entgeltabgaben scheitert an einer ausreichenden Legitimation vor dem Grundsatz der Lastengleichheit, nicht aber an der objektiven Anbindung der Wegereinigungsabgabe an den Grundbesitz schlechthin. Das Problem der Vorzugslast liegt in der persönlichen, nicht in der sachlichen Dimension. Ein Nutzen *aller* Grundstückseigentümer durch die Reinhaltung der Straßen ist nicht zu verkennen. Das Ziel einer Straßenreinigungssteuer kann somit nur darin liegen, in persönlicher Hinsicht zu egalisieren, d. h. einen allgemeinen Kreis der Abgabenpflichtigen zu konstituieren.

---

[30] *Fromm* KStZ 72,1 (2).

[31] *Fischer* BayVBl. 75,101; *Fromm* KStZ 72,1 (4); *Tipke*, Steuerrecht, S. 65; *Vogel/Walter* in: BK, Art. 105 Rdn. 86; BVerfG DÖV 76,237 (238); VG Schleswig DÖV 75,538.

[32] BVerfGE 7,244 (260 ff.); 13,181 (193); BVerfGE DÖV 76,237 (238); BVerwG DÖV 75,127 (128); VG Schleswig DÖV 75,538 (539); *Fischer* BayVBl. 75,101 (102); *Vogel/Walter* in: BK, Art. 105 Rdn. 87; *Maunz* in: M-D-H, Art. 105 Rdn. 27.

[33] Zitat: *Maunz* in: M-D-H, Art. 105 Rdn. 27; — BVerfGE 16,65 (75); *Tipke*, Steuerrecht, S. 122 f.

[34] *Jakob*, Diss., S. 31.

Denkbares Steuerobjekt einer Straßenreinigungssteuer ist somit der in der Gemeinde liegende Grundbesitz. Es kommt nicht darauf an, ob das Grundstück über einen Zugang zu einer bestimmten Straße verfügt, solange man davon ausgehen kann, daß überhaupt irgendeine Verbindung zum öffentlichen Verkehrsnetz besteht. Unbilligkeiten, die sich beispielsweise bei „durchlaufenden" Grundstücken ergeben, kann durch angemessene Steuerbefreiungen Rechnung getragen werden.

Steuermaßstab ist die durch die Reinigung bedingte Erhöhung des Funktionswertes. Dabei soll davon ausgegangen werden, daß der maßgebliche Funktionswert eines Grundstücks proportional zu dessen Größe ist. Auch die Häufigkeit der periodischen Reinigung spielt für den jeweiligen Wertzuwachs eine Rolle. Die Summe des Steueraufkommens orientiert sich an den Gesamtkosten der Wegereinigung. Daß die so erzielten Abgaben einem bestimmten Zweck, nämlich der Finanzierung der Straßenreinigung, zugeführt werden, ist sachgerecht und aus kalkulatorischen Gründen wünschenswert: die Straßenreinigungssteuer ist Zwecksteuer[35].

Eine derart konzipierte Straßenreinigungssteuer könnte jedoch mit der Grundsteuer gleichartig und daher unzulässig sein. Objekt der Grundsteuer ist ebenfalls der im Gemeindegebiet belegene Grundbesitz, § 1 GrStG. Ein Unterschied zwischen beiden Steuerarten läßt sich jedoch beim Steuermaßstab feststellen. Die Grundsteuer bemißt sich als Realsteuer nach dem — entsprechend den Einheitswerten — festgesetzten Ertrag. Demgegenüber wird mit der Straßenreinigungssteuer der Funktionswert des Grundstücks besteuert. Die Straßenreinigungssteuer unterliegt als Zwecksteuer einem kostenabhängigen Dynamisierungsprozeß. Auch kann die jeweilige Steuerhöhe nach Reinigungsbezirken gestaffelt werden. Für „durchlaufende" Grundstücke sind auch angemessene Befreiungen von der Straßenreinigungssteuer denkbar.

Das Verwaltungsgericht Schleswig[36] hat in einer bemerkenswerten Entscheidung die Gleichartigkeit einer örtlichen Zweitwohnsteuer mit der Grundsteuer verneint. Den entscheidenden Unterschied zwischen beiden Steuerarten sieht das Gericht in dem Steuermaßstab: Einheitswert für die Grundsteuer, Wohnfläche bei der Zweitwohnsteuer.

Es bleibt als möglicher Einwand, „dieselbe Quelle wirtschaftlicher Leistungsfähigkeit" werde zweifach in Anspruch genommen. Dieses Argument trifft insoweit zu, als sich beide Steuern, unter verschiedenen Blickwinkeln, hauptsächlich am Grundbesitz orientieren. Doch läßt ein Blick in die Verfassungsrechtsprechung erkennen, daß an diesen Gesichtspunkt keine allzu strengen Anforderungen gestellt werden. So

---

[35] *v. Mutius* VerwArch. 66 (1975), 75 (81,94); — Zulässigkeit abgelehnt von PrOVG PrVBl. 20,474.

[36] DÖV 75,538 - 540.

etwa, wenn die Schankerlaubnissteuer neben Gewerbe- und Umsatzsteuer anerkannt wird[37], Getränke- und Spielautomatensteuer neben der Umsatzsteuer zulässig sind[38], der Grundbesitz zusätzlich mit der Einkommens- und Vermögenssteuer belastet wird[39], ohne daß dies als mit dem Gleichartigkeitsverbot unvereinbar angesehen wird.

Die Straßenreinigungssteuer ist somit konkurrenzlos. Sie ist insbesondere nicht mit der Grundsteuer gleichartig.

Allerdings sind noch Probleme der Gesetzgebungskompetenz zu erörtern. Das ist insoweit einfach, als die Kommunalabgabengesetze der Länder eine unspezifizierte Steuerermächtigung an die Gemeinden vorsehen[40] und die erforderliche Länderzuständigkeit nach der Finanzverfassung besteht. Art. 105 II a GG räumt den Ländern die ausschließliche Steuerhoheit über die örtlichen Verbrauch- und Aufwandsteuern ein, während dem Bund in der Regel die konkurrierende Gesetzgebung für die übrigen Steuern obliegt, Art. 105 II GG.

Es ist jedoch schwierig, die Straßenreinigungssteuer diesen Steuerkategorien zuzuordnen. Verbrauchsteuern knüpfen an den Konsum von Verbrauchsgegenständen an[41]. Daß sich hier keine Berührungen mit der Straßenreinigungssteuer ergeben, bedarf keiner Begründung. Mit Aufwandsteuern werden dagegen Aufwendungen für den Erwerb von Gebrauchsgegenständen belegt[42]. Auch diese Steuerart weist keine Parallele zur Straßenreinigungssteuer auf. Die Straßenreinigungssteuer kommt den Ertragssteuern nahe. Charakteristisch für die Ertragssteuern ist die Besteuerung ertragbringender Objekte. Beispiel ist die Grundsteuer[43]. Doch unterscheidet sich die Straßenreinigungssteuer von dieser gerade dadurch, daß ihr der Funktions-, nicht aber der Einheitswert zugrunde liegt. Allenfalls wäre die Straßenreinigungssteuer noch als eine Art Wertzuwachssteuer anzusehen. Diese ist aber in der Bundesrepublik Deutschland bislang noch nicht eingeführt[44]. — Damit unterfällt die Straßenreinigungssteuer grundsätzlich der konkurrierenden Gesetzgebungszuständigkeit, auch wenn sie als Wertzuwachssteuer zu

---

[37] BVerfGE 13,181 (193 — Gewerbesteuer); — dazu: *Jakob*, Diss., S. 30; *Maunz* in: M-D-H, Art. 105 Rdn. 27; BVerwG DÖV 75,127 — Umsatzsteuer.

[38] BVerwGE 45,264 (268 f.) — Getränkesteuer; BVerwGE 48,1 (3) — Spielautomatensteuer.

[39] Vgl. *Tipke*, Steuerrecht, S. 306.

[40] Z. B.: § 6 BadWürttKAG; § 3 NdsKAG; § 3 KAG NW; — anders: Art. 3 I BayKAG — örtl. Verbrauch- und Aufwandsteuern; § 7 II HessKAG — örtl. Verbrauch- u. Aufwandsteuern; § 5 RhPfKAG — Besitzsteuern, Verkehrssteuern, Verbrauchsteuern mit örtl. bedingtem Wirkungskreis.

[41] *Tipke*, Steuerrecht, S. 373.

[42] *Tipke*, Steuerrecht, S. 343.

[43] *Schmölders* in: HwStR I, „Ertragsteuer".

[44] *Tipke*, Steuerrecht, S. 53.

qualifizieren sein sollte. Die Länder können die Steuerhoheit zumindest so lange okkupieren, wie der Bund untätig bleibt. Aber auch eine entsprechende Bundesinitiative muß für die örtliche Straßenreinigungssteuer erst ein „Bedürfnis nach bundesgesetzlicher Regelung" darlegen. Dies erscheint für kommunale Steuern trotz der extensiven Rechtsprechung des Bundesverfassungsgerichts[45] zu Art. 72 II GG, die Einheitlichkeit der Lebensverhältnisse erst mit dem Bundesgesetz anzustreben, kaum möglich[46].

Geht man somit davon aus, daß es in den Zuständigkeitsbereich der Länder fällt, die Gemeinden gesetzlich zu ermächtigen, eine örtliche Straßenreinigungssteuer zu erfinden, so müßten die Landesgesetze dort ergänzt werden, wo sich die gemeindliche Steuererhebungsbefugnis auf die örtlichen Verbrauch- und Aufwandsteuern beschränkt[47]. In diesen Fällen ist die Straßenreinigungssteuer erst nach einer Erweiterung der Kommunalabgabengesetze möglich.

III. Zusammenfassung

Eine Anhebung der Grundsteuer zur Finanzierung der gemeindlichen Straßenreinigung ist rechtlich möglich. Die Gemeinden können den Hebesatz durch Satzungen einheitlich angemessen erhöhen. Daneben bietet es sich an, im Rahmen des gemeindlichen Steuererfindungsrechts eine örtliche Straßenreinigungssteuer als Zwecksteuer einzuführen. Allerdings bleiben Detailfragen, insbesondere des Steuermaßstabs, zu klären. Verschiedentlich sind auch Änderungen der Kommunalabgabengesetze vorzunehmen.

---

[45] BVerfGE 13,230 (233 f.); w. Nachw.: *Leibholz/Rinck*, GG, Art. 72 Rdn. 4.

[46] *Dahmen/Küffmann*, Komm., S. 49 für die örtlichen Verkehrssteuern.

[47] Nachw. N 40.

Schlußbetrachtung

Interdependenz von Natural- und Geldlast

Der Themenkreis über die Straßenreinigungspflicht als Natural- und Geldlast hat sich noch nicht ganz geschlossen. Meist zeigen sich nur punktuelle Ergebnisse: Als Naturallast ist die Straßenreinigungspflicht nicht von vornherein (verfassungs-)rechtlich unzulässig, sofern sie auf die öffentlichen Verkehrsflächen beschränkt wird, die von den Bürgern gefahrlos gesäubert werden können. Als Geldlast ist die Wegereinigungsabgabe in Gestalt einer Straßenreinigungsgebühr hingegen mit dem Grundsatz der Lastengleichheit nicht vereinbar, bestimmte Anliegerbezirke ausgenommen. Die kommunale Straßenreinigung kommt in ihrer verkehrs- und polizeimäßigen Ausgestaltung ganz überwiegend der Allgemeinheit zugute. Von daher bietet die Gemeinlast die einzig adäquate Finanzierungsform. Ob dabei die Anhebung der Grundsteuer oder die „Erfindung" einer Straßenreinigungssteuer vorzuziehen ist, muß der Praxis zur Entscheidung überlassen bleiben. Die Wahl der Steuerart könnte jedoch von einem Gesichtspunkt beeinflußt werden, der bislang nur gestreift wurde: das Verhältnis von tatsächlicher und finanzieller Straßenreinigungspflicht, von Natural- und Geldlast.

Den Anstoß zu dieser Überlegung gibt das praktische Interesse der Gemeinden, die Gehwegreinigung auf die Anlieger abwälzen zu können. Dieses Unterfangen wird jedoch so lange durch den Grundsatz der Lastengleichheit i. S. d. Art. 12 II GG verhindert, als sich nicht ein Ausgleich für die Naturalvorzugslast findet[1]. Dieser könnte etwa durch eine angemessene Entschädigung der Straßenreinigungspflichtigen erfolgen.

Näher liegt aber eine gleichheitsstiftende Kombination mit dem Straßenreinigungsgeld. Die Lastengleichheit müßte durch heteronome Pflichten zu verwirklichen sein, die tatsächliche Straßenreinigungspflicht durch entsprechende Steuerbefreiungen ausgeglichen werden. Diese Möglichkeit eröffnet aber lediglich eine selbständige Straßenreinigungssteuer, da die grundsteuermäßige Lösung nur die gleichmäßige Anhebung der Steuerlast zuläßt.

Ein Beispiel für die Interdependenz von Natural- und Geldlast enthält die Regelung des § 68 IV PrKAG. Danach können Hand- und

[1] Vgl. 4. Teil, 3. Kapitel, 2. Abschnitt, I. 3 f).

Spanndienste steuerpflichtiger Personen durch angemessene Geldlasten abgelöst werden. Die kommunale Straßenreinigung lieferte den umgekehrten Fall: Allgemeine Geldlasten sind durch Naturaldienste zu substituieren; konkret ausgedrückt: Die Gemeinden können die Gehwegreinigung auf die Anlieger delegieren, wenn dieser Personenkreis durch vergleichbare Steuerbefreiungen von der allgemeinen Geldlast freigestellt ist. Die Summe von Natural- und Geldlast muß bei den einzelnen Bürgern gleich sein.

Die Interdependenz von Natural- und Geldlast hat das Bundesverfassungsgericht für den Fall der Ausgleichsabgabe grundsätzlich anerkannt. So hält es das Gericht unter dem Aspekt der Lastengleichheit für unbedenklich, feuerwehrdienstpflichtige Personen, die keinen aktiven Dienst leisten, mit einer Ausgleichsabgabe zu belegen: die „gleiche Belastung aller Dienstpflichtigen, nur in verschiedenen Formen — ist nicht zu beanstanden“[2]. Lastengleichheit muß somit nicht innerhalb einer Pflichtenkategorie verwirklicht werden, sondern kann verschiedene Pflichtenformen verbinden.

Allerdings erscheint die Rechtsprechung des Bundesverfassungsgerichts in einem wesentlichen Punkte einer Klarstellung zu bedürfen: Der Ausgleich von Geldlasten durch Naturallasten muß seine Grenze an dem Freiheitsvorbehalt des Art. 12 II GG finden. Geldlasten sind nur durch Naturallasten ablösungsfähig, die dem Erfordernis einer „herkömmlichen“ Dienstleistungspflicht genügen. Andernfalls könnten über den Weg der Substitution verfassungswidrige Dienstleistungspflichten eingeführt werden. Hier sind grundsätzlich strenge Maßstäbe anzulegen.

Die Straßenreinigungspflicht erfüllt als Naturallast den Freiheitsvorbehalt des Art. 12 II GG. Von daher ist es grundsätzlich möglich, die Wechselseitigkeit von Natural- und Geldlast nach dem Gebot der Lastengleichheit im Interesse einer möglichst effizienten, ökonomischen und praktikablen Straßenreinigung auszunutzen.

---

[2] BVerfGE 13,167 (171).

Literaturverzeichnis

Im Text der Arbeit werden selbständige Publikationen nur mit dem Namen des Verfassers und der Seitenzahl zitiert. Soweit erforderlich, werden Kurztitel verwandt. Zeitschriftenaufsätze werden ohne Titelangabe mit dem Namen des Verfassers und nach der Fundstelle angeführt.

Ammon, Alfred: Grundsätze der Finanzwissenschaft, 2. (besonderer) Teil, 1953

Arndt, Herbert: Die Straßenverkehrssicherungspflicht in der Rechtsprechung des Bundesgerichtshofes, 2. Aufl. 1973
(zit.: Straßenverkehrssicherungspflicht)

Bachof, Otto: Freiheit des Berufs, in: Bettermann/Nipperdey/Scheuner (Hrsg.), Die Grundrechte, Bd. III/1, 1958, S. 155 - 265
(zit.: Grundrechte)

— Die Rechtsprechung des Bundesverwaltungsgerichts, JZ 66, 167 - 174

Bartlsperger, Richard: Rechtsansprüche und Haftung bei der öffentlichen Straßenverkehrssicherungspflicht, DVBl. 74,253 - 263

— Verkehrssicherungspflicht und öffentliche Sache, 1970

Bauernfeind, Elisabeth / *Zimmermann,* Franz: Kommunalabgabengesetz für das Land Nordrhein-Westfalen (Kommentar), 1969
(zit.: Komm.)

Becker, Erich: Die Selbstverwaltung als verfassungsrechtliche Grundlage der kommunalen Ordnung in Bund und Ländern, in: Peters, Hans, Handbuch der kommunalen Wissenschaft und Praxis, 1. Bd. 1956, S. 113 - 184
(zit.: Selbstverwaltung)

Beckmann, Hartmut: Verfassungsfragen im Grenzbereich zwischen Steuern und besonderen Abgaben, Diss. Köln, 1976

Bender, Bernd: Staatshaftungsrecht, 2. Aufl., 1974

Blumenstein, Ernst: Die Rechtsordnung der öffentlichen Finanzwirtschaft, in: Gerloff, Wilhelm / Neumark, Fritz (Hrsg.), Handbuch der Finanzwissenschaft I, 1952, S. 99 - 133
(zit.: HdF I)

Bochalli, Alfred: Wegerecht, in: Peters, Hans (Hrsg.), Handbuch der kommunalen Wissenschaft und Praxis, 2. Bd. (Kommunale Verwaltung), 1957, S. 562 - 585
(zit.: WegeR)

Bonner Kommentar, Kommentar zum Bonner Grundgesetz, bearbeitet von Abraham, Badura u. a., Stand 1976

Booß, Helmuth: Straßenverkehrs-Ordnung, 2. Aufl. 1976.

Braun, Oswald: Ortsrechtliche Überbürdung der Straßenreinigungspflicht auf die Anlieger, BayVBl. 1965, 304 - 306

Breuer, Rüdiger: Öffentliches und privates Wasserrecht, 1976

Brügelmann, Hermann / *Förster*, Hans u. a.: Bundesbaugesetz vom 23. Juni 1960, Stand: 27. Lieferung, Juni 1976 (zit.: BBauG)

Büchner, Richard: Beiträge, in: Gerloff, Wilhelm/Neumark, Fritz (Hrsg.), Handbuch der Finanzwissenschaft II, 1956, S. 225 - 238 (zit.: HdF II)

Czapski, H.: Pro und contra Grundsteuermehrbelastung, DGStZ 72, 161 - 168

Dahmen, Alois: Zur Einführung einer neuen Straßenreinigungsabgabe in Nordrhein-Westfalen, Der Städtetag 73, 631 - 636

Dahmen, Alois / *Küffmann*, G.: Kommunalabgabengesetz für das Land Nordrhein-Westfalen (Kommentar) 1970 (zit.: Komm.)

Deus, Hans: Zur Änderung des Straßenreinigungsrechts in Nordrhein-Westfalen, KStZ 72, 190 - 192

Deus, Helmut: Die örtliche Regelung der Straßenreinigungs- und Gebührenpflicht in Nordrhein-Westfalen unter Berücksichtigung der Rechtsprechung des OVG Münster, KStZ 70, 208 - 211

Dietel, Alfred / *Gintzel*, Kurt: Allgemeines Verwaltungs- und Polizeirecht für Nordrhein-Westfalen, 5. Aufl. 1974 (zit.: Polizeirecht)

Dietlmeier, Otto K.: Straßenreinigungsgebührenpflicht und Winterdienst der Eigentümer angrenzender Gewässergrundstücke, BayVBl. 75, 495 - 500

Doehring, Karl: Staatsrecht der Bundesrepublik Deutschland, 1976

Doemming, Klaus-Berto v. / *Füsslein*, Rudolf Werner / *Matz*, Werner: Entstehungsgeschichte der Artikel des Grundgesetzes, JöR NF 1 (1951)

Doose, Ulrich: Neues Straßenreinigungsgesetz in Nordrhein-Westfalen, Der Städtetag 76, 275 - 279

Dreher, Eduard: Strafgesetzbuch, 36. Aufl. 1976

Drews, Bill / *Wacke*, Gerhard: Allgemeines Polizeirecht, 7. Aufl. 1961

Drews, Bill / *Wacke*, Gerhard / *Vogel*, Klaus: Gefahrenabwehr — Allgemeines Polizeirecht (Ordnungsrecht) des Bundes und der Länder, Bd. 1, 8. Aufl. 1975 (zit.: Vogel, Gefahrenabwehr)

Driehaus, Hans-Joachim: Das Entstehen der Straßenkostenbeitragspflicht gemäß § 8 Abs. 7 S. 1 KAG Nordrhein-Westfalen, KStZ 74, 81 - 84

Ehle, Dietrich: Die verfassungsrechtliche Bedeutung des Kostendeckungsprinzips im Gebührenrecht, DÖV 62, 45 - 50

Eichhorn, Georg: Zur Straßenreinigungs- und Gebührenpflicht in Niedersachsen unter Berücksichtigung der Rechtsprechung des OVG Lüneburg, KStZ 69, 234 - 237

Engelhardt, Hanns: Bundesimmissionsschutzgesetz, 1976 (zit.: BImSchG)

Erichsen, Hans-Uwe: Der Schutz der Allgemeinheit und der individuellen Rechte durch die polizei- und ordnungsrechtlichen Handlungsvollmachten der Exekutive, VVDStRL 35 (1977), S. 171 ff.

Eyben, Bodo: Die Abgabenform des Beitrags und ihre praktischen Schwerpunkte, Diss. Göttingen 1969

Fechner, Erich: Arbeitspflicht und Arbeitszwang HwSW, Bd. 1, 1956, S. 337 - 342

Fecht, Gerhard: Straßenreinigungsgebührenpflicht der „Hinterlieger“ nach dem Niedersächsischen Straßengesetz, KStZ 68, 113 - 114

Fickert, Hans-Carl: Straßenrecht in Nordrhein-Westfalen, 2. Aufl. 1968

Fischer, Peter: Abgrenzung und Anwendungsbereich von Steuer und Beitrag, BayVBl. 75, 101 - 108

Fleiner, Fritz: Institutionen des Deutschen Verwaltungsrechts, 8. Aufl. 1928 (zit.: Institutionen)

Flume, Werner: Besteuerung und Wirtschaftsordnung, StbJb 1973/74, S. 53 - 78

Forsthoff, Ernst: Die Verwaltung als Leistungsträger, 1938 (zit.: Leistungsträger)

— Lehrbuch des Verwaltungsrechts, Bd. 1, Allgemeiner Teil, 10. Aufl. 1973 (zit.: VerwR)

Franke-Stehmann, Wolfgang: Die Rechtsstellung des Anliegers nach dem Straßen- und Wegerecht, Diss. Göttingen 1970

Freund, Hans: Probleme der Wegereinigungsgesetze, NJW 61, 586 - 588

Friauf, Karl-Heinrich: Polizei- und Ordnungsrecht, in: v. Münch, Ingo (Hrsg.), Besonderes Verwaltungsrecht, 4. Aufl. 1976, S. 153 - 229 (zit.: Polizeirecht)

— Öffentliche Sonderlasten und Gleichheit der Steuerbürger, in: Festschrift für Hermann Jahrreiß zum 80. Geburtstag, 1974, S. 45- 46 (zit.: Sonderlasten)

Friehe, Heinz-Albert: Wegerecht und Wegeverwaltung in der alten Grafschaft Schaumburg — Ein Beitrag zur Geschichte des deutschen Wegerechts, Diss. Kiel 1971

Fromm, Klaus: Haben die Gemeinden ein Steuerfindungsrecht? KStZ 72, 1 - 4

Gallus, Wilhelm: Zur Revision des § 330 c StGB, JZ 52, 396 - 400

Gerloff, Wilhelm: Die Entgeltabgaben, in: Gerloff, Wilhelm / Neumark, Fritz (Hrsg.), Handbuch der Finanzwissenschaft II, 1956, S. 203 - 224 (zit.: HdF II)

Germershausen, Albrecht / *Seydel*, Gustav: Wegerecht und Wegeverwaltung in Preußen, 1. Bd., 4. Aufl. 1932 (Nachdruck 1953)

Gönnenwein, Otto: Gemeinderecht, 1963

Göppel, Helmut: Die Zulässigkeit von Arbeitszwang nach Art. 12 Abs. 2 S. 1 des Grundgesetzes, Diss. München 1967

Götz, Volkmar: Allgemeines Polizei- und Ordnungsrecht, 4. Aufl. 1977

Haas: Anfragen aus dem Leserkreis, DVBl. 50, 383 - 384

Häberle, Peter: Effizienz und Verfassung, AöR 98 (1973), 625 - 635

— Zeit und Verfassung, ZfP 74, 111 - 137

Hansmeyer, Heinrich / *Fürst*, Dietrich: Die Gebühren — Zur Theorie eines Instrumentariums der Nachfragelenkung bei öffentlichen Leistungen, 1968

Hardinghausen, Herbert: Öffentliche Sachherrschaft und öffentliche Sachverwaltung. Eine Untersuchung des deutschen Rechts der öffentlichen Sache verglichen mit dem französischen Recht der domaine public, 1966

Hatopp, W.: Heranziehung der „Hinterlieger“ zu Straßenreinigungsgebühren in Niedersachsen, DGStZ 74, 162 - 164

Hecht, Carl / *Hellich:* Gesetz über die Reinigung öffentlicher Wege vom 1. Juli 1912, 3. Aufl. 1930 (Unveränderter Nachdruck 1954)
(zit.: Komm.)

Held, Hermann: Die Unzulässigkeit von Hand- und Spanndiensten nach geltendem Verfassungs-, Verwaltungs- und Völkerrecht, DVBl. 54, 345 - 349

Hermann, Walter: Intermediäre Finanzgewalten, 1936

Hesse, Konrad: Grundzüge des Verfassungsrechts der Bundesrepublik Deutschland, 9. Aufl. 1976

Hoppe, Werner: Grenzen der Straßenreinigung und ihrer Rationalisierung, Der Bayerische Bürgermeister 1969, 97 - 100

Hurst, Karl: Gemeindeeinrichtungen, in: Peters, Hans (Hrsg.), Handbuch der kommunalen Wissenschaft und Praxis, 2. Bd., 1957, S. 833 - 900
(zit.: Gemeindeeinrichtungen)

— Die Reinigungs- und Streupflicht des Anliegers und Erdgeschoßbewohners in rechtlicher Sicht, ZMR 67, 67 - 70

— Straßenreinigungs- und Verkehrssicherungspflicht unter Berücksichtigung der neuen Straßengesetze, DVBl. 425 - 431

Ipsen, Hans Peter: Bundes-Ausgleichsabgaben zur Wirtschaftslenkung, DVBl. 76, 653 - 657

— Gesetzliche Indienstnahme Privater für Verwaltungsaufgaben, in: Festgabe für Erich Kaufmann, 1950, S. 141 - 161

— Gleichheit, in: Neumann / Nipperdey / Scheuner (Hrsg.), Die Grundrechte — Handbuch der Theorie und Praxis der Grundrechte, 2. Bd., 1954
(zit.: Gleichheit)

Isensee, Josef: Beamtenstreik, 1971

— Die typisierende Verwaltung, 1976
(zit.: Typisierung)

— Subsidiaritätsprinzip und Verfassungsrecht, 1968
(zit.: Subsidiaritätsprinzip)

— Umverteilung durch Sozialversicherungsbeiträge — Eine finanzverfassungsrechtliche Studie über den Solidarausgleich in der Gesetzlichen Krankenversicherung, 1973
(zit.: Umverteilung)

Jagusch, Heinrich: Straßenverkehrsrecht, 22. Aufl. 1976

Jahn, Friedrich-Adolf: Das Verhältnis zwischen Verkehrssicherungspflicht und der Straßenunterhaltungspflicht, NJW 64, 2041 - 2044

Jakob, Wolfgang: Das Steuererfindungsrecht der Gemeinden und die kommunale Selbstverwaltung. Zugleich ein Beitrag zum finanzverfassungsrechtlichen Verhältnis von Bund, Ländern und Gemeinden nach dem Bonner Grundgesetz und der Bayerischen Verfassung, Diss. München 1966

Kaiser, Joseph H.: Verkehrsanlagen als Werbeträger, NJW 76, 87 - 92

Kaufmann, Erich: Das Wesen des Völkerrechts und die clausula rebus sic stantibus, 1911 (Neudruck 1964)

Kern, Eduard: Schutz des Lebens, der Freiheit und des Heims, in: Neumann / Nipperdey / Scheuner, Die Grundrechte, Bd. II, 1954, S. 51 - 110 (zit.: Schutz des Lebens)

Kersten / Froelich: Wegepolizeirecht, in: M. v. Brauchitsch, Verwaltungsgesetze für Preußen, Bd. II/2, 22. Aufl. 1932, S. 551 - 596 (zit.: Wegepolizeirecht)

Ketterer, Hermann / *Giehl*, Friedrich / *Leonhardt*, Paul: Die Streupflicht in Gesetzgebung und Rechtsprechung, 3. Aufl. 1970 (zit.: Streupflicht)

Klein, Hans Hugo: Bemerkungen zu Art. 12 Abs. 2 Satz 1 GG, DÖV 61, 844 - 848

Kloepfer, Michael: Die lenkende Gebühr, AöR 97 (1972) 232 - 275

Klüber, Hans: Gemeinderecht, 1972

Knies, Wolfgang: Steuerzweck und Steuerbegriff, 1976

Kodal, Kurt: Straßenrecht, 2. Aufl. 1964

Koenig, Kurt: Inwieweit können die Anlieger zur Reinigung angrenzender öffentlicher Verkehrsflächen verpflichtet werden? SKV 67, 43 - 44

Kottenberg, Kurt / *Rehn*, Erich: Gemeindeordnung für das Land Nordrhein-Westfalen (Kommentar), 1. Aufl. der Loseblatt-Ausgabe, Stand: Juni 1975 (zit: GO)

Kreft, Gerhart: Die begriffliche Abgrenzung von Steuer und Gebühr, Diss. Göttingen 1968

Kreussler, Horst: Zur Diskussion über die Bindung des Gesetzgebers durch den Gleichheitssatz, DÖV 76, 109 - 111

Krichbaum, Helmut: Zur Straßenreinigungs- und Gebührenpflicht von Grundstückseigentümern, Der Städtetag 1967, 53 - 54

Krumsiek, Rolf: Zur Straßenreinigungspflicht in Niedersachsen, SKV 66, 74 - 75

Kübler, Klaus: Das Pflichtjahr für Mädchen — Zur Frage seiner Verfassungsmäßigkeit, DÖV 62, 809 - 813

Kürzel, Otto: Zur Streupflicht der Grundstückseigentümer, ZMR 69, 353 - 355

Lambert, Jürgen: Die Grundzüge eines modernen Rechts der gemeindlichen Gebühren und Beiträge, Diss. Köln 1967

Larenz, Karl: Methodenlehre der Rechtswissenschaft, 3. Aufl. 1975

Leibholz, Gerhard: Die Gleichheit vor dem Gesetz, 2. Aufl. 1959 (zit.: Gleichheit)

Leibholz, G. / *Rinck*, H. J.: Grundgesetz, Kommentar an Hand der Rechtsprechung des Bundesverfassungsgerichts, 5. Aufl., Stand 1976

Leisner, Walter: Effizienz als Rechtsprinzip, 1971

— Verwaltungspreis — Verwaltungssteuer — Betrachtung zu den Gebührengrundsätzen, in: Gedächtnisschrift Hans Peters, 1967, S. 730 - 747 (zit.: Verwaltungspreis)

Loberg, Helmut: Benutzungsgebühr nach dem neuen Straßenreinigungsgesetz für Nordrhein-Westfalen, DGStZ 76, 162 - 165; 178 - 180

— Finanzierung der Straßenreinigung durch Benutzungsgebühren, KStZ 74, 41 - 44

Löwer, Wolfgang: Die Einrichtungen von Fußgängerzonen als juristisches Problem, SKV 76, 327 - 334

Lücke, Jörg: Die Grundsätze der Verhältnismäßigkeit und der Zumutbarkeit, DÖV 74, 769 - 771

— Die (Un-)Zumutbarkeit als allgemeine Grenze öffentlich-rechtlicher Pflichten des Bürgers, 1973
[zit.: (Un-)Zumutbarkeit]

Lukas, Rosemarie: Überbürdung der Straßenreinigungspflicht auf die Anlieger, BayVBl. 65, 368 - 372

Lullies: Hand- und Spanndienste, KStZ 53, 1 - 8

Mangoldt, Hermann v. / *Klein*, Friedrich: Das Bonner Grundgesetz, 2. Aufl., Bd. 1, 1957; Bd. 2, 1964; Bd. 3, 1974

Mann, F. K.: Deutsche Finanzwissenschaft, 1929

— Steuerpolitische Ideale, 1937

Martens, Wolfgang: Grundrechte im Leistungsstaat, VVDStRL 30 (1972), S. 7 - 42

Mattern, Gerhard: Der Begriff der Steuer und das Grundgesetz, BB 1970, 1405 - 1412

Maunz, Theodor: Hauptprobleme des öffentlichen Sachenrechts, 1933

— Öffentliche Sachen, 1957
(zit.: Sachen)

Maunz, Theodor / *Dürig*, Günter / *Herzog*, Roman: Grundgesetz, Kommentar, 4. Aufl., Stand 1976
(zit.: M-D-H)

Mayer, Otto: Deutsches Verwaltungsrecht,
Bd. 1, 1. Aufl. 1895 (zit.: Dt. VerwR I);
Bd. 2, 3. Aufl. 1924 (Unveränderter Nachdruck 1969) (zit.: Dt. VerwR II)

Merten, Detlef: Das Recht auf die Entfaltung der Persönlichkeit — Art. 2 I GG in der Entwicklung, JuS 76, 345 - 351

Michaelis, Gustav Eduard / *Wacke*, Gerhard: Gemeindliche Satzungen zur Bestimmung der Wegereinigungspflicht? DVBl. 65, 897 - 901

Möller, Gerhard: Das Verhältnis von Straßenbaulast und Verkehrssicherungspflicht auf öffentlichen Straßen und Wegen, Diss. Hamburg 1964

Mühlhaus, Hermann: Straßenverkehrs-Ordnung, 5. Aufl. 1975

Müller, Klaus: Der Steuerbegriff des Grundgesetzes, BB 1970, 1105 - 1109

Münch, Ingo v.: Öffentlicher Dienst, in: Münch, Ingo v. (Hrsg.), Besonderes Verwaltungsrecht, 4. Aufl. 1976, S. 1 - 76

— (Hrsg.): Grundgesetz-Kommentar, Bd. 1, 1974; Bd. 2, 1976
(zit.: GG)

Mussgnug, Reinhard: Die zweckgebundene öffentliche Abgabe, in: Festschrift für Ernst Forsthoff, 2. Aufl. 1974, S. 258 - 301

Mutius, Albert v.: Rechtsprobleme der Wegereinigungsgebühr, VerwArch. 66 (1975), 75 - 84

Nedden, Gerhard: Amtshaftung bei Verletzung der Straßenverkehrssicherungspflicht, DVBl. 74, 253 - 263

— Straßenverkehrssicherungspflicht und Straßenbaulast, NJW 56, 1014 - 1017

Nedden, Gerhard: Urteilsanmerkung, NJW 56, 1835 f.; 58, 1819

Nedden, Gerhard / *Mecke de Swebussin*, Heinz: Handbuch des Niedersächsischen Straßenrechts, 1964
(zit.: HdB)

Neumark, Fritz: Vom Wesen der Besteuerung, in: Beiträge zur Finanzwissenschaft und zur Geldtheorie, Festschrift für Rudolf Stucken, 1953, S. 7 - 20

Oeckl, Albert: Städtereinigung und Öffentlichkeitsarbeit, Der Städtetag 1968, 492 - 496

Ossenbühl, Fritz: Die Quellen des Verwaltungsrechts, in: Erichsen, Hans-Uwe / Martens, Wolfgang, Allgemeines Verwaltungsrecht, 2. Aufl. 1977, S. 51 - 114
(zit.: Quellen)

— Staatshaftungsrecht, 1976

Ossenbühl, Klaus Hermann: Die gerechte Steuerlast — Prinzipien der Steuerverteilung unter staatsphilosophischem Aspekt, 1972

Otto, Franz: Deckung des Straßenreinigungsaufwands durch Grundsteuermehrbelastung, DGBtZ 74, 101

— Straßenreinigungspflicht der Hinterlieger, ZMR 66, 100 - 101

— Urteilsanmerkung, DWW 68, 114 - 115

Pagenkopf, Hans: Gemeindeabgabenrecht, in: Hartz, Wilhelm/Strickrodt, Georg u. a. (Hrsg.), Handwörterbuch des Steuerrechts, 2 Bde., 1972

— Naturaldienst, in: Hartz, Wilhelm / Strickrodt, Georg u. a. (Hrsg.), Handwörterbuch des Steuerrechts, 2 Bde., 1972
(zit.: HwStR II)

Peters, Hans: Art. 132 und 133 Abs. 1, Dienste für den Staat, in: Nipperdey, Hans Carl (Hrsg.), Die Grundrechte und Grundpflichten der Reichsverfassung, 2. Bd. 1930 (Neudruck 1975)
(zit.: Dienste für den Staat)

Raecke, Jürgen: Das Kostendeckungsprinzip, 1971

Reichert, Werner: Die Straßenreinigungs-„gebühr“ in Rheinland-Pfalz, KStZ 76, 21 - 28

Reschke, Hans: Zusammenwirken und Konfliktsituationen zwischen freien Trägern und öffentlicher Hand auf kommunaler Ebene, in: Campenhausen, Axel v. (Hrsg.), Kann der Staat für alles sorgen? 1976, S. 101 - 112
(zit.: Zusammenwirken)

Richtsteig, Michael: Allgemeine Gebührenprinzipien, Diss. Köln 1975

v. Rosen-v. Hoewel, Harry: Gebühren, Beiträge, Hand- und Spanndienste, in: Peters (Hrsg.), Handbuch der kommunalen Wissenschaft und Praxis, Bd. 3, 1959, S. 454 - 480
(zit.: Gebühren)

Rupp, Hans Heinrich: Art. 3 GG als Maßstab verfassungsgerichtlicher Gesetzeskontrolle, in: Starck, Christian (Hrsg.), Bundesverfassungsgericht und Grundgesetz — Festgabe aus Anlaß des 25jährigen Bestehens des Bundesverfassungsgerichts, 2. Bd., S. 364 - 389
(zit.: Gesetzeskontrolle)

Rupp, Hans Heinrich: Verfassungsrechtliche Aspekte der Postgebühren und des Wettbewerbs der Deutschen Bundespost mit den Kreditinstituten, 1971
(zit.: Postgebühren)

— Vom Wandel der Grundrechte, AöR 101 (1976), 161 - 201

Salzwedel, Jürgen: Wasserrecht, in: Münch, Ingo v. (Hrsg.), Besonderes Verwaltungsrecht, 4. Aufl. 1976, S. 577 - 603

— Wege- und Verkehrsrecht, in: Münch, Ingo v. (Hrsg.), Besonderes Verwaltungsrecht, 4. Aufl. 1976, S. 539 - 575
(zit.: Wegerecht)

Schilken, Eugen: Eisenbahn und Weg — Ein Beitrag zum öffentlichen Nachbarrecht, 1937
(zit.: Eisenbahn)

Schleberger, Erwin: Ordnungs- und Polizeirecht des Landes Nordrhein-Westfalen, 4. Aufl. 1976
(zit.: Polizeirecht)

Schmidt, Hans: Handbuch des Erschließungsrechts, 4. Aufl. 1976
(zit.: Erschließungsrecht)

Schmidt-Bleibtreu, Bruno / *Klein*, Franz: Kommentar zum Grundgesetz für die Bundesrepublik Deutschland, 3. Aufl. 1973

Schmölders, Günter: Ertragsteuer, in: Hartz, Wilhelm / Strickrodt, Georg u. a. (Hrsg.), Handwörterbuch des Steuerrechts, 2 Bde., 1972
(zit.: HwStR I)

— Finanzpolitik, 3. Aufl. 1970

Scholz, Rupert: Das Wesen und die Entwicklung der gemeindlichen öffentlichen Einrichtungen, 1967
(zit.: Öffentliche Einrichtungen)

Schönke, Adolf / *Schröder*, Horst: Strafgesetzbuch (Kommentar), 18. Aufl. 1976

Schumpeter, Josef: Die Krise des Steuerstaates, 1918

Schütz, Walter / *Frohberg*, Günther: Kommentar zum Bundesbaugesetz, 3. Aufl. 1970
(zit.: BBauG)

Schwan, Eggert: Datenschutz, Vorbehalt des Gesetzes und Freiheitsgrundrechte, VerwArch. 66 (1975), 120 - 150

Seifert, Karl-Heinz: Bundeswahlrecht — Kommentar, 3. Aufl. 1976

Seisser, Peter: Das Verhältnis des allgemeinen Gleichheitssatzes (Art. 3 Abs. 1 Grundgesetz) zu besonderen Gleichheitssätzen. Eine kritische Untersuchung der Rechtsprechung des Bundesverfassungsgerichts, Diss. München 1969

Selmer, Peter: Steuerinterventionismus und Verfassungsrecht, 1972

Sieder, Frank / *Zeitler*, Herbert: Bayerisches Straßen- und Wegegesetz (Kommentar), 2. Aufl.1972 (Ergänzungsheft 1975)
(zit.: Komm.)

Staudingers Kommentar zum Bürgerlichen Gesetzbuch, Günther Beitzke (Hrsg.), Bd. 2: Recht der Schuldverhältnisse, 5. Teil, 10./11. Aufl. 1975

Steenbock, Reiner: Straßenreinigung und Straßenreinigungsgebühren — Unter besonderer Berücksichtigung der Rechtslage in Rheinland-Pfalz, SKV 73, 202 - 206

Stephan, Bodo: Verwaltungsgebühr, verkappte Steuer und der Rechtsstaat, JurA 1970, 867 - 878

Stern, Klaus: Die öffentliche Sache, VVDStRL 21 (1964), S. 183 - 228

Stolleis, Michael: Gemeinwohlformeln im nationalsozialistischen Recht, 1974

Strickrodt, Georg: Finanzrecht — Grundriß und System, 1975

— „Last, öffentliche", in: Hartz, Wilhelm / Strickrodt, Georg u. a. (Hrsg.), Handwörterbuch des Steuerrechts, 2 Bde., 1972

Surén, Friedrich-Karl: Gemeindeabgabenrecht (Kommentar), 1950

Thiem, Hans: Die neuen Kommunalabgabengesetze in den Bundesländern, DVBl. 72, 129 - 136

Tipke, Klaus: Steuerrecht — Ein systematischer Grundriß, 3. Aufl. 1975

Tipke, Klaus / *Kruse*, Heinrich Wilhelm: Reichsabgabenordnung, 7. Aufl. 1965/75, Stand März 1976
(zit.: AO)

Trimter, Richard: Die Unzumutbarkeit der Straßenreinigung wegen starken Straßenverkehrs und ihre Folgen nach der Gesetzgebung und Rechtsprechung in Rheinland-Pfalz, KStZ 68, 27 - 30

Troll, Max: Grundsteuergesetz (Kommentar), 3. Aufl. 1974

Uber, Giesbert: Arbeitszwang, Zwangsarbeit, Dienstpflichten, in: Ipsen, Hans Peter (Hrsg.), Hamburger Festschrift für Friedrich Schack, 1966, S. 167 - 182

Uffhausen, Karsten: Die Benutzungsgebühr, Diss. Göttingen 1970

Ullrich, K.: Kritische Anmerkungen zum Straßenreinigungs-Urteil des OVG Lüneburg, KStZ 75, 5 - 7

Unruh, Georg Christop v.: Gemeinderecht, in: Münch, Ingo v. (Hrsg.), Besonderes Verwaltungsrecht, 4. Aufl. 1976, S. 77 - 152
(zit.: Gemeinderecht)

Wachenhausen, Manfred: Staatsausgabe und Öffentliches Interesse in den Steuerrechtfertigungslehren des naturrechtlichen Rationalismus, 1972

Wagner, Adolph: Finanzwissenschaft, Zweiter Theil, Gebühren und allgemeine Steuerlehre, 1880

Walprecht, Dieter: Der Inhalt der Straßenverkehrssicherungspflicht, SKV 69, 338 - 341

— Straßenbaulast und Straßenbaufinanzierung, SKV 1972, 229 - 232

— Verletzung der Verkehrssicherungspflicht auf öffentlichen Straßen, Diss. Köln 1969

Walprecht, Dieter / *Sander*, Christoph: Straßenreinigungsgesetz Nordrhein-Westfalen — Kommentar mit Mustersatzung, 1976
(zit.: Komm.)

Weber, Werner: Die Dienst- und Leistungspflichten der Deutschen, 1943
(zit.: Dienstpflichten)

— Die öffentliche Sache, VVDStRL 21 (1964), S. 145 - 182

Weigert, Oscar: Art. 163. Betätigungspflicht und Arbeitslosenhilfe, in: Nipperdey, Hans Carl (Hrsg.), Die Grundrechte und Grundpflichten der Reichsverfassung, 3. Bd. 1930 (Neudruck 1975), S. 485 - 514
(zit.: Betätigungspflicht)

Wiethaup, Hans: Neuere Rechtsprechung betr. Straßenreinigungsgebühren in Nordrhein-Westfalen, DGStZ 69, 97 - 99

— Rechtsfragen zur Streupflicht, BB 58, 66 - 68

Wilke, Dieter: Gebührenrecht und Grundgesetz — Ein Beitrag zum allgemeinen Abgabenrecht, 1973

Wittig, Peter: Zum Standort des Verhältnismäßigkeitsgrundsatzes im System des Grundgesetzes, DÖV 68, 817 - 825

Wolff, Hans J.: Verwaltungsrecht, Bd. III, 3. Aufl.1973 (zit.: VerwR III)

Wolff, Hans J. / *Bachof*, Otto: Verwaltungsrecht,
Bd. I, 9. Aufl. 1974 (zit.: VerwR I)
Bd. II, 4. Aufl. 1976 (zit.: VerwR II)

Zimmermann: Grenzen der Anliegerpflicht zur Straßenreinigung, SKV 58, 128 - 131

Sachwortregister

Zentrale Fundstellen sind durch kursiv gedruckte Zahlen (Seitenzahlen) hervorgehoben.

Kolibri 360 GmbH
Ferdinand-Jühlke-Straße 7
99095 Erfurt, Deutschland
produktsicherheit@kolibri360.de

Druck:
CPI Druckdienstleistungen GmbH
im Auftrag der
Kolibri 360 GmbH
Ferdinand-Jühlke-Str. 7
99095 Erfurt